나는 교사다

그러므로 생각한다

나는 교사다
그러므로 생각한다

초판 1쇄 발행 2024년 5월 17일

지은이 | 그림책사랑교사모임

발행인 | 최윤서
편집장 | 이경혜
디자인 | 김수경
마케팅 지원 | 최수정
펴낸 곳 | ㈜교육과실천
도서문의 | 02-2264-7775
인쇄 | 031-945-6554 두성 P&L
일원화 구입처 | 031-407-6368 ㈜태양서적
등록 | 2020년 2월 3일 제2020-000024호
주소 | 서울특별시 중구 창경궁로 18-1 동림비즈센터 505호
ISBN 979-11-91724-54-7 (13370)

── 그림책과 철학으로 삶을 성찰하는 ──

나는 교사다

그러므로 생각한다

그림책사랑교사모임 지음

교육과실천

추천의 글

그림책 철학은 '그림책에 대한' 철학(미학)인가? 혹은 '철학에 대한' 그림책 (그림으로 풀어낸 철학책)인가? 둘 다 아니다. 그림책 철학이란, '그림책을 통한 철학' 또는 '그림책으로 철학 하기'를 뜻한다. 누가 철학을 하는가? 내가 누구인지를 늘 묻지 않고서는 삶을 견딜 수 없는 이가 철학을 한다. 이 책은 교사로서 인간이, 그림책으로 철학 하면서, 삶에 대해 스스로 '깨치는' 기록이자 이 기록을 읽는 우리 동료 교사들을 '깨우치는' 책이다.

김종국 / 경인교육대학교 윤리교육과 교수

· · ·

철학은 삶의 난제를 해결하려는 인간의 노력이다. 그런 점에서 교사만큼 철학이 간절한 사람은 없다. 교육이라는 이름으로 만나는 아이들과의 순간은 난제투성이기 때문이다. 교육이 뭐지? 교사로서 무엇을 해야 하고 할 수 있지? 이 책은 이 질문에 대한 해결책을 철학자들에게서 찾고 그림책과 연결한다. 설령 답이 못 되어도 답으로 가는 방향을 열어 준다. 모든 교사들의 책꽂이에 이 책이 꽂히면 좋겠다.

김혜숙 / 서울교육대학교 어린이철학교육센터 이사

맑고 밝은 교육을 위해 언제나 마음을 다하는 선생님들이 모여 『나는 교사다 그러므로 생각한다』를 펴냈다. 갈수록 가벼워지는 세상과 얕아지는 우리 마음을 다독이고 사람답게 살아가도록 돕는 것이 '철학'이라면, 이 책은 그 마음을 온전히 보듬고 있다. 글 한 꼭지마다 선생님들의 고슬고슬한 진심이 느껴진다.

김준식 / 진주고등학교 교사, 『중학교 철학 1, 2』 저자

• • •

그림책의 마법과 철학적 사유가 만난 이 책은 교사의 삶과 교육의 본질을 다시금 돌아보게 한다. 저자들은 교실 현장의 다양한 경험을 그림책에 비추어 보고 철학자들의 사유와 결합해 깊이 성찰함으로써, 독자에게 새로운 시각을 제시하고 더 의미 있는 삶을 살아가도록 영감을 준다. 그림책사랑교사모임 선생님들의 오랜 실천과 고민의 결과가 이 한 권에 오롯이 담겼다.

이경미 / 서울송정초등학교 수석교사

• • •

그림책은 그 자체가 삶의 철학이다. 소재가 삶의 본질을 떠나지 않으며, 개똥 철학을 비롯해 농익은 삶의 철학도 담겨 있다. 그림책의 매력에 빠진 그림책 사랑교사모임 선생님들이 그들의 진솔한 삶을 그림책에 담아 읽어내고, 철학 자와의 만남에 다리를 놓는다. 현장에서 고군분투하는 교사를 위로하고, 꿋꿋이 교사의 길을 걸어가도록 응원하는 이야기가 가득하다.

조형옥 / 지도중학교 교사

차례

추천의 글   4

들어가며   12

1부 │ 배움과 가르침을 고민하다
_교육의 본질에 관해

1   교사의 역할은 무엇일까?   18

     플라톤과 『빨간 벽』

2   배운다는 건 뭘까?   24

     소크라테스와 『배운다는 건 뭘까?』

3   어떤 교사가 되어야 할까?   30

     불교와 『나는 지하철입니다』

4   친절한 교사란 어떤 모습일까?   36

     공자와 『친절한 행동』

5   아이들을 어떻게 사랑해야 할까?   42

     묵자와 『우리는요?』

6   교사의 사랑으로 아이들이 바뀔까?   47

     예수와 『빛을 비추면』

7   아이들과 한마음으로 소통하고 싶다면?   52

     원효와 『마음먹기』

8 선입견으로 아이들을 바라본다면?   60

베이컨과 『누가 사자의 방에 들어왔지?』

9 아이를 있는 그대로 사랑하려면?   66

들뢰즈와 『세상의 많고 많은 초록들』

10 함께 나눈 대화가 의미 있으려면?   74

립맨과 『뷰티풀 : 말해 봐, 네가 찾은 아름다움을』

11 아이들의 성장은 어떻게 이뤄질까?   81

헤겔과 『어느 멋진 날』

12 아이의 성장을 돕는 좋은 교육 환경이란?   87

듀이와 『할머니 집 가는 길』

13 성장에 불안이 왜 필요할까?   94

키르케고르와 『나의 작은 인형 상자』

14 아이들이 진짜 원하는 꿈을 찾을 수 있을까?   100

라캉과 『진짜 내 소원』

15 아이들은 어떤 씨앗을 가지고 있을까?   107

피코와 『너는 어떤 씨앗이니?』

16 아이들은 양심적 존재일까?   113

칸트와 『빨간 매미』

17 학생 생활 교육은 어떻게 해야 할까?   119

벤담과 『고슴도치 엑스』

18 학교 공동체란 무엇일까?   125

공자와 『지구에 온 너에게』

19 학교는 아이들에게 어떤 경험을 제공해야 할까?   131

로크와 『아피야의 하얀 원피스』

2부 | 행복한 교사로 살아가다
_교직과 교육 현장에 관해

1 아이들의 마음을 얻으려면?   138
홉스와 『넬슨 선생님이 사라졌다!』

2 아이들과의 적당한 거리는 얼만큼일까?   144
쇼펜하우어와 『고슴도치의 가시』

3 진정한 용서란 무엇일까?   151
데리다와 『사자가 작아졌어!』

4 누가 더 정직한 아이일까?   158
칸트와 『지각대장 존』

5 아이들과의 소통 문제로 힘들다면?   163
비트겐슈타인과 『낱말 공장 나라』

6 아이들에게 용기를 심어 주고 싶다면?   169
틸리히와 『소풍』

7 자율과 책임을 알려 주고 싶다면?   176
루소와 『행복을 주는 요리사』

8 행복한 교사로 사는 길이 있을까?   183
사르트르와 『노를 든 신부』

9 반복되는 수업, 매너리즘에 빠지지 않으려면?   190
니체와 『문 앞에서』

10 교사로서 자신감이 떨어질 때면?   198
맹자와 『뛰어라 메뚜기』

11 교사와의 갈등에는 어떻게 대처할까?   204

하버마스와 『핑퐁 클럽』

12 다른 교사와 비교하지 않고
나의 길을 갈 수 있을까?   211

장자와 『아무도 가지 않은 길』

13 다른 직종의 친구들과 비교하며
마음이 힘들 때면?   219

맹자와 『마음여행』

14 교사의 삶과 개인의 삶 사이 균형을 잃었다면?   226

아리스토텔레스와 『균형』

15 물질적인 욕심이 나를 힘들게 할 때면?   232

에피쿠로스와 『최고의 차』

16 충분한 숙고 없이 교육 활동을 하고 있다면?   238

아렌트와 『아무도 지나가지 마』

17 부장 교사에게 필요한 리더십은?   245

노자와 『곰이 강을 따라갔을 때』

18 미래에 교사는 인공 지능으로 대체될까?   251

레비나스와 『나 진짜 궁금해!』

3부 | 기본으로 돌아가다
_교사가 알아야 할 철학적 개념들

1 안다는 건 무엇일까?— '앎'에 관해   260

플라톤과 『이게 정말 사과일까?』

게티어와 『근데 그 얘기 들었어?』

공자와 『달빛을 따라 집으로』

2 이게 정말 나일까?— '자아'에 관해   270

데카르트와 『'생각'으로 무엇을 할 수 있을까?』

흄과 『이게 정말 나일까?』

칸트와 『착해야 하나요?』

3 자유분방하다는 건 무슨 뜻일까?— '자유'에 관해   279

스토아학파와 『바보가』

밀과 『가고 싶은 대로』

벌린과 『완벽해』

4 진정한 아름다움이란 뭘까?— '아름다움'에 관해   289

플라톤과 『진정한 아름다움』

벤야민과 『슈만의 특별한 구두』

듀이와 『여섯 번째 바이올린』

5　행복은 어디에 있을까?－ '행복'에 관해　　301

스미스와 『고라니 텃밭』

쇼펜하우어와 『난 네가 부러워』

석가모니와 『너도 갖고 싶니?』

6　삶과 죽음은 별개일까?－ '죽음'에 관해　　312

장자와 『바람이 멈출 때』

불교와 『철사 코끼리』

하이데거와 『내가 함께 있을게』

참고 자료　　322

들어가며

왜 '철학'인가?

  사람들에게 철학이 무엇이라고 생각하는지 물으면, '어려운 학문'이라든가 '뭔가 꼬투리 잡는 것' 등을 떠올린다. 하지만 '영화에 담긴 철학', '인생철학', '개똥철학', '기업이 추구하는 철학'처럼 세상 온갖 것에 철학을 가져다 붙이는 걸로 보면, 생각만큼 어려운 학문이 아닐 수도 있다. 맞다. 철학은 세상 어디에나 있으며, 누구나 가질 수 있고, 가지고 있음에도 불구하고 실체를 분명하게 찾을 수 없는 그 무엇일지 모른다.

  우리가 사용하는 '철학'이라는 용어는 영어 'philosophy'를 19세기 일본 학자가 '哲學(밝고 현명한 학문)'으로 번역한 것을 그대로 가져왔다. 따라서 번역한 단어가 아니라, 원래의 philosophy를 이해해야 한다. philosophy는 그리스어 'philosophia'에 어원을 두는데, philosophia는 사랑과 열망을 뜻하는 'philos'와 지혜를 뜻하는 'sophia'가 결합된 단어다. 어원에 충실하면, 철학은 '지혜를 사랑하는 학문' 또는 '지혜를 열망하고 탐구하는 학문'이 된다.

  세상 많은 일에 철학을 가져다 붙이는 것은 철학이 세상 모든 것에 관해 질문하고 그 근원을 사유하고 탐구하기 때문이다. 그렇다. 철학은 사유다. 생각하고 또 생각하고, 생각하고 더 깊이 생각하는 것이다. 따라서 철학을 한다는 것은 세상 일을 질문하고 사유하는 것이며, 근원에 대해 알고자 하는 것이다. 근원을 묻는 질문들이 심오하여 철학이 세상과 동떨어진 학문이라고 생각되기도 하지만, 철학은 우리 삶과 밀접하며, 삶으로 인해 만들어진 삶의 일부다. 사람들은 누구나 삶, 죽음, 나, 진리, 자유, 정의 같은 명제를 두고 의문을 가지고 있으며 이를 해소하기 위해 노력한다.

하지만 철학은 답을 알려 주지는 않는다. 다만 끊임없이 물어보라고 한다. 철학의 필요성은 바로 여기에 있다. 당연하게 받아들이는 것에 대해 다시 살펴보라고 하고, 나를 둘러싼 세상에 대해 깊이 생각하게 만든다. 정답이 정해져 있지 않은 세상을 향해 '스스로 생각하는 힘'을 길러 '잘 물어볼 수 있게 하는 것' 만으로도 철학은 충분히 그 가치를 가진다.

왜 '그림책'인가?

그림책은 글과 그림의 조합으로 이루어진 책이다. 흔히 그림책은 어린이들이 읽는 책이라고 생각하지만, 그림책은 어린이의 전유물이 아니다. 얇고 부담 없는 책이라고 해서 담고 있는 내용이 가벼운 것도 아니다. 그림책 속 한 장면이 독자에게 큰 울림을 전할 때가 많다. 명언이 짧고 간결한 문장으로 되어 있지만 우리의 삶에 미치는 영향이 크듯, 그림책의 짧은 글과 그림, 여백 등이 전하는 메시지가 한층 강렬하게 다가오기도 한다. 장황한 말이나 훈화, 설명, 설교 등 그 어떤 것보다 그림책

한 권을 그저 읽는 것만으로도 우리에게 전달하는 것이 무엇인지 쉽게 알아차릴 수 있다.

그림책은 또 여백과 여지가 많은 책이기도 하다. 읽고 이해하고 생각하고 반응하는 데 정해진 틀이 있지 않다. 독자 모두의 반응을 수용하는 책이라고 할 수 있다. 같은 그림책을 함께 읽어도 개별 독자의 상황이나 상태에 따라, 언제 누구와 함께 읽었는가에 따라, 어떤 방식으로 읽었는가에 따라 저마다 느끼고 감응하는 바가 다르다. 또 같은 책을 여러 번 읽어도 읽을 때마다 다가오는 것이 다르다. 그때 그 상황에서 내 삶의 맥락을 투영해 그림책을 읽기 때문이다. 따라서 그림책을 통해 나의 삶이 들여다보이고, 우리 삶의 모습이 반영된 그림책을 읽으면서 사유하게 된다. "그림책 속 주인공의 마음은 어떨까?", "왜 그렇게 행동했을까?", "난 이런 경험을 한 적 없나?", "나에게 이런 일이 일어난다면 어떻게 할까?" 등 자연스레 질문이 생긴다.

'그림책'으로 '철학' 하는 이유

교사는 늘 삶을 향해 질문을 던져야 한다. 그리고 교사로서 아이들을 어떻게 만나고 가르쳐야 하는지, 내가 교사로서 제대로 살아가고 있는지 등을 묻고 스스로 답을 찾아 나가야 한다. 그래야 길고도 험난한 교사 생활을 견딜 수 있다. 다람쥐 쳇바퀴 돌듯 하루를 그냥 보내다가는 누구라도 막다른 길을 마주하게 된다.

나는 교사다 그러므로 생각한다

철학과 그림책은 모두 우리 삶을 기반으로 하고 있다. 철학은 삶의 근본적인 질문을 하게 하고, 그림책은 세상을 어떻게 살아야 하는지 생각하게 한다. 교사로 살면서 앞이 막막하거나 여러 의문이 들 때면 그림책과 철학에 기대어 보자. 그림책과 철학이 앞으로 나아가야 할 길에 작지만 빛나는 등불이 되어 줄 것이다.

> "인간의 질병을 치유하지 못하는 철학자의 주장은 공허하다. 육체의 질병을 몰아내지 못하는 의학이 아무 효용도 없듯이, 철학이 영혼의 질병을 몰아내지 않는다면 아무 쓸모가 없는 것이다."_에피쿠로스

그림책과 철학으로 여러분의 영혼이 맑기를 바라며
그림책사랑교사모임

— 1부 —

배움과 가르침을 고민하다

_교육의 본질에 관해

1

교사의 역할은
무엇일까?

· 플라톤과 『빨간 벽』 ·

월요일 아침 출근길, 늘 그렇듯 오늘도 차가 막힌다. 출근 시간이 다가올수록 지각할까 봐 마음이 조급하다. 내 마음도 모르고 시간은 속절없이 흐른다. 다행히 출근 시간에 맞춰 학교에 도착하고, 곧바로 교통지도를 하고 9시에 아침 조회를 한 뒤 1교시부터 3교시까지 공강 없이 수업을 이어 간다. 월요일은 급식 지도가 있다. 서둘러 점심을 먹고 잠깐 쉬었다가 다시 급식 지도에 나선다. 급식 지도가 끝나니 바로 오후 수업 시작이다. 5, 6교시 수업을 하고 종례 후 교직원 회의까지 쉼 없이 달린다. 퇴근 시간이 지나서야 메시지를 확인하고 밀린 업무를 마친다.

정신없이 바쁜 하루를 보내고 집으로 돌아오는 길. 오늘 내가 교사로서 잘 지냈는지, 아이들의 삶에 긍정적인 영향을 미쳤는지 자문해 본다.

나는 교사다 그러므로 생각한다

교사인 나는 아이들을 위해 무엇을 해야 할까, 무엇을 할 수 있을까, 고민한다. 초롱초롱한 눈망울로 하나라도 더 배우려는 아이들을 볼 때면 무거운 책임감을 느낀다. 말 한 마디로 아이의 인생을 바꿀 수 있는 엄청난 일을 하고 있으니까. 과연 교사의 역할은 무엇일까?

벽 너머 세상이 궁금해!

『**빨간 벽**』 브리타 테켄트럽 글·그림, 김서정 옮김, 봄봄출판사

호기심 많은 꼬마 생쥐가 있다. 꼬마 생쥐가 사는 마을은 빨간 벽으로 둘러싸여 있어 벽 너머의 세상을 볼 수 없다. 빨간 벽이 처음에 어떻게 생겨났고, 어디서 시작해서 어디서 끝나는지 아무도 관심 없다. 오직 꼬마 생쥐만이 벽 너머 세상을 궁금해한다. 꼬마 생쥐는 친구인 고양이, 곰 할아버지, 여우 들에게 묻는다. 빨간 벽이 왜 여기 있는지, 왜 세워졌는지, 빨간 벽 너머에 무엇이 있는지를 말이다. 하지만 빨간 벽 너머의 세상을 고민하지 않았던 이들은 꼬마 생쥐가 원하는 답을 주지 못한다. 빨간 벽 너머의 세상은 위험하며, 원래부터 있었으니 신경 쓰지 말라고 한다. 궁금해하거나 질문하지 말고, 있는 그대로 받아들이면 편하다고도 한다.

꼬마 생쥐는 포기하지 않고 빨간 벽 너머의 세상을 보고 싶어 한다.

그러던 어느 날 우연히 벽 너머에서 날아온 파랑새를 만나고, 꼬마 생쥐
는 파랑새의 도움으로 드디어 벽을 넘는다. 벽 너머에서 꼬마 생쥐는 상
상도 못 한 색색 가지 아름다운 세상을 마주한다. 친구들의 이야기를 듣
고는 어둡고 무서운 곳이라 생각했는데⋯. 너무나도 아름다운 세상을
보고 꼬마 생쥐는 감격한다.

꼬마 생쥐는 빨간 벽 너머의 세상을 친구들에게 알려 주러 마을로 돌
아갈까? 아니면 이전은 잊은 채 새로운 세상에서 행복한 삶을 살아갈
까? 새로운 세상을 마주한 꼬마 생쥐는 과연 어떻게 했을까? 어떻게 해
야 할까?

영혼의 방향을 바꾸면 보이는 것들

그리스 철학자 플라톤(Platon, B.C.428?~B.C.347?)은 자신의 사상을 펼치
는 핵심 개념으로 '이데아(idea)'를 주창한다. 플라톤은 인간이 지닌 이
성으로 절대적이고 보편적인 진리에 도달해야 한다고 가르친다. 그런
데 진리에 도달하기 위해서는 그 근거가 되는 실재가 존재해야만 하는
데, 이 존재를 이데아로 명명한다. 플라톤에 따르면 이데아 세계만이 참
된 실재이며, 우리가 생활하는 현실 세계는 불완전한 세계다. 플라톤은
'동굴의 비유'를 통해 이데아론과 인간이 이성으로 절대적 진리를 파
악할 수 있다는 것을 보여 준다.

커다란 동굴에 죄수들이 살고 있다. 이들은 태어나면서부터 사슬에 발과 목이 묶여 움직일 수 없고 오로지 동굴 벽인 정면만 볼 수 있다. 죄수들 뒤쪽에는 큰 벽이 있고 벽 뒤에 불이 있다. 벽과 불 사이에는 사람들이 있는데, 이들은 머리 위에 동물이나 여러 도구를 이고 다닌다. 그러면 뒤쪽의 불로 인해 동물이나 도구들 그림자가 죄수들이 보고 있는 벽에 비친다. 죄수들은 오로지 동굴 벽에 비친 그림자만 보면서 살기 때문에 그림자를 실재라고 생각하게 된다.

이 죄수들 가운데 한 사람이 사슬에서 풀려나 동굴 밖으로 나간다면 어떻게 될까? 어둠 속에서 그림자만 보고 살았기에 처음에는 아무것도 보지 못할 것이다. 하지만 시간이 지나면서 그림자가 아닌 실재하는 자연을 마주하게 된다. 그리고 그는 동굴 속에서 본 것들이 그림자에 불과하다는 사실을 깨닫는다.

새로운 세계를 만난 죄수는 동료들에게 이 사실을 알리기 위해 동굴로 돌아간다. 너희들이 보고 듣는 것은 참된 현실이 아니라며, 자신이 목격한 사실을 전한다. 하지만 동굴 속 죄수들은 그의 말을 믿지 않는다. 갇혀 있는 동료들을 풀어 주고 실재 세계로 인도하려다가는 죽임을 당하게 될지도 모른다.

여기서 동굴 안은 불완전한 현실 세계고, 동굴 밖 세상이야말로 참되고 실재하는 이데아 세계다. 플라톤은 참된 세계를 보기 위해서 동굴 밖으로 나가야 하며, 이때 필요한 것이 이성이라고 강조한다.

플라톤은 동굴의 비유를 통해 교육의 본질과 교사의 역할에 관해서도 언급한다. 플라톤에 따르면 교육이란 단순히 지식을 전달하는 일이 아니라, 영혼의 방향을 전환시키는 일이다. 즉, 동굴의 죄수가 사슬에서 벗어나 그림자의 세계로부터 빛의 세계로 고개를 돌리는 일이다. 교사는 아이들이 묶여 있는 쇠사슬을 끊어 주고 고개를 돌려 진리의 세계로 향하는 새로운 관점을 갖게 해 주어야 한다. 자신들이 보고 접하는 세계가 전부라고 생각하는 아이들에게 또 다른 세상이 있다고 알려 주어야 한다. 어두운 자신만의 동굴에서 벗어나 빛의 세계를 접하게 해 주어야 한다. 아이들이 고개를 돌려 새로운 세상을 향하는 일이 바로 교사가 할 일이다.

교사는 또 다른 세계를 열어 주는 사람

그림책 『빨간 벽』으로 돌아가 보자. 꼬마 생쥐는 친구들이 아직 준비가 안 됐을 수도 있다며 걱정하는 파랑새의 만류에도 불구하고, 친구들에게 새로운 세상에 관해 말해 주려고 마을로 돌아간다. 그 결과 친구들도 벽을 넘어가 아름다운 세상을 만나게 된다.

꼬마 생쥐는 사슬에서 풀려나 빛의 세계를 접한 죄수, 꼬마 생쥐의 친구들은 동굴 속 쇠사슬에 묶여 있던 죄수들처럼 보인다. 비록 죄수들에게 죽임을 당하는 동굴의 비유와 결론은 다르지만 말이다. '꼬마 생쥐=사슬에서 풀려난 죄수=교사'로, '동물 친구들=동굴 속 죄수들=아이'로 대비하면 교사의 역할은 더욱 분명해진다.

나는 교사다 그러므로 생각한다

국어 사전은 교사를 '주로 초등학교·중학교·고등학교 따위에서, 일정한 자격을 가지고 학생을 가르치는 사람'으로 정의한다. 한편, 교육을 뜻하는 한자어 '教育'과 영어 'education'의 어원을 살펴보면, 교육은 '가르치고 기르며 밖으로 끄집어냄'을 의미한다. 아이들을 잘 가르치는 일이 교사의 가장 중요한 역할임은 분명하거니와, 교사는 또한 아이들이 새로운 세상을 마주할 기회를 제공해야 한다.

어쩌면 아이들은 아직 새로운 세상을 마주할 준비가 안 되었을 수도 있다. 그 과정에서 동굴의 비유 속 동료들이 그랬던 것처럼, 아이들이 반발할 수도 있다. 고개를 돌려 새로운 세상을 보라고 말하는 교사들에게 "지금 삶이 만족스러우니 그냥 내버려 두라."고 반응할 수도 있다. 그렇지만 포기하면 안 된다. 파랑새는 친구들이 아직 준비가 안 됐을 수 있다며 꼬마 생쥐를 말렸지만, 꼬마 생쥐의 도움으로 마을 안의 동물 친구들은 벽 너머 존재하는 새로운 세상을 마주할 수 있었으니까.

2

배운다는 건
뭘까?

· 소크라테스와 『배운다는 건 뭘까?』 ·

    수업 시간에 하나라도 더 가르치려고 목소리를 높여 설명하지만, 아이들은 집중하지 않는다. 심지어 몇몇은 엎드려 잔다. 수업을 열심히 듣자며 일으켜 봐도 소용없다. 주요 과목이 아닌 교과를 가르치다 보니, 아이들이 수업 내용 자체에 관심이 없다. 그래서 내 수업 시간에 아이들은 주요 과목 문제지를 풀고, 정작 주요 과목 수업 시간에는 학원에서 이미 배운 내용이라며 학원에서 내준 과제를 한다. 교과서 외 내용은 신경도 쓰지 않고, 시험에 나오지 않는 부분에는 관심도 두지 않는다. 어떻게든 시험 점수를 높이려고만 한다.

    배우는 방법도 문제다. 아이들은 교사가 일방적으로 설명하는 주입식 수업에 익숙해 있다. 특정 사안에 관해 어떻게 생각하는지 물어보면

나는 교사다 그러므로 생각한다

"선생님, 그냥 답을 알려 주세요."라고 한다. 선생님이 알려 주면 되는 걸 굳이 우리에게 왜 묻냐는 식이다. 생각할 필요 없이 정답만 확인하면 그만인 것이다.

이런 순간을 마주할 때마다 배움이란 무엇인지, 아이들에게 배움은 어떤 의미인지, 어떻게 가르치고 배워야 하는지 등을 깊이 고민하게 된다. 이 질문들에 답할 수 있어야 교사는 아이들을 가르칠 수 있기 때문이다.

궁금해하고 질문하는 것

『배운다는 건 뭘까?』채인선 글, 윤봉선 그림, 미세기

그림책 『배운다는 건 뭘까?』는 '배운다는 건 뭘까?' 라는 질문에 다양한 답을 보여 주며, 배움의 의미와 더불어 왜 배워야 하는지 생각해 보게 한다. 그림책은 배운다는 건 보고 듣고 읽는 것 등 다양한 의미를 가진다고 말한다. 또 배운다는 건 "이건 뭐예요?", "이건 어떻게 해요?"라며 궁금한 것을 묻는 거라고 답한다.

무언가를 배우려면 우선 자신이 모르는 것을 궁금해하고 질문해야 한다. 배운다는 건 모르는 것을 아는 것이다. 모르는 것을 알고 싶어 하지 않으면 배움이 일어나지 않는다. 그리고 모르는 부분을 알고 싶어서

물어야 한다. 그래야 배움이 생긴다. 배움이 일어나지 않는 더 우선적인 이유는 자신이 모른다는 것을 알지 못하기 때문이다. 무언가 알고 있다고 생각하는 순간, 더 이상 배우려고 하지 않는다.

모른다는 사실을 아는 것이 출발점

"너 자신을 알라."는 명언으로 유명한 고대 그리스 철학자 소크라테스(Socrates, B.C.470?~B.C.399)는 점점 타락해 가는 아테네 시민들에게 보편적인 진리가 있음을 깨우쳐 주려 노력했다. 특히 출세와 명예 획득을 위한 처세술을 가르치는 소피스트(sophist)에 매료된 아테네 청년들에게 진정한 배움의 의미를 설파했다.

아테네에서는 국가 또는 개인에게 큰 문제가 생겼을 때 델포이의 아폴론 신전에 신탁을 묻곤 했다. 당시 소크라테스 친구가 신전에 나아가 아테네에서 가장 지혜로운 자가 누구인지 물었다. 유명한 소피스트나 정치가의 이름이 나올 줄 알았으나, 여사제는 소크라테스라고 답했다. 친구가 이 사실을 소크라테스에게 전달하지만, 소크라테스는 믿지 못한다. 그는 아테네에서 자신이 가장 지혜롭다는 사실을 받아들일 수 없었다. 그래서 직접 아테네에서 가장 지혜로운 자를 찾아 나섰다. 평소 지혜롭다고 생각하는 소피스트, 시인, 장인들을 찾아다니며 배움을 얻으려 했지만, 이들과 대화하면서 소크라테스는 이들이 제대로 알지 못하면서 안다고 착각하고 있다는 사실을 발견했다. 반면 자신은 모른다

나는 교사다 그러므로 생각한다

는 것을 알고 있으니, 이들보다 지혜롭다고 생각했다. 이 경험을 통해 소크라테스는 배움을 얻기 위해서는 우선 자신이 모른다는 것을 알아야 한다고 깨달았다. 그는 자신이 깨달은 바를 전하기 위해 아테네 광장으로 돌아갔다.

"민중이란 누구인가?"

"가난한 사람들을 말합니다."

"가난한 사람들이란 어떤 이들이지?"

"항상 돈에 쪼들리는 사람들을 말합니다."

"부자들도 대개 돈이 부족하다고 늘 아우성이다. 그렇다면 부자도 가난한 사람이 아닐까?"

"그렇게 볼 수 있겠지요."

"그렇다면 민중이 주체가 된다는 민주주의는 가난한 사람들의 정체(政體)인가, 부자들의 정체인가?"*

소크라테스는 위와 같이 연속해서 질문을 던지며 상대방이 제대로 알지 못한다는 것을 깨우쳐 주었다. 상대방이 모르는 것을 스스로 깨닫게 하기 위해, 직접 답을 말하지 않고 끊임없이 질문을 던질 뿐이었다. 상대방이 드디어 모른다는 것을 알게 되면, 그제서야 소크라테스는 상대와 함께 진리를 탐구해 나갔다.

---

* 『철학, 역사를 만나다』(안광복 지음, 어크로스), 35쪽

배움이 일어나는 질문 던지기

아이들은 초등학교 저학년까지 쉴 틈 없이 질문한다. 모르는 게 많기 때문이다. 그러던 아이들이 초등학교 고학년, 중학생이 되면서 질문을 거의 하지 않는다. 이미 세상에 대해 많은 것을 알고 있다고 착각하기 때문이다. 수업 시간에는 학원에서 이미 배운 내용이라며 더 배우려고 하지 않는다.

아이들이 모른다는 것을 스스로 깨치기 위해 교사는 소크라테스처럼 질문할 필요가 있다. 아이들이 정답을 알려 달라고 할 때, 아이들이 스스로 생각할 수 있도록 질문을 제시해야 한다. 그래야 아이들에게 배움이 일어난다.

아이들에게 배움이 중요한 이유는, 배움이 단순히 지식으로 그치지 않는 데 있다. 그림책 『배운다는 건 뭘까?』는 말한다. 배운다는 건 멋진 일이고, 멋진 인생을 사는 거라고. 아이들의 배움은 삶의 지혜로 이어져 결국 아이들이 멋진 인생, 더 나은 삶을 살게 해 준다. 앎이 삶으로 이어지는 배움이라면 얼마나 행복할까?

소크라테스는 사람들이 이성을 완전하게 사용해 올바르면서도 잘 사는 삶, 최선의 삶을 살아야 한다고 강조했다. 억울한 누명을 쓰고 사형 위기에 처한 순간, 친구들이 목숨만은 지키자며 망명을 권했지만 자신이 평생 가르친 것과 다른 결정을 할 수 없다며 덤덤하게 죽음을 받아들인 그였다. 배움의 의미를 깨닫고 수많은 사람의 스승으로 가르침을 전

나는 교사다 그러므로 생각한다

파한 소크라테스였기에 가능한 선택이었다. 그 죽음으로 소크라테스의 삶은 수천 년이 지난 지금도 큰 울림을 주고 있다.

소크라테스처럼 살기는 어렵다. 많은 이들이 다양한 유혹에 흔들리며 살아간다. 올바르게 잘 살려고 노력하지만 쉽지는 않다. 하물며 아직 어린 우리 아이들은 더욱 그렇다. 그렇기에 교사는 아이들과 함께 배움을 추구해 나가야 한다. 지금보다 더 나은 삶을 살기 위해 끊임없이 질문해야 한다. 때로는 자신에게, 그리고 아이들에게. 교사라고 해서 다 안다고 자만해서도 안 된다. 겸손한 태도로, 아이들과 함께 탐구하는 마음가짐으로 질문해야 한다. 그럴 때 배움이 일어나는 수업이 가능하다.

3

어떤 교사가
되어야 할까?

· 불교와 『나는 지하철입니다』 ·

지난해 '백상예술대상'에서 큰 이슈가 있었다. 지방 방송국에서 찍은 '어른 김장하'라는 다큐멘터리가 서울 방송국의 모든 프로그램을 제치고 TV 부문 교양작품상을 수상한 것이다. 어떤 내용일까 궁금하던 차에 그 분에 관한 책이 있다는 사실을 알게 되었다.

책 제목은 『줬으면 그만이지』다. 김장하 어르신은 경남 사천의 한 지역에서 태어나 한약방을 운영하는 한약사다. 본인은 승용차 한 대 없이 평생 대중교통을 이용하면서 수백억이 넘는 전 재산을 장학 사업에 투자한, 정말이지 '대단하다'는 말밖에 안 나오는 분이다. 형편이 어려운 아이에게 "네가 하고 싶은 걸 해 봐라."며 돈 한 다발을 건네고는 그걸로 끝이다. 돈을 언제 갚을지, 아니면 하다못해 "너도 다른 사람을 위해 베푸는 삶을 살거라."는 훈화 한마디 없다. 그저 내어주고는 그걸로 됐

나는 교사다 그러므로 생각한다

다고 한다. 그분의 일생을 접하며 문득 한 아이가 생각났다.

어느 날 학부모님에게 편지를 한 통 받았다. 편지에는 사업이 실패해 집도 없이 가족들과 이곳저곳을 전전하는 중이며, 개인 사정으로 정부의 재정 지원도 받을 수 없는 형편이다, 그렇지만 아이를 잘 부탁한다는 내용이 담겨 있었다. 그 아이는 꽤 공부를 잘했는데 형편이 그리 어려운지 몰랐다. 나는 즉시 선생님들한테 조언을 구하고 아이를 도울 방법을 궁리했다. 다행히 교사들이 주는 장학금이 있어 이 아이를 우선 대상자로 선정하게 되었다. 그 후에도 아이가 경제적 형편 때문에 꿈을 포기하지 않도록 내가 할 수 있는 선에서 이것저것 신경을 썼다. 그렇게 학년을 올려보내고, 나는 학교를 떠나게 되었다. 그런데 아이는 학교를 졸업하고 대학에 진학한 뒤까지 아무런 연락이 없었다. 고맙다는 말을 듣자고 한 일은 아니었지만, 이 선생님 저 선생님 찾아다니며 아쉬운 소리도 마다 않고 도우려 애썼는데 문자 한 통 못 받으니 서운한 마음이 들었다.

그 후에도 담임을 맡으면 다른 선생님들 눈치까지 봐 가며 우리 반 아이들을 각별히 챙겼지만, 다음 해 스승의 날에 문자 한 통이 없으면 서운함을 넘어 '내가 오지랖을 떨었나.' 하는 생각까지 들었다. 그러면서 '나도 잘해 주지 말아야지.'라고 다짐해 놓고는 매년 '올해는 좀 다르지 않을까?' 기대했다가 또 실망하고 상처 입는 나를 본다.

그저 묵묵히 삶의 곁을 지키다

『나는 지하철입니다』 김효은 글·그림, 문학동네

　그림책『나는 지하철입니다』의 지하철은 저마다 이야기를 가진 승객들을 태우고, 매일 같은 시간 같은 곳을 달린다. 예쁜 딸을 빨리 만나고 싶어서 일등으로 퇴근하는 완주 씨, 딸과 손녀에게 전해 줄 맛난 해산물을 잔뜩 안고 행복해하는 해녀 할머니, 누군가의 딸이자 이제는 누군가의 엄마가 된 유선 씨, 뚝 떨어진 성적만큼이나 축 처진 가방을 메고 학원에 가는 나윤이 등 기쁨과 기대 그리고 때로는 피곤함을 잔뜩 안은 사람들을 태운 채 지하철은 서울을 한 바퀴 돌고 다시 새로운 승객들을 맞는다.

　그림책을 보며 교사의 삶을 돌아본다. 지하철은 자신을 이용하는 사람들에게 어디로 가는지 오늘 기분은 어떤지 묻지 않는다. 그저 그들의 삶을 지켜보며 묵묵히 달릴 뿐이다. 그것이 바로 지하철이 존재하는 이유이기 때문이다.

　교사도 매년 저마다 다른 개성을 지닌 아이들을 만난다. 지하철이 그런 것처럼, 교사의 역할은 그런 아이들을 만나서 주어진 노선을 안전하게 잘 달려 무사히 종착지까지 데려다주는 것이다. 지하철은 승객들이 자신을 더럽혀도, 자신의 수고로움을 몰라준다고, 화내거나 짜증 내지 않는다. 그저 모든 일을 마땅함으로 받아들인다. 자신의 수고로움을 티

내거나 보상받으려 하지 않는 지하철의 이런 모습은 불교에서 말하는 '무주상보시(無住相布施)'와 닮아 있다.

베푼다는 생각조차 버려야 진정한 베풂

'보시(布施)'란 '내가 가진 것을 남에게 베푼다.'는 뜻으로, 대승 불교에서 깨달음을 얻어 해탈하기 위한 수행 방법 중 하나다. 대승 불교에서는 개인의 깨달음뿐 아니라 보다 많은 중생의 깨달음을 함께 추구하는데, 그런 중생들의 깨달음을 옆에서 도와주고 끌어 주는 역할을 하는 사람이 바로 '보살'이다. 우리가 잘 아는 '나무아미타불 관세음보살'이라고 할 때의 보살이 바로 이것인데, 여기서 '나무'는 '귀의한다'는 뜻으로 아미타불(극락 세계를 담당하는 부처)와 관세음보살(중생들의 괴로움을 없애 주는 보살)에 귀의한다는 의미를 가진다. 이런 보살이 해탈하고자 수행했던 방법 중 첫 번째가 바로 보시다.

보시에는 세 가지가 있는데, 내가 가진 것 중 재물 같은 물질적인 것을 자신의 형편에 맞게 나누는 '재시(財施)'와, 진리를 가르쳐 주는 '법시(法施)' 그리고 두려움과 어려움으로부터 구제해 주는 '무외시(無畏施)'가 그것이다. 이 중 무엇이 되었건 가장 중요한 것은 내가 누군가에 이런 것을 베풀었다는 생각조차 버리고 베풀어야 그것이 진정한 베풂이라는 사실이다. 이것이 바로 집착 없이 남에게 베풀어 준다는 무주상보시의 모습이다. 내가 누군가에 베풂을 행했다는 의식은 집착을 낳고,

집착은 궁극적인 깨달음을 방해하는 요소가 되기 때문이다. 무주상보시와 관련해 다음의 일화가 있다.

> 큰스님과 사미승이 길을 나서 큰 개울을 지나는데, 비가 온 뒤라 징검다리가 물에 잠겨 신발을 벗고 건너야 할 상황이었다. 마침 젊은 여인이 개울가에서 이러지도 저러지도 못하고 있자 큰스님께서 여인을 등에 업고 개울을 건너 주었다.
>
> 그리고 길을 가다가 고갯길에서 쉬게 되었는데, 사미승이 이렇게 묻는다. "큰스님! 스님은 여자를 멀리 해야 하는데 어찌 여자를 업고 개울을 건너 주었습니까?" 그러자 큰스님은 "이놈아! 나는 그 여인을 내려 주며 업어 주었다는 생각도 내려놓고 왔는데, 너는 아직도 등에 그 여자를 업고 있느냐?" 하며 사미승을 나무랐다.

매 순간 기꺼이 사랑으로 품어 주는 일

흔히 누군가를 돕고 나면 '내게 이런 일이 생기면 저이도 당연히 나를 도와주겠지?' 라며 은근히 상대에게 합당한 보상을 기대한다. 그래서 보상이 돌아오지 않으면 서운해하고 야속해한다. 하지만 위의 일화가 말해 주는 것처럼, 누군가를 도왔다면 그걸로 끝이어야 한다. 거기서 무언가를 기대하지 말아야 한다. 가끔 뉴스를 보면 지역 내 어려운 이웃에게 거액을 기부하는 사람 중에 자신의 정체를 밝히지 말아 달라는 사례

나는 교사다 그러므로 생각한다

가 꽤 있다. 재시(財施)를 실천하면서 무주상보시를 행하는 것이다.

　『나는 지하철입니다』에서 승객을 대하는 지하철의 모습과 무주상보시의 가르침은 그동안 아이들에게 무언가를 해 주고 보답받지 못했다고 투덜거린 나를 부끄럽게 만든다. 김장하 어르신은 '나를 믿고 온 사람인데 보시를 해야 한다.' 는 마음으로 도움을 주려고 했단다. 나도 그래야 했다. 아이들이 내 마음을 알아주지 않는다고 서운해하거나 사랑을 덜 주겠다고 결심하지 말고, 어느 역에서 누가 올라타고 누가 내리든 묵묵히 정해진 선로를 달리는 지하철과 같은 모습으로 그 자리에 서 있어야 했다. 아이들을 위해 마음 써 주고, 그들이 자신의 꿈과 진로를 찾게끔 든든한 지원자가 되어 주고, 사랑으로 품어 주는 것. 그것이 진정으로 교사가 할 일이다.

　매 순간 최선을 다해 온몸으로 아이들을 이해하고 배려하고 사랑했다면, 그것으로 충분하다고 생각해야 한다. 그리고 내 품을 떠난 아이들에게 더 이상 미련을 두지 말아야 한다. 아이들에게 느끼는 서운함은 결국 그들의 행동 때문이 아니라 나 스스로 만들어 낸 집착이다. 이 집착으로 괴로운 것은 결국 나 자신이고, 집착에 따른 실망과 좌절은 내 자존감만 낮출 뿐이다. "줬으면 그걸로 되었다."며 기꺼이 자신의 모두를 내주는 김장하 어르신 같은 교사가 되자고 다짐한다.

4

친절한 교사란
어떤 모습일까?

· 공자와 『친절한 행동』 ·

　세계 시민 교육 수업을 할 때였다. 청소년들의 사회 참여를 위해 '세상을 다시 그린다면'이라는 주제로, 사회의 불편한 점을 찾고 대안을 생각해 보는 활동을 했다. 입시를 앞둔 아이들이기에 당연히 입시 제도에 대한 불만이나 경쟁 사회에 대한 비판, 사회적 불평등 문제 등을 지적할 거라고 생각했는데, 한 모둠에서 뜻밖의 말을 꺼냈다. "학교가 친절하지 못하다."는 것이다.

　학교가 친절하지 못하다니, 이건 도대체 무슨 뜻일까? 그들을 표현을 빌자면, '학교는 제대로 알려 주지도 않고 이것저것 하라는 게 너무 많다.'는 것이었다. 그 말을 들으며 자연스레 나의 행동을 돌아보게 되었다. 과연 나는 아이들에게 친절했을까?

고등학교 1학년은 모르는 게 많다. 특히 올해 1학년은 중학교 3년 동안 코로나19 팬데믹을 겪으며 학교생활을 거의 해 보지 못했다. 그러다 보니 미숙한 점이 더 많았다.

1학기 반장과 부반장으로 모두 남학생이 뽑혔다. 임시 반장이 똘똘한 여학생이어서 내심 그 아이가 반장이 되면 좋겠다고 생각했지만, 현실은 늘 그렇듯 계획대로 되지 않았다. 반장으로 뽑힌 아이는 하나부터 열까지 다 알려 주어야 했다. 학급 회의를 진행하는데 회의록을 들고 와서는 어떻게 써야 하는지, 다 쓰고 나면 어디에 제출해야 하는지, 학생부로 제출하라 했더니 학생부는 어디 있는지 시시콜콜 다 물어보는 것이었다. 속으로 '반장이 됐으면 회의 진행 정도는 알아서 해야지, 이런 것까지 다 물어보면 어떡하나?' 하며 한심해했다. 또 하루는 과자 파티를 하기로 했는데, 교실에 들어가니 교탁에 과자만 쌓아 두고 반장은 그대로 서 있는 것이었다. 왜 과자를 나누어 주지 않냐고 물으니, 모둠을 어떻게 구성해야 좋을지 몰라서 그런다고 했다. 그 순간 나도 모르게 "야!" 하고 소리를 지르고 말았다.

그랬다. 돌아보니 나는 아이들이 무언가를 물어보면 친절하게 하나하나 가르치기보다, 한숨부터 내뱉고 감정을 꾹꾹 눌러 가며 답을 알려준 것 같다. 새로운 환경에서 모든 것이 낯설고 조심스러웠을 아이들에게 친절한 가이드가 되어 주지 못했다.

배려와 관심이 친절의 출발점

『친절한 행동』재클린 우드슨 글, E.B. 루이스 그림, 김선희 옮김, 북극곰

그림책 『친절한 행동』는 우리에게 친절한 행동이 왜 필요한지 생각해 보게 한다. 어느 날 아침 '마야' 라는 아이가 전학 와 주인공 옆자리에 앉게 된다. 주인공 눈에는 마야의 헤진 옷과 계절에 맞지 않은 신발이 먼저 들어온다. 주인공은 마야에게 곁을 내주지 않고 마야와 눈이 마주치면 창밖으로 눈길을 돌려 버린다. 마야가 같이 놀자고 다가올 때마다 거절한 것은 물론, 친구들과 '헌 옷 수거함' 이라며 마야를 비웃기까지 한다. 마야는 혼자서 공기놀이를 하고 혼자서 줄넘기를 한다. 그러던 어느 날 마야가 보이지 않았고, 선생님은 물이 가득 든 그릇과 돌멩이를 들고 와서 반 아이들에게 '친절' 에 관해 이야기해 보자고 제안한다.

그림책에서 선생님은 말한다. 친절이란 돌멩이를 물그릇에 빠뜨리면 일어나는 작은 물결과 같다고. 작은 물결이 일어 주위로 퍼져 나가는 것처럼, 작은 친절이 물결처럼 일렁이며 온 세상으로 퍼져 나간다고. 그러니 사소한 것도 괜찮다고. 선생님의 이야기를 통해 주인공은 마야에게 친절하지 않았던 자신의 행동을 다시 생각하게 된다. 작은 친절이 조금씩 더 나은 세상을 만든다는 선생님의 말이 주인공 귀에 맴돈다.

친절은 어찌 보면 그리 힘든 일도 거창한 일도 아니다. 상대의 입장이 되어서 조금의 관심과 배려를 표현한다면 누구나 할 수 있다. 예를 들

나는 교사다 그러므로 생각한다

어, 자신이 낯선 학교에 전학 가서 손잡아 주는 친구 하나 없이 매일매일 혼자 지내야 한다면 어떨지 생각해 보는 것이다.

'대접받고 싶으면 상대를 먼저 대접해 주라.'는 말처럼, 친절은 배려에서 나오고 배려는 관심에서 출발한다. 상대방의 입장이 되어 상대를 이해하고 배려하는 법을 자세히 일러 준 동양의 철학자가 있다.

가르침의 눈높이가 저마다 다른 이유

공자(孔子, B.C.551~B.C.479)는 중국 춘추 시대의 정치가이자 교육자다. 중국 역사상 가장 혼란스러운 시대를 살던 그는 당시 사회 혼란의 원인을 도덕성이 타락한 때문으로 보았다. 그에게 사회 질서를 바로잡기 위해 무엇보다 시급한 것은 도덕성의 회복, 즉 '인(仁)'을 바로 잡는 일이었다. 인(仁)은 공자가 『논어(論語)』에서 백 번 넘게 언급할 만큼 핵심적인 사상이다. 공자는 인을 한마디로 정의 내리지 않지만, 대개는 '사람을 사랑하는 것(愛人)', '사람다움(人也)' 등으로 해석된다.

공자가 인을 주요하게 생각한 만큼 그의 제자들도 이를 궁금해하고 알고 싶어 했던 것 같다. 그런데 특이하게도 공자는 제자들마다 그 뜻을 달리 알려 주었다고 한다. 『논어』의 「안연(顔淵)」 편에 나온 이야기다.

제자 안연(顔淵)이 인에 관해 물었다. 그러자 공자는 "자신의 욕심을 극복하여 예로 돌아가는 것이 인을 행하는 것이니, 하루 동안 극기복례(克己復禮)를 하면 천하가 인(仁)해질 것이다."라고 답해 주었다. 그런데 중궁(仲弓)이 같은 질문을 하자 공자는 "문을 나서서 일을 할 때는 큰 손님을 대하듯 하고, 백성을 대할 때는 큰 제사를 모시듯 하는 것이다. 자기가 하고 싶지 않은 일을 남에게 시키지 마라. 그렇게 하면 나라에도 원망이 없어지고, 집안에도 원망이 없어질 것이다."라고 답해 주었다.

공자는 제자들이 질문했을 때 제자가 처한 상황이나 학문적 수준 그리고 성품 등을 고려해 각기 다른 답을 준 것이다. 공자의 이런 교육관을 잘 보여 주는 유명한 일화가 『논어』의 「선진(先進)」편에도 있다.

어느 날 제자인 자로(子路)가 공자에게 물었다. "들은 것을 곧바로 실행해야 합니까?" 공자는 이렇게 답했다. "아니다. 부모와 형제가 있는데 어떻게 들은 것을 곧바로 실행할 수 있겠느냐." 먼저 집에 가서 부모와 형제에게 물어보라는 뜻이다. 그런데 잠시 후 다른 제자 염유(冉有)가 공자에게 똑같이 질문했다. 그러자 공자는 이렇게 답했다. "좋은 생각이 떠오르면 당연히 바로 실행해야지." 자로에게 준 것과는 완전히 반대되는 답이었다.

옆에서 이 모두를 지켜본 제자가 어리둥절해하며 공자에게 물었다. "선생님, 똑같은 질문에 다른 대답을 하시니 저는 이해할 수가 없습니다." 그러자 공자는 말했다. "염유는 소극적이고 물러나는 경향이 있기에 적극적으로 행동하기를 촉구한 것이고, 자로는 서두르고 앞서려는 성향이 있어 억제하기 위함이다."

나는 교사다 그러므로 생각한다

상대의 눈과 마음이 되어 바라본다면

어쩌면 아이들이 학교에 바라는 친절도 이런 게 아닐까? 개개인의 눈높이에 맞춘, 한 명 한 명에게 꼭 들어맞는 맞춤식 교육을 원한 건 아닐까?

앞서 학교가 불친절하다고 말한 아이들은 학교를 '컴컴한 미로'에 비유했다. 출구가 보이지 않는 미로를 등불 하나 없이 지나야 하는 아이들에게는 학교라는 공간의 모든 것이 생소하고 두려울 수 있다. 아이들은 학교가 좀 더 친절하고 따스한 가르침을 주는 공간이길 원했을 것이다. 그런 역할은 교사인 나의 몫이기도 한데, 나는 그리 친절한 교사가 아니었다. 아이들에게 "입장 바꿔서 생각해 봐.", "네가 하기 싫은 일은 남한테도 시키지 마.", "네가 하기 싫은데 쟤는 하고 싶겠니?", "네 마음을 잘 들여다보면 다른 사람의 마음도 헤아릴 수 있을 거야."라고 가르치면서 정작 나는 그러지 못했다.

나도 새로운 학교로 이동하면 동료 교사들에게 이것저것 많이 묻곤 했다. 그럴 때마다 친절히 안내해 주는 동료가 있는가 하면, 자신도 스스로 찾아서 했다며 내게도 알아서 하라는 교사도 있었다. 그때 분명 나도 "이 학교는 왜 이리 불친절해!"라고 투덜거렸다.

나를 따라다니며 "이건 어떻게 할까요? 저건 어떻게 해야 하나요?" 하고 묻던 반장을 귀찮아한 나를 반성한다. 이제라도 컴컴한 미로에 선 아이들의 발밑을 환하게 비추는 등불 같은 교사가 되겠다고 다짐한다.

5

아이들을
어떻게 사랑해야 할까?

· 묵자와 『우리는요?』 ·

교사가 학생을 대할 때 경계하는 몇 가지가 있다. 그중 하나는 아이가 차별받는다고 느끼지 않게 하는 것이다. 그런데 사실 아이들은 공평한 교사를 좋아하지 않는다. 오히려 자신을 편애하는 교사를 더 좋아한다. 그것은 비단 아이뿐 아니라 어른도 마찬가지다. 남과 동등한 것을 넘어 남보다 더 사랑받고 싶은 것이 사람의 본성인 듯도 하다.

학교에서 아이들한테 가장 많이 듣는 말 가운데 하나가 "왜 저한테만 그러세요?"다. 교사는 속으로 '너만 잘못하고 있잖아!' 라고 생각하지만, 솔직하게 말하기보다는 아이의 감정을 읽어 주고 차별받는다고 느끼지 않도록 격려한다. 대체로 잘못을 하는 아이들이 계속해서 잘못을 저지르고, 교사에게 혼나는 경험을 반복하기 쉽다. 따라서 "너만 잘

못하고 있어!"라고 매번 꾸짖기보다, 아이가 반복되는 실수와 꾸지람에 지쳐 있다는 사실을 알아주는 편이 더 효과적일 수 있다. 아이들은 자신이 공감받는다고 느끼면 마음의 문을 열고 행동 변화까지 이끌어 낸다.

편애는 모두에게 상처가 된다

『우리는요?』도르테 드 몽프레 글·그림, 최윤정 옮김, 바람의아이들

그림책 『우리는요?』는 엄마 오리에게 사랑받는 막내 오리와, 그렇지 못한 여섯 형제 오리의 이야기를 담고 있다.

어느 날 엄마 오리가 못생긴 오리 여섯 마리와 예쁜 막내 오리 한 마리를 낳는다. 막내가 너무 사랑스러운 엄마는 막내에게만 '마르텡'이라는 이름을 지어 준다. 이름조차 없는 여섯 마리 오리 형제는 엄마에게 "우리는요?" 하고 묻는다. 엄마 오리는 헤엄, 물고기 사냥, 나는 법 등 오리에게 꼭 필요한 능력들을 마르텡에게 가르치지만 마르텡은 잘해 내지 못한다. 반면 "우리는요?"라며 관심과 배움을 요구하는 여섯 형제는 엄마에게 배우지 않고도 헤엄, 물고기 사냥, 비행 등을 곧잘 해낸다. 다른 형제들처럼 스스로 날고 싶어 엄마 등에서 뛰어내린 마르텡은 비행에 실패해 물속에 빠지고, 마르텡을 구하기 위해 여섯 형제는 망설임 없이 물속으로 뛰어든다.

차별을 견뎌 내는 아이들을 통해 인내의 중요성과 희망의 메시지를

전하는 옛이야기와 달리, 『우리는요?』는 차별이 편애받는 대상과 차별받는 대상 모두에게 상처를 주는 행동임을 알려 준다.

순서도 구분도 없는 공평한 사랑

중국 춘추 전국 시대 사상가인 공자(孔子)는 '인(仁)'을 강조했다. 제자가 인이 무엇이냐고 묻자 공자는 "사람을 사랑하는 것이다."고 답했다. 그런데 공자의 사랑에는 중요도와 순서가 따로 있다. 나와 가깝고 친밀한 이들을 먼저 사랑하고 점차 이웃과 천하로 넓혀 나가라는 '존비친소(尊卑親疏)' 사상이다. 이 같은 구별적 사랑인 '별애(別愛)'와 대비되는 '겸애(兼愛)'를 강조한 사상가가 묵자(墨子, B.C.480~B.C.390)다.

묵자는 진정한 사랑은 모두에게 공평해야 한다고 주장했다. 그는 "백성들이 주린 자는 먹을 것이 없고, 추운 자는 입을 것이 없고, 일하는 자는 쉴 틈이 없다."고 언급하면서, 이의 원인을 사람들이 서로 사랑하지 않기 때문이라고 지적했다. 서로를 제대로 사랑하지 못하고 치우친 사랑으로 인해 사회 혼란이 왔다는 것이다. 즉, 자식은 자신만 아끼면서 부모를 사랑하지 못하고, 동생은 자신만 사랑하고 형을 사랑하지 못한다. 신하도 마찬가지로 자신만 사랑하고 임금을 사랑하지 못한 결과라는 말이다. 이런 치우친 사랑이 문제라고 파악한 묵자는 자신을 사랑하듯 서로를 사랑하는 겸애를 해결책으로 제시한 것이다.

묵자는 "다 같이 서로 사랑하고, 서로를 이롭게 한다."*, "천하에 모든 사람이 서로가 서로를 아끼면 다스려지고, 서로가 서로를 미워하면 어지러워진다."**면서, 자기 부모를 사랑하듯 남의 부모를 사랑하라고 설파했다. 당시 맹자(孟子)는 묵자의 이런 사랑을 두고 '과하고 비현실적'이라고 비판했으나, 이미 민중들 사이에는 묵자의 사상이 삶 속 깊이 파고들어 있었다.

잘잘못에 고정된 시선을 거두어 들이고

학교 현장에서도 수업에 집중하고 지도를 잘 따르는 아이들이 더 사랑스럽고, 수업 시간에 자거나 규칙을 어기는 아이들은 못마땅하다. 자주 부딪치고 교육을 반복해도 변화하지 않는 아이를 보면 화도 난다.

선도위원회에 회부된 우리 반 아이를 지도하던 때였다. 잘못을 했음에도 반성하지 않는 아이를 꾸짖으며 태도를 지적했다. 잘못을 해서 벌을 받는 아이가 반성하지 않는 태도를 보이는 것은 잘못이고, 그 잘못을 지적하고 혼내는 것은 교사로서 당연한 일이라고 생각했다. 그런데 아이는 내가 자신을 혼낸 데 대해 무척 서운해했고, 그 감정을 학기 내내

---

* 兼相愛 交相利, 『묵자(墨子)』「겸애(兼愛)」편
** 天下兼相愛則治 交相惡則亂, 『묵자(墨子)』「겸애(兼愛)」편

불손한 태도로 표현했다. 당시는 아이의 태도가 잘못되었고 잘못을 지적한 내 행동이 정당하다고 생각했다. 하지만 지금 생각해 보면 지도의 정당성과 별개로, 반복된 잘못으로 꾸중에 지친 아이를 위로하는 한마디를 해 주었다면 아이의 마음이 조금은 더 괜찮았을 것 같다.

잘못을 저지른 아이라도 사랑을 필요로 하고, 그 사랑을 교사에게 요구하는 것은 당연하다. 물론 앞에서 언급한 것처럼, 교사가 사랑을 표현하고 다른 아이들과 똑같이 사랑한다 해도 그 아이는 변함 없이 문제를 일으킬 수 있고, 그 때문에 교사의 마음은 더 아플 수도 있다. 하지만 차별 없는 사랑, 편애 없는 사랑은 교사로서 갖춰야 할 필수 덕목이다. 아이들을 끝까지 사랑하는 마음이 필요하다. 그것이 맹자가 지적한 대로 과하고 비현실적이며, 자신을 해치는 일이 된다고 해도 말이다.

그림책 『우리는요?』에서 여섯 오리는 엄마의 편애가 거듭되자 마르텡을 '바보, 멍청이'라며 놀리고 비난한다. 자신들이 차별받는다고 느끼면 제아무리 형제라도 친해질 수 없는 법이다.

학교 현장에서 교사가 의도치 않게 마음 가는 아이들을 예뻐하고 잘못을 저지르는 아이들을 미워한다면, 교사와 아이 간 관계뿐 아니라 아이들 사이에도 문제가 생길 수 있다. 반복해서 잘못을 저지르는 아이를 억지로 사랑하는 것이 어렵다면, 미움받던 오리 형제들이 위기에 처한 마르텡을 구해 낼 기회를 만났듯이, 함께 문제를 해결할 수 있는 기회들을 제공해 주면 어떨까. 반복되는 잘못에서 문제 해결로 자리를 옮길 수 있도록 아이를 돕는 것이 필요하다.

나는 교사다 그러므로 생각한다

6

교사의 사랑으로
아이들이 바뀔까?

· 예수와 『빛을 비추면』 ·

교사라면 대개 말에 권위가 있고 영향력이 넘치는 자신의 모습을 꿈 꾼다. 아이들이 교사 말에 귀 기울이고, 신뢰감 가득한 눈으로 교사를 바라보고 교사의 지시를 따르며 성장하는 모습을 기대한다. 하지만 현 장에서 아이들과 교사들의 관계는 그렇지 않을 때가 많다. 교사는 같은 말을 수도 없이 반복하며 아이들을 지도하지만 말에 힘이 실리지 않는 다고 느낀다. 그 힘을 위해 과거에 교사들은 체벌과 상벌점을 활용했지 만, 지금 시대에는 그런 방법이 통용되지 않는다. 사용한다 해도 효과가 있을지 알 수 없다.

특별히 위압적인 이미지를 풍기거나 아이들을 강하게 지도하는 것처 럼 보이지 않는데도 유난히 아이들이 잘 따르는 교사가 있다. 겉으로 볼 때는 오히려 다소 느슨한 기준으로 아이들을 지도하는 것 같은데, 아이들은 교사를 신뢰하고 교사는 아이들을 사랑 가득한 눈으로 바라본다. 때로 교실 안에서 갈등이 일어나도 아이들이 교사를 신뢰하기 때문에 교사가 개입해 금세 해결하기도 한다. 교사의 사랑과 아이들의 신뢰는 어떻게 관련되어 있을까?

빛을 비추어야 비로소 보이는 것들

『빛을 비추면』 김윤정 글, 최덕규 그림, 윤에디션

그림책 『빛을 비추면』은 실제로 어둠 속에서 책을 펼치고 책장 뒷면에 빛을 비추어야 완성된 그림을 볼 수 있다. 빛의 속성을 가장 잘 보여 주는 방식으로 빛이 지닌 힘에 관해 이야기하는 것이다.

그림책 속에서 빛은 어둠을 밝히고, 따뜻함을 나누어 주고, 생명을 만들고, 꿈을 꾸게 하고, 열매를 맺게 한다. 그러면서 누구나 가슴 속에 품고 있지만 평소에는 잘 보이지 않는 그 빛을 발견하도록 돕는다. 그리고 말한다. 마음속 빛을 나누어 보라고, 빛은 나눌수록 커진다고.

빛을 나눌 때 그 빛은 더 커지고 더 많은 사람이 빛의 혜택을 함께 누릴 수 있다. 어둠을 밝히고, 생명을 만들어 내고, 자라게 하고, 꽃을 피우게 하고, 열매를 맺게 하는 빛은 '사랑'의 속성과 무척 닮았다. 사랑은

나는 교사다 그러므로 생각한다

생명을 살리고, 자라게 한다. 사랑 역시 나눌수록 더욱 커진다.

사랑으로 사람과 세상을 밝히다

"네 원수를 사랑하라."는 예수(Jesus, B.C.4?~A.D.30?)의 사랑을 잘 나타내는 말이다. 예수는 로마의 식민지던 베들레헴에서 태어나 30세까지 개인의 삶을 살았다. 이후 약 3년간 '공생애(公生涯)' 라는 이름으로 제자들과 사람들에게 교훈과 복음을 설파하는 삶을 살았는데, 비교적 짧은 기간이지만 이때의 활동을 통해 역사적으로 가장 큰 영향력을 끼치는 인물로 남게 되었다. 현재 세계 인구의 3분의 1이 크리스트교를 믿으며 그의 가르침을 좇아 살려고 한다. 그의 가르침 중 핵심이 바로 '사랑' 이다.

> 한 율법사가 예수에게 모든 율법 가운데 가장 큰 율법이 무엇인지 묻는다. 예수는 답한다. "'네 마음을 다하고 목숨을 다하고 뜻을 다하여 주 너의 하나님을 사랑하라.' 이것이 가장 크고 으뜸가는 계명이다. 그리고 그 옆에 나란히 두어야 할 두 번째 계명이 있다. '네 자신을 사랑하는 것같이 다른 사람을 사랑하라.' 율법과 예언서의 모든 것이 이 두 계명에 달려 있다."

예수는 당시 율법을 중요하게 여기고 율법을 지키는 삶을 가치롭게 여기던 이스라엘 사람들에게 '사랑' 이야말로 가장 중요한 가치라고 설파한다. 그러면서 하나님에 대한 사랑과 사람에 대한 사랑이 모두 중요하다고 강조한다. "새 계명을 너희에게 주노니 서로 사랑하라. 내가 너희를 사랑한 것 같이 너희도 서로 사랑하라. 너희가 서로 사랑하면 이로써 모든 사람이 너희가 내 제자인 줄 알리라."*고 말하면서, 자신이 주는 새 율법은 사랑이며, 자신의 가르침인 사랑을 실천하는 자가 자신의 제자라고 한다.

'사랑'을 최고 가치로 여긴 예수는 죄가 없음에도 십자가에 못 박혀 죽으면서 사랑을 실천했다. 그의 죽음과 함께 사랑의 가르침은 끝난 듯했다. 그러나 크리스트교인들을 처단하는 데 앞장섰던 사울(바울)이 예수의 사랑에 회심한 뒤 사도가 되어 예수의 사랑을 널리 전파한다.

사랑은 힘이 있다!

학교 현장에서도 사울처럼 교사를 불신하다가 교사의 사랑에 감화받아 사고방식과 행동이 바뀌는 아이들이 있다.

전에 근무한 학교에서 내가 맡은 반에 ADHD(주의력결핍 과잉행동장애)로 판정받고 약물 치료를 하던 아이가 있었다. 약을 먹으면 괜찮지만 평소에는 감정 기복이 심해서 친구들과 자주 마찰을 빚고 교사들과도 종종 부딪혔다. 한번은 체육 시간에 흥분해서 반 아이들에게 돌을 던졌다가 체육 교사 머리를 맞혀 피가 났다. 가뜩이나 아이들과 관계도 안 좋

---

* 『성경』「요한복음」13장 34~35절

은데, 아이들이 좋아하고 따르는 체육 교사를 다치게 했으니 학급 안에서 아이의 입지는 더 좁아졌다.

반 아이들과 집단 상담을 하고 단합 대회를 여는 등 관계 회복을 위해 노력했더니 다행히 상황이 나아지기 시작했다. 비록 과잉 행동도 여전하고 때로 친구들이나 교사들과 마찰도 있었지만, 자신을 지지해 주고 사랑해 주는 교사가 있다는 사실을 분명히 인식한 뒤로 아이는 과잉 행동 후 자신의 잘못을 인정하고 사과도 하게 되었다. 아이가 가진 장점도 분명히 있었다. 겉으로 보이는 모난 부분들에 가려졌을 뿐, 주변과의 관계가 조금씩 회복되자 아이의 장점이 하나씩 드러나기 시작했다.

그림책 『빛을 비추면』에서 빛을 비추었을 때 비로소 생명이 자라나고 꿈을 꾸기 시작한 것처럼, 그 아이도 사랑을 느끼자 자신 안에 있던 재능을 꽃 피우고 꿈을 꾸기 시작했다. 과잉 행동을 하고 그로 인한 스트레스 때문에 늘 폭발할 것만 같던 아이는 자신을 향한 주변의 관심과 사랑을 인지하고 점차 안정을 찾아 갔다. 그러면서 여러 방면으로 자신의 관심사를 펼쳤고, 그 가운데 과학 분야에 두각을 나타내더니 각종 대회에 나가 수상까지 하게 되었다.

교사 한 사람의 사랑이 누군가를 온전히 서게 만들 수는 없을지 모른다. 하지만 사랑은 확산되고, 주변에 널리 퍼진 사랑은 힘들어하는 한 존재를 바로 설 수 있게 한다. 학교에서라면 교사가 그 사랑을 확산시키는 훌륭한 촉매제가 되어야 한다.

7

아이들과 한마음으로
소통하고 싶다면?

· 원효와 『마음먹기』 ·

    고학년 담임을 맡은 학기 초에는 어김없이 아이들에게 퀴즈를 낸다. 『대학(大學)』의 「정심장(正心章)」 편에 나오는 유명한 문장을 칠판에 적고, 괄호 안에 들어가는 말이 무엇인지 알아맞혀 보라는 것이다.

(　　　)不在焉이면, 視而不見이며, 聽而不聞하며, 食而不知其味니라.

(　　　)이 있지 않으면 보아도 보이지 않으며, 들어도 들리지 않고, 먹어도 그 맛을 알지 못한다.

    한자를 잘 모르는 초등학생이지만 정답이 마음(心)이라고 맞히는 아이는 늘 있다. 그러고 나면 한자를 풀이해 주면서 '보아도 보이지 않으며'에 나타난 '본다'는 두 가지 한자(시視, 견見)의 뜻이 어떻게 다른지 묻는다. 또 '들어도 들리지 않고'에서 '듣는다'는 두 가지 한자(청聽, 문聞)의 뜻이 어떻게 다른지 질문한다.

아이들이 어려워하면 한자가 들어간 다른 낱말의 예를 들어 준다. 'TV를 시청(視聽)하다.'와 '견문(見聞)을 넓히다.'라는 힌트를 주면, 아이들은 '시청'보다 '견문'이 더 주의 깊게 보고 듣는 것임을 알아차린다. 그러면 나는 말한다. 내 몸이 지금 수업에 와 있다면 내 마음도 함께 가져와야지, 마음을 빠뜨리고 몸만 앉아만 있다면 배운 것들이 담길 곳을 찾지 못하고 한 귀로 들어와 한 귀로 나가 버리지 않겠냐고.

마음의 존재 여부에 따라 배움의 깊이가 달라지고, 교사와 아이들 사이 소통의 질이 달라진다. 수업이나 상담을 할 때 아이는 교사의 마음에, 교사는 아이의 마음에 얼마나 가까이 다가갈 수 있을까? 아이와 나의 마음이 하나가 되어 내가 너인 듯 소통할 수 있다면 얼마나 행복할까? 마음의 중요성은 절감하지만 마음의 비밀을 알지 못하는 내게, 그림책 『마음먹기』는 발랄한 아이디어로 마음을 흔들어 놓기에 충분했다.

오늘은 어떤 마음을 먹을까?

『마음먹기』 자현 글, 차영경 그림, 달그림

우리나라 사람들은 마음을 '먹는다'고 표현한다. 마음을 '먹는 행위'와

짝짓다니, 참으로 슬기롭지 않은가. 음식이 소화되어 우리 몸에 퍼져 양분을 주듯, 마음 또한 내가 먹어서 내 몸에 체화되도록 만들 수 있다는 철학이 이 말 속에 깔려 있다.

그림책 『마음먹기』는 마음에 꼭 어울리는 창의적인 이름을 지어 붙이고, 그것을 이미지화해 요리로 탄생시켰다. 책을 펼치면 '마음담'이란 메뉴판이 보이고, 다양한 마음 요리 이름이 빼곡히 적혀 있다. 요리 이름 옆에는 어떤 마음일 때 이 요리를 먹으면 좋은지 설명을 덧붙여 마음에 따라 메뉴를 고를 수 있게 안내한다. 마음을 전하고 싶을 때는 '마음전'을, 마음을 감추고 싶을 때는 '마음덮밥'을, 마음이 커지고 싶으면 '마음뻥튀기'를 추천하는 식이다. 마음이 힘들 때 이 마음 요리들을 먹으면 힘듦이 싹 사라질 것 같고, 어떤 마음이 필요할 때 그 요리를 먹으면 그 마음이 내 것이 될 것만 같다. 마음 요리는 이렇게 위로와 용기를 함께 준다.

독자는 이 그림책이 그저 마음을 다독여 주는 데만 그치지 않음을 눈치챈다. 이 책이 주는 강력한 메시지는 마지막 부분의 "어떤 마음을 먹느냐에 따라 세상 사는 맛이 달라진대요."라는 말에 담겨 있다. 세상사 모든 일이 내 마음먹기에 달려 있다는 사실을, 먹은 마음에 따라 달라지는 다양한 얼굴을 보여 주며 마음먹기의 방향성을 제시한다. 그러고는 묻는다. 오늘은 어떤 마음을 먹었는지를 말이다. 아니, 어떤 마음을 먹고 싶은지를.

나는 교사다 그러므로 생각한다

타인의 존재에 섬세하는 반응하는 마음

신라 승려 원효(元曉, 617~686)는 당나라의 '대승기신론(大乘起信論)'을 풀이해 『대승기신론소(大乘起信論疏)』를 썼다. '기신론(起信論)'이란 믿음을 일으키는 논서를 뜻한다.

이 논서에서 가장 중요한 내용은 '일심(一心)'에 대한 것으로, 일심을 '진여문(眞如門)'과 '생멸문(生滅門)'이라는 두 문을 가져와 설명한다. 하나의 마음(一心)에 근거하여 두 가지 양태의 마음이 있다는 것이다. 하나는 있는 그대로의 마음인 '진여(眞如)'의 마음이고, 다른 하나는 요동치는 마음으로서 '생멸(生滅)'하는 마음이다. 그러나 두 마음은 서로 떨어지지 않는다. 두 가지 문이 나 있을 뿐 실제로 마음은 하나라는 것이다. 마음이 생멸문에서 진여문에 이르렀을 때 해탈(열반)이 일어난다.

대승기신론을 풀이하는 원효의 특별한 관점은 진여문에 대한 설명에서 잘 드러난다. 생멸문을 통해 자신의 감정과 경험으로 일렁이는 마음을 극복하고, 잔잔한 호수 같은 진여문의 상태가 되었을 때는 고요함만 존재해야 한다. 원효는 여기서 한 단계 더 나아간다. 고요한 상태로 머물며 열반에 들어서면 끝나는 것이 아니라, 호수에 비치는 다른 존재에게 섬세하게 반응하는 마음이 생겨난다는 것이다. 불교가 내부로부터 요동치는 마음을 부정했던 이유는 다른 존재에 대한 섬세한 감수성을 회복하기 위해서였다. 타자의 고통이나 행복에 공감하지 않은 채 언제나 고요한 물과 같은 마음 상태를 가진 것이 열반이라면 이는 자비가 아니다. 원효는 '깨달은 사람'에 관해 다음과 같이 묘사한다.

> "깨달은 자의 마음이 가진 두 가지 특징은 다음과 같다. '마음이 맑다(智淨)'
> 는 것이 첫 번째 특징이고, '헤아릴 수 없는 작용을 한다(不思議業)'는 것이
> 두 번째 특징이다.(중략) 헤아릴 수 없는 작용은 마음이 맑아짐에 근거하여
> 탁월하고 신비한 일체의 상태를 만들 수 있는 법이다."*

결국 나의 아집과 나의 생각들을 벗어나는 생멸문에 이르는 순간 다른 존재와 소통하는 진여문으로 들어가게 되니, 생멸문과 진여문은 따로 존재하는 것이 아니다. 나의 열반과 다른 사람에 대한 자비가 동시에 이루어지는 것이니, 이것을 일심의 상태라고 부른 것이 아닐까.

원효가 당나라 유학길에 겪은 유명한 일화를 기억할 것이다. 간밤에 어둠 속에서 맛있게 마신 물이 다음 날 해가 뜨고 보니 해골에 고인 물임을 알고는, 모든 것은 마음이 만들어 낸다는 '일체유심조(一切唯心造)'를 깨닫고 유학을 포기한 원효는 그 뒤 어떻게 되었을까? 그는 신라로 돌아와 요석공주와 결혼하고 아들 설총을 낳는 등 스님의 모습이라고는 상상할 수 없을 만큼 자유롭게 살았다고 전해진다. 아마도 진여문에 이른 그가 자신의 열반에 만족하지 않고, 중생의 아픔에 요동치는 자신의 마음을 느끼고 결단한 결과일 것이다. 그는 철저히 신라 대중 속에

---

* 『철학이 필요한 시간』(강신주 지음, 사계절) 201쪽

들어가 설법을 전하고 대중과 함께 살아가며 그들을 구제하고자 했다. 자신만의 고요한 명상과 열반이 아니라, 대중들과의 삶 속에서의 열반이 곧 자비인 삶을 실천하며 살았다고 할 수 있다.

내가 스스로 놓은 장애물부터 치워야

그림책 『마음먹기』 첫 부분에서 마음은 말한다. "사람들은 나를 가지고 요리조리합니다." 그리고 뒤 면지에는 본문의 각 장면에 나온 조리 도구가 모두 등장해 반전을 보여 준다. 이제 마음은 사람들의 조리 도구에 요리조리 당하는 존재가 아니라, 조리 도구에 올라타 그들을 조종하고 균형을 잡으며 스스로 조리하는 모습을 보인다. 내 마음은 다른 사람들 때문에 늘 힘든 것 같지만, 사실은 내 자신이 나를 조리하는 도구의 주인이며, 내 마음을 요리하는 당사자라는 점을 보여 주는 것이다.

그림책은 다양한 마음 요리를 먹으며 자신의 마음을 잘 살피고 다독이는 방법과 더불어, 마침내 내 마음이 주인이 되어 조리 도구들을 맘껏 휘두르며 마음 요리를 하는 생멸문의 과정을 보여 준다.

석가모니는 "두 번째 화살을 쏘지 말라."며 다른 사람의 행동과 사실만을 관찰하여 받아들이고 나를 더 보태지 말라고 했다. 첫 번째 화살이 다른 사람이 쏜 화살이라면, 거기에 나 자신이 부여하는 주관적인 의미가 두 번째 화살이다. 이 두 번째 화살이 스스로를 더 힘들게 하는 경우가 많기 때문에 이를 경계하라는 가르침이다.

　2학년 담임으로 수학 수업을 할 때였다. 한 아이가 내 설명은 듣지 않고 수학익힘책을 미리 풀고 있었다. '저 녀석, 빨리 끝내고 놀려고 설명도 안 듣고 미리 풀고 있네.' 하고 괘씸히 여기던 차에, 다른 아이가 그 상황을 고자질하자 벌컥 화가 나 그 아이를 나무랐다. 나중에 수학익힘책을 검사하며 보니 그 아이는 배우지 않은 부분을 많이 풀어 놓았다. "왜 자꾸만 수학익힘책을 미리 푸니? 선생님이 그러지 말자고 했잖아." 그러자 아이가 대답했다. "음…. 사실은 너무 재미있어서 빨리 풀어 보고 싶었어요."

　뒤통수를 맞은 기분이었다. 그 순간 원효가 해골 물을 발견한 날처럼, 내가 왜 아이와의 소통이 힘들었는지 깨달았다. 미리 수학익힘책을 푼 그 아이의 행동이 첫 번째 화살이라면, 놀려고 미리 푼다고 해석하며 아이를 책망하고 속상해한 것은 내가 나에게 쏜 두 번째 화살이다. 내 화의 원인은 바로 나였던 것이다.

　트이고 통한다는 '소통(疏通)'의 의미처럼, 아이들과 소통할 수 있는 마음의 비밀은 나와 아이 사이에 놓인 장애물부터 제거하는 일이다. 그 장애물은 아이가 아니라 내가 치고 있는 경우가 많았다. 『마음먹기』를 통해 내 마음의 요동침을 다스리는 원리를 배웠다면, 원효는 기세를 몰아 충고한다. 주관적 상념을 없애는 생멸문에 이를 수 있다면, 그 순간이 바로 아이의 진심과 소통하는 진여문이 열리는 순간이니 놓치지 말

　나는 교사다 그러므로 생각한다

라고. 수업이나 상담에서 내가 진정 아이의 마음을 이해하고 소통하는 순간은, 나도 모르게 일어나는 선입견과 경험에서 일렁이는 마음의 파문을 잠재우고 아이의 마음과 같은 물결로 일렁이는 순간, 바로 그때일 것이다.

8

선입견으로
아이들을 바라본다면?

· 베이컨과 『누가 사자의 방에 들어왔지?』 ·

교직 경력이 쌓일수록 아이들을 볼 때 통찰력이 느는 것 같다. 그런데 동시에 아이에 대한 선입견과 편견도 늘어남을 느낀다. 마치 동전의 양면 같다. 통찰력과 선입견은 특정한 정보를 통해 미래를 예측한다는 점에서 비슷하지만, 통찰력은 사물과 현상을 열린 태도로 바라보고 그 결과를 중립적으로 인식하는 반면, 선입견과 편견은 예상 밖의 결과에 대한 수용력이 매우 낮다는 점에서 차이를 보인다고 할 수 있다.

한 아이가 이어폰을 잃어버렸다며 교무실로 찾아왔다. 가방에 넣어 둔 이어폰이 사라졌는데, 그 이어폰을 자주 빌려 쓰던 친구가 의심스럽다고 했다. 게다가 그 친구가 최근에 자신이 잃어버린 것과 같은 모양의 이어폰을 들고 다녀 더욱 의심스럽다는 것이다. 이동 수업이 있던 날이

나는 교사다 그러므로 생각한다

었다. 교실에 다른 반 아이들이 수업을 듣고 있는 상황에서 이어폰을 잃어버린 아이가 교무실로 찾아왔다. 자기 반 앞 복도를 지나다가 잃어버린 이어폰이 자신의 스마트폰 기기 찾기 목록에 나타났다는 것이다. 지금 교실에 이어폰이 있다며, 찾을 수 있을 거라고 했다. 수업 중인 선생님께 양해를 구하고 블루투스를 연결해 소리를 최대로 키운 다음 이어폰을 찾기 시작했다. 결국 의심했던 친구의 책상 서랍에서 이어폰이 나왔다. 순간 의심은 확증이 되었다. 수업이 끝난 뒤 해당 아이를 교무실로 불렀는데, 그 아이는 잃어버린 이어폰과 같은 이어폰을 들고 나타났다. 알고 보니 이어폰을 훔친 아이는 우리가 의심하던 아이가 아니라, 선택 과목으로 이동 수업을 듣던 다른 반 아이였다.

교사를 하다 보면 이런 일을 종종 마주친다. 나의 경험을 돌이켜보아도, 확신에 가까운 예측이 사실을 무참히 벗어나는 경우가 많다. 개별적인 아이 하나하나를 일반화해 나의 편의대로 보려는 시도 자체가 무리일지 모른다는 생각이 든다. 요즘은 나의 선입견이 좋지 않은 결과를 초래한 경험들을 상기하며, 최대한 중립적인 시각으로 아이들을 만나려고 노력한다. 하지만 조금만 주의를 놓치면 나도 모르게 통찰력의 자리에 선입견이 비집고 들어와 주인 행세를 하려 들기 때문에, 나의 선입견과 편견으로 아이들이 상처받지 않도록 스스로를 경계한다.

그런데 선입견이란 무엇일까? 선입견을 줄이고 통찰력을 키우는 좋은 방법이 있을까?

선입견이 불러온 허구의 세계

『누가 사자의 방에 들어왔지?』 아드리앵 파를랑주 글·그림, 이경혜 옮김, 봄볕

그림책 『누가 사자의 방에 들어왔지?』는 맹수인 사자가 사는 방에 사람과 동물이 들어오면서 벌어지는 일을 흥미롭게 풀어 간다.

사자가 없을 때 사자의 방에 한 아이가 들어온다. 방에는 이미 생쥐한 마리가 있었는데, 아이가 들어오자 놀라 도망친다. 방에 들어온 아이는 누군가 들어오는 소리를 듣고 사자라고 생각해 침대 밑에 몸을 숨긴다. 하지만 방에 들어온 것은 사자가 아니라 또 다른 아이였다. 방에 들어온 두 번째 아이는 문밖에서 누군가 다가오는 소리가 나자 사자가 돌아왔다고 생각해 급히 샹들리에로 올라가 몸을 숨긴다. 이후 또 다른 아이와 동물들이 차례로 등장하는데, 서로의 모습을 눈으로 확인하지 않은 채 문밖에서 들리는 소리의 정체가 사자라고 확신하며 몸을 숨기는 상황이 반복된다.

첫 번째 아이는 침대 밑, 두 번째 아이는 샹들리에 위, 세 번째 아이는 양탄자 밑에 웅크린 채로 사자를 피해 부들부들 떨고 있다. 네 번째 손님은 개였고 다섯 번째 손님은 새였는데, 그들 역시 사자라고 생각한 존재로부터 몸을 숨긴다. 드디어 방 주인인 사자가 들어온다. 사자는 자신의 방이 전과 달라진 것을 눈치채고 겁에 질려 담요를 뒤집어쓴 채 몸을 떤다. 한편 처음 도망갔던 생쥐는 너무나 조용해진 방으로 돌아와 안락하게 잠이 든다.

나는 교사다 그러므로 생각한다

우리는 어쩌면 일어나지도 않은 일, 확인되지 않은 사실, 확인하려 들지 않았던 것들을 선입견과 편견으로 판단하고 재단하며 살아가고 있지 않은지 돌아보게 된다. 선입견과 편견을 경계하라고 말한 베이컨의 철학을 살펴보자.

"오직 '사실'에 근거한 지식만 유용하다."

영국의 철학자 베이컨(Francis Bacon, 1561~1626)은 일찍이 경험론을 주장했다. 문제를 해결하는 데 필요한 과학적 사고방식을 강조한 사상가이기도 하다. 베이컨을 얘기할 때 자주 언급하는 것이 "아는 것이 힘이다."라는 명제다. 이는 자연과학적 지식이 우리 삶에 유용함을 제공한다는 사실을 강조한다. 베이컨에게 있어 지식은 자연을 대상화해 관찰과 실험을 통해 자료를 수집하고 일반화하는 과정이다.

자연과학적 지식을 관찰하고 실험할 때, 베이컨이 가장 경계한 것이 바로 '우상(idols)'이라는 선입견과 편견이다. 베이컨은 우상을 '동굴의 우상', '종족의 우상', '시장의 우상', '극장의 우상'의 네 가지로 분류했다. 동굴의 우상은 우리나라 속담 중 '우물 안 개구리'와 같은 의미로, 개인적 경험 수준에 근거한 확신으로 발생하는 선입견을 의미한다. 종족의 우상은 종족주의적 관점에서 인간을 중심에 두고 현상을 바라볼 때 생기는 선입견이다. 다음으로 시장의 우상은 시장에서 물건 값을 흥정하며 "팔아도 남는 게 없다."고 말하는 것처럼, 실제와 다른 언어를 사용함으로써 발생하는 선입견을 뜻한다. 마지막으로 극장의 우상은 관객이 무대에 올려진 연극을 실제처럼 믿고 보는 데 비유해, 전통과 권위, 학설 등을 맹목적으로 믿는 태도에서 발생하는 선입견을 말한다. 베이컨은 이런 우상들을 몰아내고 관찰과 실험을 통한 사실에 근거하여 자연을 과학적으로 연구해야 한다고 주장했다. 사실에 입각한 자연과학적 지식만이 인간에게 유용하다고 본 것이다.

'통찰력'의 탈을 쓴 선입과 편견 경계해야

『누가 사자의 방에 들어왔지?』에서 사자의 방에 들어온 모든 동물과 사람은 상대를 확인하는 과정 없이(적어도 자신은 통찰력이라 믿었을 것이지만) 선입견에 갇혀 잘못된 판단을 하고 그에 따라 행동한다. 서둘러 결론을 내리고 결과를 한쪽으로 치우치게 바라보는 것이 선입견이라면, 통찰력은 사실에 바탕을 두고 충분한 숙고와 성찰의 시간을 거친다. 방에 숨은 이들 가운데 누구라도 제한된 정보로 섣불리 추측하지 말고 실제로 일어나고 있는 사실을 확인했더라면, 사자의 방에서 벌어진 불편한 상황이 지속되지 않았을 것이다. 사자의 방에 당연히 사자가 들어올 것이라는 선입견이 반복된 결과는 어떤가. 사자는 어디보다 안락한 장소였을 자신의 방에서 스스로 겁에 질려 숨을 죽이게 되었다.

나는 교사다 그러므로 생각한다

밀려드는 업무와 다수 아이들을 상대하며 에너지를 소모하다 보면 교사 역시 한정된 정보로 상황을 판단하는 경우가 생긴다. 나름 통찰력을 발휘해 옳은 결정을 내렸다고 자족할 때도 있다. 하지만 때로는 내가 통찰력이라고 믿었던 것이 성급한 일반화를 범하는 경우를 불러올 때도 있다.

　아이들 하나하나는 교사의 성급한 판단으로 일반화할 수 없는 개별성을 지닌 존재라는 사실을 항상 기억해야 한다. 교사로서 나도 모르는 사이에 아이들을 범주화하고 일반화하는 것이 일의 효율성을 높여 교사의 전문성으로 포장될 수 있다. 하지만 아이들을 일반화하고 그룹화하는 것은 자칫 잘못하면 선입견과 편견으로 아이들의 가능성을 재단하는 일이 될 수 있다.

　교사는 아이 한 명 한 명의 가능성을 타인과 비교하지 않는 개별화된 시각을 유지해야 한다. 선입견을 줄이고 통찰력을 키우기 위해서 아이 개개인의 잠재 가능성을 열어 두고, 발달 단계에 적합한 지혜를 활용할 수 있도록 모든 역량을 동원해야 한다. 교사는 아이들의 '성공'을 산술적으로 계산해 결과를 예측하는 직업이 아니라, 아이들의 '가능성'을 일구기 위해 실낱 같은 희망이라도 붙잡아야 하는 직업이기 때문이다.

9

아이를 있는 그대로
사랑하려면?

· 들뢰즈와 『세상의 많고 많은 초록들』 ·

일반적인 한 차시 수업의 지도안을 쓸 때, 나는 아이들의 반응을 상상하며 지도안 속 교사와 학생 칸을 채운다. 배운 대로 동기 유발, 활동 세개, 정리 활동 단계로 지도안을 짜지만, 실제 수업에서는 지도안대로 해내기가 쉽지 않다. 이상과 현실의 괴리일까? 아이들의 반응이 달라서일까? 늘 의아해하면서 내 수업 운영 능력이 부족하다는 생각을 많이했다.

그런데 경력이 꽤 쌓인 지금도 나는 활동 세 개를 모두 소화해 내지못한다. 그래서 이제는 공개 수업이라도 활동을 한두 개 정도만 계획한다. 그래도 아무 문제가 없다. 왜 내게는 활동을 세 개씩 해야 한다는 강박이 있었을까? 활동 세 개를 40분 안에 다 소화할 수 있다고 생각하며

나는 교사다 그러므로 생각한다

작성한 내 지도안 속 '교수 학습 과정' 칸을 채우고 있는 질문하던 교사와 답하던 학생은 도대체 누구였을까?

내 지도안 속 교사는 수업을 정확히 안내하고, 설명이나 질문도 핵심만 콕 집어 말하며, 해야 할 단계를 멈춤 없이 착착 밟아 나가는 이상적인 교사다. 학생은 또 어떤가. 더욱 멋지다. 바른 자세로 교사의 이야기에 귀를 기울이며 적극적으로 경청하고, 교사가 원하는 정확한 답과 반응을 하며, 수업 단계를 잘 마무리할 수 있도록 환상적으로 호응한다. 나는 나도 모르게 엄청난 '능력자 교사'와, 무엇을 말해도 쏙쏙 이해하는 '모범 학생'을 기준 삼아 '이상적인 수업' 지도안을 짠 것이다. 이런 상상을 품고 매 수업에 임하고는, 계획한 수업을 완수하기에는 시간도 능력도 부족하다고 느꼈다. 그래서 나의 수업에는 좌절감이 늘 따라다녔다.

하나하나가 주인공인 초록의 변주들

『세상의 많고 많은 초록들』 로라 바카로 시거 글·그림, 김은영 옮김, 다산기획

이 그림책의 원제는 'GREEN'이다. 그림책을 펼치면 숲속 초록과 바다 초록, 라임 초록과 완두콩 초록, 정글 초록 등 수많은 초록이 등장한다. 똑같은 초록은 하나도 없다. 흔하다고 생각한 초록이 이렇게 다양하다니, 놀라지 않을 수 없다. 이 책에 등장하는 모든 초록은 주인공들

이다. 초록을 계절별로 나타냈다고 해서 봄의 숲 초록이 겨울의 눈 덮인 초록보다 아름답다고 단정할 수 없으며, 빛을 덜 머금은 어두운 초록이라 해서 반짝반짝 빛나는 초록에 뒤지지도 않는다. 색은 주연과 조연이 없다. 그저 우리 주변에 존재하는 수많은 초록들을 파노라마처럼 보여 줄 뿐인데, 작가는 이 책으로 '그림책의 노벨상'이라 불리는 '칼데콧상'까지 받았다.

색깔을 주제로 하는 그림책은 그림 자체의 색깔로 말한다. 작가는 초록색에 대한 정보를 알려 주려고 그림을 그리지는 않은 듯하다. 어떤 독자도 다양한 초록을 보면서 이 초록은 명도가 얼마고 채도가 얼마인지 따지며 비교하지 않을 것이다. 이 책이 우리에게 말하고 싶은 것은 그저 우리가 단색 정도로만 알고 있던 초록이 이 세상에, 아니 우리 주변에 이렇게 다양하게 이토록 아름답게 존재하고 있음을 알아 달라는 외침이다.

책을 읽고 나면 고개를 들어 내 주변의 초록들을 다시 보게 된다. 그리고 어쩌면 다양한 초록의 아름다움을 볼 수 있을 만큼 성장한 나의 안목이 내 주변 사람들을 달리 보게 할 가능성을 열어 줄지도 모른다는 생각마저 든다.

동일성이 아니라 차이를 기준으로 세상을 보아야

프랑스 철학자 들뢰즈(Gilles Deleuze, 1925~1995)는 세계의 존재를 설명하는 근본 개념은 '동일성'이 아니라 '차이'라고 말한다. 그는 플라톤, 중세 기독교, 칸트, 헤겔로 이어지는 서양 철학의 주류인 본질주의를 강하게 비판했다. 본질주의가 동일성을 사고방식의 근간으로 삼으면서 심각한 문제점을 낳았다고 생각했기 때문이다.

들뢰즈는 자신의 논문 「플라톤과 시뮬라크르」에서 플라톤을 위주로 한 주류 철학을 해체하는데, 그가 플라톤의 이데아론을 왜 비판하고 해체하려 했는지 살펴볼 필요가 있다. 플라톤의 이데아(idea)는 어떤 진짜가 있다는 것, 변하지 않는 진짜의 본질이 있다고 가정한다. 이데아는 현실의 차원인 가시(可視)계에서는 느껴지지 않는 가지(可知)계이며, 완전하고 차원 높은 모든 존재의 원형이다. 플라톤은 이데아론을 통해 이데아와 현실을 구분하려고 했다지만, 들뢰즈는 실제 이데아론이 한 일은 현실에서 두 층위를 나누는 결과만을 가져왔다고 본다. 왜냐하면 플라톤의 이데아는 이데아와 얼마나 닮았는지를 기준으로 개별 대상에 정체성을 부여하며 온갖 평가를 내리기 때문이다. 그 결과 현실 세계에는 우월과 열등, 제대로 된 것과 제대로 되지 않은 것, 자격이 있는 것과 없는 것의 차별이 생겨났다고 지적한다. 더 나아가 들뢰즈는 플라톤주의를 받아들이는 의도와 목적은 특정한 기준에 맞는 사람들에게는 권위를 부여하고 그렇지 않은 사람들을 배제하고 차별하기 위함이라고까지 주장한다.

플라톤은 이데아와 현실 세계를 구분하고, 현실의 세계를 '이데아의 카피(copy)'라고 명명했다. 또 카피인 현실을 다시 모방하는 것을 '시뮬라크르(simulacre)'라고 명명했다. 그러므로 이데아와 거리가 먼 시뮬라크르에 해당하는 시나 예술은 가치가 없으며 경계해야 한다고 주장했다. 모방의 모방은 감각적 쾌락을 추구하도록 만들어 인간의 판단을 흐리게 한다고 여긴 것이다. 전통적인 철학은 원본, 모델, 단일한 기준 등의 카피가 얼마나 이데아에 합치하느냐를 바탕으로 모든 것을 평가해 버린다.

이에 반해 들뢰즈는 세상에 그런 이데아 같은 원본은 존재하지 않고, 세상 모두가 시뮬라크르일 뿐이며, 우리도 시뮬라크르라고 말한다. 시뮬라크르는 '닮음(동일성)'이 아닌 '다름(차이)'을 통해 특징 지어진다. 이 세상에 똑같은 것은 단 하나도 없으며, 같은 종의 생물이나 사물조차도 실재에서는 유사성과 차이성이 늘 함께 존재한다. 하물며 유사성과 차이점을 기준으로 대상을 파악하는 데 답이 정해져 있지 않음에도 불구하고, 우리는 차이를 제거하고 동일성을 기준으로 대상을 인식하려는 경향이 강하다. 들뢰즈는 모든 것의 가장 근본에는 질서가 아니라 오히려 카오스(chaos)가 들어 있고, 단일한 원리가 아니라 완전히 파악될 수 없는 다중성이 들어 있다고 말한다.

그렇다면 동일성은 어디에서 올까? 예를 들어 연필 공장을 생각해 보자. 일정하게 반복되는 공정을 거쳐 똑같은 연필이 포장돼 나오는데, 이것이 가능한 것은 불량품을 솎아 냈기 때문이다. 모든 반복은 다른 반복이며, 차이의 반복인데, 그 반복에서 차이를 숨아 내 차이 없는 반복으로 만들 때 동일성이 탄생한다. 차이를 지워서 인위적으로 만들어 낸 '가상'인 것이다.

'코스모스'나 '질서'도 다르지 않다. 사람의 몸도 6개월 정도면 거의 모든 세포가 변한다. 그러므로 세상에 존재하는 것은 차이밖에 없다. 동일성은 아이덴디티(identity), 즉 '정체성'을 말한다. 작년의 나와 어제의 나는 분명 다르지만, 주민등록증을 보여 주며 동일한 나임을 증명하며 살아가야 한다. 그렇지 않으면 누군가의 이름을 부를 수도 없고, 세상 일을 해결할 수도, 질서를 부여할 수도 없어 살아가기 힘들기 때문이다. 그러려면 그동안 발생한 모든 차이를 없애고 비슷한 것만 몇 개 남겨야만 한다. 이렇게 많은 것을 지워 냄으로써 동일성이 만들어지고 공유된다. 공유된 동일성은 현실적인 힘을 가지며, 역으로 차이를 지우는 권력을 행사한다.

이런 논리를 바탕으로 들뢰즈는 가상의 질서를 부여함으로써 안정감을 찾으려는 인간의 경향성을 일깨우고, 닮음보다는 차이를 바탕으로 사고하는 것이 정당함을 보여 주려 했다. 왜냐하면 닮음을 중심으로 하는 사고방식에는 서열을 나누는 의식이 들어 있기 때문이다. 들뢰즈는 시뮬라크르를 카피보다 더 우선시해야 하며, 닮음의 기준 자체를 부정하는 시뮬라크르는 아무런 원본도 기준도 상정되지 않은 것이므로 시뮬라크르 그 자체로 평가되어야 한다고 역설했다.

'이상'을 걷어내고 눈앞의 '현실'에 충실하기를

이 그림책의 경우는 원제 'GREEN'이 '세상의 많고 많은 초록들'로 변역되면서, 플라톤스러운 그림책에서 들뢰즈스러운 그림책으로 변신했다고 할 수 있다. 번역가는 'GREEN'을 직역해 '초록'을 제목으로 삼지 않고, '세상의 많고 많은 초록들'이라는 절묘한 번역으로 수많은 주인공을 표지에 내세웠다. 그리하여 우리가 알고 있는 이데아적 상위 개념인 '초록'을 주연으로 삼아 다른 무수한 초록들을 조연으로 평가 절하하는 데서 벗어났다. '세상의 많고 많은 초록들'이라 표지에 씀으로써 처음부터 세상이 알아주지 않아도 존재하는 수많은 아름다운 초록이 이 책의 주인공임을 제목에서부터 암시하는 것이다.

더 나아가 번역가는 원문에서 'no green'으로 표현된, 흰 눈 속에 묻혀 있어 보이지 않는 '겨울의 초록'을 '흰 눈에 덮인 초록'으로 번역함으로써, 초록이 실은 없는 것(no green)이 아니라 흰 눈에 가려 잘 보이지 않을 뿐이라며 '숨은 초록'을 찾아주기까지 한다. 번역가의 깊이 있는 안목에 감탄하지 않을 수 없다. 그래서 원서보다 우리나라 판이 더 좋다고 느낀다.

나는 지금까지 나도 모르는 사이에 이상적인 교사와 학생에 대한 이데아를 가지고 있었다. 교대에서 배운 대로, 다른 사람이 하는 대로, 늘 활동은 세 개씩 해야 한다고 생각했다. 실제 내 반의 아이들을 만나보기도 전에, 교사로서 내 능력을 분명히 알지도 못한 채, 이상적인 지도안

나는 교사다 그러므로 생각한다

만 작성해 왔다. 그러고는 마음속으로 이데아의 아이들을 그리며 지금 내 앞의 아이들을 함양 미달이라며 평가 절하했는지 모른다. 그러니 내 교실은 늘 좌절이었다. 아이들도 나도 성에 차지 않아 불만이었다.

그림책 『세상의 많고 많은 초록들』은 우리 반 아이들 하나하나가 아름답다고 말해 준다. '우리 반의 모두 다른 아이들'로 제목을 바꾸어 그림책을 만들어 보면 좋겠다는 생각도 든다. 아이 하나하나의 이름을 쓰며 각각의 특별한 점을 찾아보는 작업은 아이들을 더욱 사랑하게 해 줄 것 같다. 그리고 들뢰즈는 내게 속삭인다.

'네 마음속에 살고 있는 아이들을 지워 내라! 그 아이들과 소중한 네 교실의 아이들을 비교하지 마라! 하나하나의 사건과 관계로 아이들을 만나라! 매일의 일상과 사건이 엄청난 속도로 우리를 변화시키고 있음을 인식하고, 있는 그대로의 아이들을 관찰하고 사랑하라! 그러면 언젠가는 아이 각각의 특별함이 보이기 시작할 것이다.'라고.

10

함께 나눈 대화가
의미 있으려면?

· 립맨과 『뷰티풀 : 말해 봐, 네가 찾은 아름다움을』 ·

교사인 나는 월급 통장 외에 통장을 하나 더 가지고 있다. 이름하여 '보람 통장'이다. 여기에는 아이들과 함께 나눈 이야기, 아이들이 성장하는 모습, 아이들이 내게 보여 준 열렬한 사랑의 추억이 차곡차곡 쌓여 있다. 아이들의 세상을 보는 눈을 확장시키고 인격과 마음을 성장시키는 일, 그런 일을 한다는 것은 교사라는 직업이 누릴 수 있는 특별한 자부심이다. 내가 잘 가르쳐서라기보다는 아이들을 가르치는 교사이기에 누릴 수 있는 특별함이다. 그렇지만 보람 통장의 잔고는 숫자로 표시되지 않고, 하나하나의 사건과 장면들로 저장되어 있을 뿐 손익 분기점을 따질 수도 없다. 어쩌면 그래서 더 특별할 것이다. 교사로 사는 일이 버겁게 느껴질 때면 교사들은 숨겨 둔 적금 통장을 꺼내 보듯, 이 보람 통장을 들여다보며 위로를 받고 힘겨운 교사 생활을 버티고 버텨 낸다.

나는 교사다 그러므로 생각한다

호기심으로 반짝이는 눈망울을 마주하며 아이들의 성장을 돕는 일은 교사에게 가장 큰 보람이다. 수업에서 탐구가 활발히 일어나고 아이들 스스로 지식을 발견하며 기뻐하는 모습을 지켜보는 일, 그런 수업을 디자인하며 교사 자신도 잊지 못할 경험인 멋진 추억을 창조해 내는 일이 바로 그런 것이다. 그런 수업의 핵심에는 '탐구'가 있다. 탐구가 일어나기 위해서는 먼저 아이들이 세상을 궁금해해야 한다.

그런데 우리나라 아이들에게는 세상을 궁금해할 여유가 없다. 아니, 궁금해할 에너지가 없다. 산더미처럼 밀려드는 공부에 치여 사사로운 호기심 따위는 쓸데없는 것으로 치부되기 일쑤고, 탐구심은 박탈당한다. 그리하여 교사도 아이도 교육과정이 정해 준 것들을 떠먹이고 떠먹기에 바쁘다. 마땅한 소화제도 없이 말이다. 이렇게 남이 주는 음식을 계속 급하게 먹어 왔다면 과연 무엇을 어떻게 먹었는지 제대로 알까? 그 음식을 먹은 기억이 아름답게 저장될 수 있을까? 우리가 꿈꾸는 아름다운 수업은 어떤 수업일까? '아름다운 수업'에 관한 나의 이상향을 보여 주는 그림책이 있다.

"네가 아름답다고 느끼는 건 뭐니?"

『뷰티풀 : 말해 봐, 네가 찾은 아름다움을』
밀야 프라흐만 글·그림, 유동익 옮김, 그레이트북스

이 그림책은 아이들의 수업 태도가 어떻게 변해 가는지 잘 보여 준다. 첫 장면은 수업을 위해 모두가 둘러앉아 있지만 아이도 선생님도 진정한 대화로 들어갈 준비가 안 되어 있다. 선생님의 의자는 뒤에 덩그러니 따로 있고, 선생님은 아이들 사이에 서서 손을 크게 벌리고 이야기한다. 아이들은 코를 파거나 다른 친구를 밀며 딴짓을 하거나, 뒤로 돌아앉아 딴생각에 빠져 있다. 흔한 교실의 모습이다. 그런데 책의 마지막 장에서는 같은 수업 장면을 보여 주지만 풍경은 완전히 달라져 있다. 선생님은 아이들과 나란히 둘러앉아 턱을 괴고 주인공 '막스'의 이야기에 집중하고 있다. 다른 아이들도 일제히 막스를 바라보며 경청하고 있다. 의자들 아래 깔린 둥글고 노란 러그에서 바깥으로 뻗은 선이 마치 태양과 햇살처럼 보인다. 아이들의 생각이 세상으로 확장되는 듯하다.

같은 교실 장면에서 아이들의 태도가 이렇게 달라진 비결이 무엇일까? 첫 장면과 마지막 장면 사이에는 과연 무엇이 있었을까? 마지막 장면처럼 이상적인 교실이 되려면 무엇이 필요할까?

그 비결은 첫 장면에서 막스를 당황하게 만들어 계속 생각하도록 이끈 선생님의 질문에 있다. "막스, 넌 무엇이 아름답다고 생각하니?"라는 질문. 그 중간 장면들은 온통 아름다운 것을 찾는 막스의 고민들로 채워진다. 막스는 수업이 끝났지만 답하지 못한 질문을 계속 붙들고 세상과 자신을 자세히 관찰하며 생각을 거듭한다. '내가 아름답다고 생각하는 건 뭘까? 사람들은 무엇이 아름답다고 느낄까? 아름답다는 건 대체 뭘까? 무엇을 아름답다고 하는 걸까?'

나는 교사다 그러므로 생각한다

그러다 막스는 발견한다. 하늘을 가로지르는 새들이 아름답다는 사실을, 담벼락에 그려진 글자와 알록달록한 옷을 입고 모여 있는 사람들도 아름답다는 사실을 말이다. 관찰력이 빛을 발하기 시작하자 지금까지 무심코 지나치던 다른 존재의 아름다움이 눈에 들어온다. 더 나아가 네잎클로버를 찾으며 두근거리는 마음, 처음 본 순간 친구가 될 거라는 예감, 어둠이 지닌 신비로움 같은 눈에 보이지 않는 아름다움까지 발견하게 된다. 그림책은 막스가 선생님과 친구들 앞에서 자신이 발견한 갖가지 아름다움을 발표하는 장면으로 마무리되는데, 여기서 막스가 찾아낸 마지막 아름다움은 실로 감탄스럽다.

대화와 탐구로 철학이 자란다

미국 철학자 립맨(Matthew Lipman, 1923~2010)은 어린이도 철학을 할 수 있다고 보고, 듀이의 탐구 모형을 '철학적 탐구 공동체'에 적용해 '어린이를 위한 철학(Philosophy for Children, P4C)'을 창시했다.

철학적 탐구 공동체의 핵심은 공동체 속에서 일어나는 공적 '대화'이며, 이 목적 있는 대화를 위해서는 질문 역시 흥미와 관심에서 출발해야 한다. 탐구 공동체에서는 소크라테스식 대화 방식을 활용한 다양한 질문과 답을 통해 공동체가 함께 사고하며 문제를 해결해 나간다. 아이들은 자신의 생각을 펼치고 반박하는 과정에서 자신의 관심사와 인생의 총체적 경험을 바탕으로 이야기를 나누게 된다. 탐구 공동체가 일련의 사건이나 경험을 끌어내 재해석하고 판단해 보며 그에 대한 친구들의 생각과 반박, 판단 등을 마음껏 나누는 공간이기 때문이다. 이 같은 과정을 거치는 동안 인간의 판단과 경험, 선한 행위나 일련의 사건 속에서도 예술 작품 못지않은 미를 발견할 수 있다고 본다.

서로를 존중하면서도 자유롭게 생각을 묻고 따지고 반박하다 보면, 때로는 길을 잃거나 우왕좌왕하며 해답을 찾지 못하는 힘든 순간을 맞기도 한다. 그렇지만 이런 갈등과 고통의 시간을 통과해 마침내 대화 막바지에는 보다 나은 수정적 사고나 잠정적 결론에 이른다면, 일련의 탐구 과정은 '하나의 경험'으로 일정 수준의 완결성을 확보하고 '미적 성질'을 지닌다고 할 수 있다. 이런 대화는 아이들의 기억에서 오래 사라지지 않는 '불멸의 대화'가 된다.

우리 일상은 대화로 가득하다. 타인과 하는 대화도 많지만, 그보다 훨씬 더 많은 대화는 내 마음속과 나누는 대화다. 그런데 우리 대부분은 자신과 대화하는 능력이 부족하다. 나 자신에게 가장 많은 말을 건네지만 내 자신은 내가 던진 질문과 말을 경청하지 않고 질문에 꼬리를 물고 받아주지 않음으로써 그 말들을 그냥 흘려보낸다. 스스로에게 수많은 질문과 말 걸기를 시도하였음에도 창조적이거나 의미 있는 대화로 발전시키지 못한 채 마무리된다. 웬만한 상상력을 가진 사람이 아니고서는 자신과의 대화가 독백에 그치는 경우가 대부분이다.

그 결과 정작 나 자신에 관해서는 다른 사람을 아는 만큼도 알지 못한다. 순간순간 남과 비교하기는 쉬우나, 내가 어떤 생각과 감정과 가치를 지닌 사람인지는 자각하지 못한다. 자신을 스스로 들여다보기 힘들기 때문이다. 이것이 자신을 탐구하기 어려운 이유다. 그러므로 삶에서 가장 중요한 과제인 '자기 이해', 즉 나를 탐구하는 데 있어서도 내 생각을 경청하고 깊이 들여다볼 수 있도록 도와주는 누군가가 필요하다. 대화를 나눌 공동체가 필요하다.

립맨은 철학적 대화의 최종 목적을 자신을 설득하고 자기 수정적 사고를 할 줄 아는 성숙한 사람으로 성장하는 데 두었다. 그는 타인을 설득하는 것은 철학적 대화가 아니며, 자신의 수정적 사고를 목표로 타인에게 배우기 위함이라고 밝히고 있다. 탐구 공동체를 통해 함께 개념을 탐색하고 추론하는 과정을 거치면 아이들의 다차원적 사고력인 '비판적 사고', '창의적 사고', '배려적 사고' 능력을 기를 수 있다고 보았다.

어떻게 질문하고 어떻게 답할 것인가

초중고교를 보내는 12년 동안 나 역시 학생으로 숱한 수업을 경험했다. 그중 구체적인 대화까지 기억에 남는 수업은 딱 한 번이다. 고등학교 때 학급회의 시간에 어쩌다 '사랑'에 관해 열띤 토론이 벌어졌는데, 이것은 내게 완전히 새로운 경험이었다. 사랑이 무엇인지를 묻는 질문에 나는 교과서에서 답을 찾지 않고 내 내면으로 들어가 내 경험과 내 지식을 총동원해 답을 구하고, 나의 언어를 사용해 친구들 앞에서 발표하면서 비로소 내가 생각하는 사랑이 어떤 것인지 스스로 확인할 수 있었다. 나와 생각이 판이하게 다른 친구가 말하는 사랑의 정의를 듣는 것도 신선하고 놀라운 경험이었다. 1만 번이 넘는 수업 가운데 이 수업만 기억나는 이유는 분명하다. 내가 받은 수많은 질문 중 스스로 답을 구한 첫 번째 경험이기 때문이다. 그림책 속 막스처럼 말이다.

아이들과 이야기하다 보면 질문이 신선해서 놀랄 때가 많다. 세상에 대한 편견이 없어서일까, 당연함이라는 것을 아직 모르기 때문일까? 자라면서 점점 질문이 줄어드는 까닭은 또 무엇일까? 초등학교에서도 저학년 아이가 고학년 아이보다 궁금한 것이 더 많다. 고학년 아이는 많이 배워서 호기심을 해결했기 때문일까? 궁금한 것이 더 이상 없어서일까? 과연 학교의 무엇이 그들의 호기심을 빼앗는지 고민해 볼 문제다.

모든 교육과정을 질문 중심 또는 아이 중심의 토론 수업으로 이끌어 나가는 것은 불가능할뿐더러 그럴 필요도 없다. 그렇지만 물고기를 잡아 주는 것보다 물고기 잡는 법을 알려 주는 것이 더 중요하듯, 아이들이 스스로 생각하는 절차와 방법을 익힐 수 있게 탐구의 장을 활짝 열어 주는 것은 꼭 필요한 학교의 역할이다.

아이들의 탐구는 호기심에서 출발해서 교과서로 돌아와야 한다. 내 몸 밖의 지식은 단순한 암기로 내 것이 되지 않는다. 지식 생성 과정에 직접 참여할 때 진정한 내 것으로 체득된다. 원치도 않은 음식을 급히 먹여 체하게 만들기보다, 어떤 음식을 원하는지 묻고 함께 탐구하고 레시피를 개발해 요리한 음식을 천천히 비교하고 즐기면서 먹을 때 소화에도 건강에도 좋지 않을까?

11

아이들의 성장은
어떻게 이뤄질까?

• 헤겔과 『어느 멋진 날』 •

학교에서 아이들이 겪는 어려움은 다양하다. 교우 관계부터 성적에 대한 부담, 진로 결정에 따른 불안까지, 여러 문제에 직면한다. 그럴 때마다 교사는 아이의 고민을 들어 주고 공감하며 함께 해결 방안을 모색한다. 간혹 아이의 고민을 들어 주다가 당황스러운 경험을 하는데, 문제 해결 과정에서 겪는 어려움을 아이가 인정하지 않거나 회피하려는 경우가 그렇다.

내가 맡은 반 아이가 교우 관계 문제로 상담을 요청해 왔다. 아이는 평소 내향적인 성향으로, 소수의 친구와 긴밀한 관계를 유지했다. 평범하게 학교생활을 하던 아이가 갑자기 상담을 요청해 의아했는데, 이야기를 들어보니 친한 친구와 갈등이 있다고 했다. 그 갈등으로 인해 친구들끼리 서먹한 관계가 되었고, 마음이 불편해 더는 학교에 못 다니겠다는 것이었다. 교사인 내가 판단하기로 학교를 그만둘 정도의 사건이 아니었기에, 더 깊은 내막이 있을지 모른다고 생각해 주변 친구들 이야기도 들어보고 주의 깊게 상담을 진행하며 갈등을 중재하려고 했다. 하지만 아이로부터 돌아온 대답은 오직 학교를 그만두고 싶다는 것이었다. 인간관계라는 것이 다양하기에 누군가에게 상처 입은 마음이 다른 사람과의 만남으로 회복되기도 하는데, 그 아이는 이번 갈등을 인간관계의 전부인 것처럼 받아들여, 여지도 주지 않고 학교를 그만두었다. 담임인 나는 인사도 없이 떠나는 아이의 뒷모습을 지켜볼 수밖에 없었다. 끝내 도움을 주지 못해 안타까웠고, 교사로서 무력감마저 들었다.

한창 성장하는 아이들은 날마다 크고 작은 도전에 맞닥뜨린다. 때로 그들은 문제 상황을 극복할 방법에 관해 숙고하고 성찰하는 과정을 생략한 채, 당면한 문제를 삶의 전부처럼 느끼고 인생의 오점이자 제거해야 할 대상으로 치부하기도 한다. 어려움은 시련을 가져다주기도 하지만 그것을 해결하는 과정에서 자신의 성장에 필요한 사고력과 문제 해결력, 인내 같은 덕목을 내면화하는 중요한 기회도 제공한다. 성장 자양분이 될 경험들을 외면해 버리는 아이들을 마주할 때면 교사로서 씁쓸한 마음이 드는 것을 어찌할 수가 없다.

성장이란 어떤 과정을 통해 이루어질까? 우리는 그 과정에 어떤 마음가짐으로 임해야 할까? 아이들의 성장을 도모해야 하는 교사로서 어려움을 겪는 아이들을 어떻게 도울 수 있을까?

낯섦을 넘어서는 한 걸음의 용기

『어느 멋진 날』 윤정미 글·그림, 재능출판

그림책 『어느 멋진 날』은 우리가 바라는 '성장'이 어떻게 이루어지는지 생각해 보게 한다. 도시에서 살던 '준수'는 할아버지가 사는 섬으로 혼자 오게 되었다. 준수에게 섬은 조용하고 아무런 재미난 것도 없는 지루한 곳이다. 준수가 살던 도시와는 전혀 다른 세상이다. 준수에게 익숙한 아스팔트, 아파트, 정돈된 도로들로 이루어진 도시에 비해 시골은 변화가 없고 무미건조한 세계로 느껴졌을지 모른다. 할아버지는 무료해하는 준수를 자전거에 태우고 바다 동굴 구경에 나서는데, 마지못해 따라나선 준수지만 바다 동굴은 무척 궁금하다.

배는 곧 바다 동굴에 도착하고, 준수의 눈에 비친 바다 동굴 속 풍경은 신비로운 것들로 가득하다. 그런데 배가 동굴을 통과하면서 할아버지가 사라지고 준수는 혼자 남는다. 할아버지를 찾아 나선 과정에서 준수는 새롭고 환상적인 경험을 한다. 바다에 사는 사슴을 만나 도시 수족관보다 크고 눈부신 바닷속을 구경한다. 등대 대신 서 있는 커다란 곰의 어깨에 올라 내려다보니, 형형색색의 새롭고 아름다운 섬 풍경이 한눈에 들어온다.

이제 준수에게 섬은 재미없고 낯선 곳이 아니라, 흥미진진하고 친숙한 공간이다. 준수가 섬을 지루해하며 할아버지를 따라나서지 않았다면 어떻게 되었을까?

모순을 해결하며 발전해 가는 자아

헤겔(Georg Wilhelm Friedrich Hegel, 1770~1831)은 독일 관념론을 완성한 대표 철학자로, 자연과 역사와 정신의 모든 세계는 끊임없이 변화하고 발전해 간다고 주장했다. 그는 특히 '정반합(正反合)' 개념을 들어 변증법을 역사 이론으로 발전시킨 것으로 유명하다.

그에 따르면 모든 역사 발전에는 세 가지 특징이 있다. 첫째, 역사 발전은 우연이 아닌 필연의 과정이다. 둘째, 역사 발전은 변화와 함께 발전을 의미한다. 셋째, 역사 발전 단계에서 만물의 원래 상태를 '정(正)'이라 하면, 모순에 의한 자기 부정은 '반(反)'이며, 만물은 이 모순을 해결하는 방향으로 운동하며 그 결과 새로운 '합(合)'의 상태로 나아간다. 그리고 대립의 결과로 탄생한 결과물인 합은 그 자체로 다시 하나의 상태(正)가 되어 또 다른 대립 국면(反)을 맞이하고, 또 다른 종합된 형태(合)로 나아가는 과정을 반복한다. 헤겔은 세상 만물이 이 같은 반복적인 변화 과정을 거친다고 주장하며, 그 변화의 원인을 내부적인 자기 부정, 즉 '모순'에 있다고 보았다.

헤겔의 관점에서 보면 개인 역시 이런 자기 모순 과정을 통해 발전을 거듭하며 자기실현을 해 나간다. 자신이 존재해 오던 방식(正)에 대립하

나는 교사다 그러므로 생각한다

는 모순된 상황(反)은 얼핏 자신의 안전을 위태롭게 만드는 것처럼 보이지만, 그 모순과 대립을 해결해 가는 과정에서 향상된 발전(合)을 가져오는 것이다.

중요한 것은 변화를 향해 열린 마음

그림책 『어느 멋진 날』의 준수에게 안정감을 주는 도시 환경이 정(正)이라면, 낯설고 지루한 섬은 반(反)일 테다. 그러다 할아버지의 권유로 새로운 경험을 한 뒤에는 섬을 바라보는 시각과 인식이 바뀐다. 재미라고는 없어 오래 있지 못할 곳으로만 생각되던 섬이 다채롭고 흥미로운 장소(合)로 다가오기 시작한 것이다.

우리에게도 비슷한 경험이 있다. 아이들이 집을 떠나 다른 환경에서 새로운 경험을 하고 돌아오면 어딘가 의젓해진 모습을 발견하기도 한다. 준수가 다시 도시의 집으로 돌아갔을 때, 준수 부모님은 한 뼘 더 자란 준수와 만나지 않을까?

지금까지 경험해 보지 못한 불일치의 갈등 상황을 해결하려 하지 않고 떠난 그 아이에게 해 주고 싶었던 이야기도 『어느 멋진 날』이 주는 메시지와 다르지 않다. 소수지만 친밀했던 교우 관계는 그 아이가 보아 오고 믿어 온 세계의 전부였을지 모른다. 하지만 시간이 흐른 뒤 돌아보면 전부라고 생각했던 그 세계는 또 다른 성장으로 나아가기 위해 넘어야 할 산에 불과했음을 발견하기도 한다. 그 산을 넘었을 때 보이는 또 다른 세계는 아이가 전부라고 믿었던 이전의 세계가 초라하게 느껴질 만큼 넓고 웅장하고 높은 경지일 것이다.

성장은 자기 삶에서 낯설고 어색한 부분을 수용하며 질적으로 고양되고, 모순들을 폭넓게 수렴하며 확장되는 과정이다. 낯섦과 모순을 해결하기 위해 자신의 변화를 모색하는 과정에서 성장은 이루어진다. 따라서 성장은 안정이 아닌 균열을 수반한다. 변화하지 않고 단단하게 굳어 버린 자신의 사고방식과 가치들을 깨트리면서 발전한다.

나는 진정으로 아이들의 성장을 이끈 교사였을까? 교사로서 기존의 사고방식과 지식을 주입하기에 급급하지는 않았는지 성찰하게 된다. 교사는 아이들의 성장을 도모해야 한다. 성장을 도모한다는 것은 지금까지 존재해 온 방식으로는 풀리지 않는 새로운 고민의 지점을 만들어 주는 것을 의미한다. 좀처럼 해결하지 못하는 문제에 매달려 고민하고 있거나 여태 경험하지 못한 낯선 주제들로 어려움을 겪는 아이가 있다면, 성장 과정을 잘 거치는 중이라고 여기고 더욱 관심을 기울여야 하는 이유가 바로 여기에 있다.

12

아이의 성장을 돕는
좋은 교육 환경이란?

· 듀이와 『할머니 집 가는 길』 ·

한국은 자녀에 대한 교육열이 뜨겁기로 유명하다. 교육 방송에서는 문제 풀이식 수능 강의가 주류를 이루고, 아이들은 유명 입시 학원에서 제공하는 생활 기록부 컨설팅과 대학 입시 전형 지도, 진로 컨설팅 등을 수강하며 입시에 열을 올린다. 이런 사실을 반영하듯 인구 감소로 학령 인구가 크게 줄었음에도 사교육 시장 규모는 오히려 늘어났다. 2023년 3월 통계청 발표에 따르면 2022년 초중등 사교육비는 19조 원(초등 11조 9,000억 원, 중등 7조 1,000억 원)으로, 2021년 대비 12.5%(초등 13.1%, 중등 11.6%) 증가했다. 고교생 사교육비 역시 7조 원으로, 전년 대비 6.5% 성장했다.

입시를 향한 쏠림 현상은 공교육에서도 마찬가지다. 입시에 반영되는 과목이 아니거나, 시험이 끝나고 나면, 내실 있는 수업을 하기가 매우 어려워진다. 특히 대학 입시에 학교생활 반영이 마무리되는 3학년 1학기가 지나면, 수업 활동이 느슨해지는 현상은 더욱 확연해진다. 좋은 입시 성적을 거두는 것만이 학교생활의 목적이 되어 버린 오늘, 전인적 성장을 향한 공교육의 목표는 멀게만 느껴진다.

교육부는 「2022 개정 교육과정」에서 6대 핵심 역량으로 '자기 관리 역량, 지식 정보 처리 역량, 창의적 사고 역량, 심미적 감성 역량, 협력적 소통 역량, 공동체 역량을 제시했다. 교육부가 제시한 인재는 다가오는 4차 산업 시대를 이끌어 갈 전인적 성장을 이룬 인간상이다. 6대 핵심 역량을 갖춘 '창의 융합형 인재' 양성이라는 기치 아래, 교육과정과 입시 제도를 바꾸고 평가 방식도 바꾸는 등 변화를 모색했다. 하지만 공교육을 정상화하겠다는 교육부 비전과는 달리, 현시점의 교육 현실은 답답하기만 하다. 다양한 해법이 아닌 하나의 정답을 찾아내는 능력을 키우는 현행 입시 위주의 교육으로 우리가 바라는 창의적 인재를 육성할 수 있을까? 미래 사회를 선도할 창의적 인재를 길러 내는 좋은 교육 환경이란 과연 무엇일까?

독자적 경험으로 성장하는 아이들

『할머니 집 가는 길』 마거릿 와이즈 브라운 글, 하야시 아키코 그림, 이향순 옮김, 북뱅크 그림책 『할머니 집 가는 길』은 주인공 아이가 혼자서 할머니 집을 찾아가는 과정을 그린다. 할머니는 아이와의 전화 통화에서 쭈욱 뻗은 길을 따라 똑바로 걸으면 할머니 집이 나온다고 일러 준다. 그렇게 아이는 할머니가 알려 준 방향을 되뇌며 할머니 집을 찾아 나선다. 길을 걷는 아이의 눈에 펼쳐진 세상은 온통 낯설고 생소한 것으로 가득하다.

길 위에 핀 꽃, 아이 주위로 날아든 나비 떼, 빨갛게 익은 딸기, 길을 가로질러 흐르는 실개천, 아이를 막아선 높다란 언덕, 말이 쉬고 있는 마구간, 개가 쉬고 있는 개집, 벌들이 가득한 벌집…. 할머니 집이 있을 방향을 손가락으로 가리키며 아장아장 걸어가는 아이에게 이 모든 것은 호기심과 두려움의 대상이다. 정체를 모르는 낯선 대상과 마주할 때 아이의 순진무구한 내면 모습이 재미있게 그려진다.

그런데 아이가 걸어가는 길은 어른들이 만들어 놓은 잘 닦인 길이 아니다. 들판에 핀 꽃을 발견한 아이가 똑바로 난 길을 벗어나 들판으로 들어가 버렸기 때문이다. 아이는 '포기하고 집으로 돌아갈까?' 아니면 '어떻게 해야 할까?'를 고민하지만 용기를 내어 한 걸음씩 내디딘다.

이로 인해 아이는 어른들이 무수히 다녔을 잘 닦인 길을 따라가는 경험과 구별되는 독자적인 경험을 시작한다. 아이에겐 어른들이 만들어 놓은 길과 길이 아닌 것의 구분 자체도 없는 듯하다.

기성세대들이 만들어 놓은 고정된 관념에 흡수되지 않은 순수한 눈으로 세상을 접한 아이. 아이는 눈 앞에 펼쳐진 세상을 어떻게 받아들일까? 처음 본 길을 걸어가는 경험은 아이의 성장에 어떤 영향을 미칠까?

우리는 철학자 듀이에게서 그 해답의 실마리를 얻을 수 있다.

경험이 성장을 촉진한다

미국의 교육자이자 철학자 듀이(John Dewey, 1859~1952)는 '지성'이 문제 상황을 해결하기 위한 도구로 사용되어야 한다고 믿었다. "행함으로써 배운다."는 말을 통해 지식의 실천적 가치를 중요시한 그의 생각을 엿볼 수 있다. 듀이에게 지식은 문제 상황을 해결하는 데 실질적으로 도움이 되는 유용한 도구다. 그는 문제 상황을 해결하는 방식은 고정되어 있지 않고, 시대와 장소에 따라 다양한 해법이 존재한다고 본다. 따라서 지식은 하나의 정답이 아니라, 문제를 해결하고자 하는 사람의 접근 방식에 따라 다양하게 구성될 수 있다고 보았다.

그에 따르면 어떤 지식의 고정불변한 가치는 애초에 존재하지 않는다. 다시 말해, 지식은 환경에 대응하는 유용한 해법을 제공하며, 그 해법은 학습자 저마다의 경험의 방식으로 구성되어 시대 흐름에 따라 변화를 거듭하며 나아간다고 보았다. 결론적으로 삶이란 문제 해결 과정이고, 그것이 바로 성장이며, 성장을 이끄는 교육이란 경험의 재구성 과정을 의미하는 것이다. 따라서 좋은 교육 환경이란 학습자 자신의 경험을 재구성하도록 촉진할 수 있어야 한다.

나는 교사다 그러므로 생각한다

새로운 문제 해결력이 조명받는 시대

듀이의 관점에서 보면 그림책 『할머니 집 가는 길』 속 아이에게 펼쳐진 낯선 세상은 극복해야 할 문제 상황이다. 그 문제 상황은 어른들이 만들어 놓은 길과는 전혀 다른, 주인공만이 풀어내야 할 경험의 구성을 요구한다.

갑자기 몸 주위로 날아든 나비 떼에 당황한 아이는 두 팔로 얼굴을 가린 채 상황을 모면하려 한다. '이건 뭐야? 무서운 걸까? 집으로 돌아갈까?' 하고 멈춰 서서 고민하던 중 나비 떼가 자연스레 흩어지자 아이는 어리둥절해하며 가던 길을 계속 간다. 언덕 앞에 도착해서는 '그냥 집으로 돌아갈까?' 고민하다가 높이에 압도되어 지레 포기하지 않기 위해 뒷걸음으로 언덕을 오른다. 꼭대기를 등지고 언덕을 걸어 올라가는 모습을 어른들이 봤다면, 어리석은 짓이라며 아이를 꾸짖었을지 모른다. 하지만 중요한 것은 기존의 고정 관념이나 인식의 틀에 의존하지 않고, 오롯이 아이의 시선으로 문제를 해결해 내고 있다는 점이다.

창의성과 독창성은 자기 주도성을 발휘할 수 있는 허용적이고 민주적인 분위기 속에서 무르익는다. 문제 상황에서 아이들 스스로 숙고하여 시도하고 성공과 실패를 거듭할 수 있도록 기다려 주는 시간이 그래서 더욱 필요하다.

미래 사회는 변화 속도가 더 빨라지기 때문에 세계의 불확실성과 복잡성이 한층 증대할 것으로 예측된다. 과거에 유용했던 문제 해결의 틀이 순식간에 무용한 도구로 전락할 수도 있다. 과거에는 가업을 이어받아 기성세대의 역할을 답습하는 것만으로도 사회화 과정이 완료되었다면, 미래 사회에서는 학습자 스스로가 지식들을 구성해 나가며 변화에 빠르게 대처할 수 있는 구성주의적 접근을 통한 성장이 요구된다. 그런 의미에서 기성세대가 만들어 놓은 지식을 그대로 암기하는 주입식 교육의 한계는 명백해 보인다.

한국 사회는 좁은 땅과 부족한 천연자원의 공백을 유능한 인적 자원으로 메우며 급성장해 왔다. 한국 전쟁 이후 모든 기간산업이 황폐화된 불모지에서 고도의 성장을 일궈 낸 부모 세대의 삶은 자녀 교육을 강조하는 형태로 나타났다. 특히 한국 사회의 교육열은 교육의 결과로 얻어지는 사회적 성취를 중시하는 방향에 치중하고, 부모 세대는 자라나는 아이들에게 교육을 통해 무언가를 쥐여 주고자 안간힘을 썼다. 가령 한 편의 시와 문학 작품을 읽더라도 교훈이나 소감을 묻고, 박물관을 가더라도 활동 인증 스탬프를 채우는 데 혈안이 되어 아이 손을 이리저리 이끈다. 아이가 그림을 그리면 해석을 덧붙여 아이의 심리 상태를 진단하거나, 입시 미술이라는 정형화된 틀에 맞추어 아이의 자유분방한 그림을 재단하고 평가한다.

한국의 교육열을 평가 절하하고 싶은 생각은 없다. 어쩌면 이런 방식은 사회 변화 속도가 느렸던 과거에는 매우 유효한 교육 방식이었을 것이며, 당시에는 사회적 성공을 단시간에 쟁취하게 해 준 지름길이었을지 모른다. 18세기 산업 혁명 이후 서구에서 200년 넘게 걸린 산업화 과

나는 교사다 그러므로 생각한다

정을 1960년대 최빈국이던 한국이 근 30년 만에 이행한 사실이 그러하다. 당시 개도국이던 한국은 선진국이 축적한 기술과 노하우를 빠른 속도로 받아들여 급속한 경제 성장을 이룰 수 있었다.

하지만 21세기에는 이런 전략이 더 이상 유효하지 않을 것이다. 산업화 시대에는 대량 투입과 대량 생산에 의해 승패가 결정되었다면, 지금은 혁신과 융복합에 의해 우열이 갈리고, 승자 독식 현상도 두드러진다. 21세기는 '퍼스트 펭귄(first penguine)'에게 더 많은 보상이 돌아가는 시대다. 선발자가 겪는 이익과 불이익의 양면성을 은유적으로 표현한 것이 퍼스트 펭귄이다. 남극에 사는 펭귄 무리들은 먹이를 구하기 위해 바다에 들어가야 한다. 하지만 바다는 범고래와 바다표범 같은 펭귄의 천적들로 즐비하다. 이때 위험을 무릅쓰고 바다로 처음 뛰어드는 펭귄이 퍼스트 펭귄이다.

이제 부모 세대들이 만들어 낸 삶의 문법은 더 이상 유효하지 않다. 미래는 변화를 주도하는 새로운 방법을 창안하는 능력을 요구한다. 그림책 『할머니 집 가는 길』에서처럼, 미래 교육은 할머니 집을 향한 거시적인 방향을 제시해 줄 뿐, 주입식 교육은 탈피해야 한다. 아이들이 취사선택할 수 있는 다양한 경험을 제공하고, 아이들 스스로 상황을 해결해 나가는 자기 주도적 문제 해결력을 키울 수 있게 도와야 한다. 다가올 미래 직업이 대인 관계 능력과 의사소통 능력을 바탕으로 한 협력적인 문제 해결력을 요구하는 것만은 자명해 보인다.

13

성장에
불안이 왜 필요할까?

• 키르케고르와 『나의 작은 인형 상자』 •

방학이 되면 나도 모르게 불안해질 때가 있다. 아이들과 정신없이 지내다가 뚝 단절되어 혼자만의 시간이 주어지면, 이유 모를 긴장이 몸과 마음에 엄습한다. 그럴 때면 마음을 달래려 산책을 나선다. 걷다 보면 생각도 정리되고 불안한 마음도 줄어들 것이라는 막연한 기대를 안고, 걷고 또 걷는다. '왜 불안한 걸까?' 라는 화두 같은 질문을 가슴에 품은 채. 아마도 나에게 주어진 방학이라는 휴식이 무언가 방향성을 잃었거나 또는 나만 아무것도 하지 않고 있다고 느끼게 만들기 때문일 것이다.

사람들은 저마다 삶의 장면에서 불안을 느낀다. 사소한 일부터 큰 사건에 이르기까지, 어떤 일에 대해 내가 할 수 있는 것이 없다는 무력감을 느끼면 불안감은 순식간에 찾아온다. 학교에서 만나는 청소년기 아이들은 이런 불안을 더 많이 경험할 것이다.

새 학기가 시작되고 시간이 흐르면서 수업을 듣지 않는 아이가 하나 둘 나타난다. 특히 대입을 앞두고 고민이 많아지는 고등학생은 입시 스트레스와 함께 다양한 진로 선택들 사이에서 느끼는 불안한 마음을 고스란히 수업 태도로 드러낸다. 수업에 집중하지 않고 다른 과목을 공부하거나, 공무원이 목표라며 공무원 시험 문제집을 펼쳐 놓고 풀고, 엎드려서 잠을 청한다. 음악가가 꿈이라는 아이는 가사를 쓰거나 책상을 건반 삼아 두드리기도 한다. 수업에 충실하자며 학생의 본분을 강조하는 것만으로는 수업 동기를 불러일으키기에 역부족이다.

아이의 입장에서 느끼는 불안에 공감하고 그 본질을 알려 줄 수 있다면 어떨까? 불안은 어떤 정서일까? 교사로서 진로를 고민하는 아이들에게 어떤 공감적 이해를 전해야 아이들이 불안을 더 잘 극복하고 수용하며 이겨 나갈 수 있을까?

상자 밖이 두려운 자아를 직면하다

『나의 작은 인형 상자』 정유미 글·그림, 컬처플랫폼

그림책 『나의 작은 인형 상자』는 소녀 '유진'이 자신을 구속하는 불안으로부터 벗어나는 선택의 과정을 그린 작품이다. 섬세하게 상황을 묘사한 그림이 몰입도를 한층 높인다.

이야기는 인형이 침대에서 일어나 상자 밖으로 나오려는 장면에서 시작된다. 그 인형은 유진이 가진 인형 상자 속 인형이다. 마침 주변에 있던 아이들이 상자에 관해 묻자, 유진은 부끄러운 듯 인형을 숨기며 상자를 닫아 버린다. 상자 속 인형은 다른 사람에게 내보이기 싫은 유진의 내면일 것이다. 아이들은 인형에 자신을 대입해 놀이하곤 한다. 유진 또한 인형을 자신이라 생각하며 평소 상자 안에서 인형 놀이를 했을 것이다. 상자 속 인형과 동일시된 유진은 상자 밖으로 나오는 도중 다양한 인물과 마주친다. 그들은 저마다의 이유로 스스로 나가기를 꺼리고 또 밖으로 나가려는 유진을 말린다. 그러나 책장을 넘기면 그들은 다름 아닌 유진 자신이었음이 드러난다.

유진이 마주한 대립된 인물들은 유진의 내면에 있는 또 다른 불안과 두려움이다. 우리도 유진처럼 변화하고자 할 때, 내 안에 염려와 걱정이 생겨난다. 새로운 변화로 나아갈 때, 불안과 염려로 인해 도전하려는 의욕이 꺾이기도 한다. 유진의 불안과 염려가 외부 세계로 나가려는 노력을 주저하게 만들어, 결국 자신이 있던 상자 속 세계에 고립된다면 어떤 이야기가 그려질까?

불안을 극복하는 열쇠는 주체적 선택

덴마크 철학자이자 종교 사상가인 키르케고르(Søren Aabye Kierkegaard, 1813~1855)는 실존의 문제를 제기하며 실존 철학에 큰 영향을 끼쳤다. 그는 인간이 실존을 회복하려면 '주체적인 선택'을 통해 세 단계를 거쳐 나아가야 한다고 주장했다. 첫 단계는 고통을 피하고 쾌락을 추구하는 단계다. 그러나 인간은 시간이 흐를수록 이 단계에서 불안을 느끼게 된다. 그는 불안에 벗어나 다음 단계로 도약하려면 주체적 선택을 해야 하며, 선택하지 않고 안주할 경우 불안으로 인해 절망에 빠지게 된다고 강조했다. 주체적 선택을 통해 이동한 두 번째 단계는 윤리적 단계다. 여기에 이른 사람은 윤리적 선을 지향하고 가치로운 삶을 살고자 한다. 하지만 이 또한 시간이 지나면 불안을 느끼고 주체적 선택을 통해 다음 단계로 나아가야 한다. 주체적 선택의 결과로 도달한 마지막 단계는 종교적 단계로, 신과 합일해 귀의하는 삶을 살 때 비로소 불안을 느끼지 않는 완전한 경지에 이를 수 있다.

키르케고르는 불안을 느끼지만 변화하지 않고 그대로 정체하면 죽어 있는 것과 같다며, 선택을 유보한 채 아무것도 하지 않는 것을 '죽음에 이르는 병'이라 명명했다.

불안의 터널을 지나 성장의 벌판으로

그림책 속 유진처럼, 인간의 성장은 내면이 외부 세계로 확장되는 과정에서 일어난다. 새로운 세계로 나아가는 일은 누구나 두렵고 불안하다. 키르케고르의 말처럼 우리는 본능적으로 내가 알고 익숙한 환경에 안주하고 싶다. 하지만 완전함으로 나아가고자 하는 성장 잠재력을 지닌 인간은 안락한 환경에 변화 없이 안주하면 불안을 느끼도록 설계되었는지 모른다.

유진은 처음에 이불 속 안락에 만족한다. 침대를 벗어나기 위해 유진은 용기와 결단이 필요했을 것이다. 방문을 열고 나온 유진은 화장대 앞에 앉은 여인을 마주친다. 이후 문을 하나씩 열 때마다 차례로 마주치는 설거지하는 여성도, 신문을 읽고 있던 남성도 하나같이 유진이 새로운 세계로 한 걸음 내디딜 때마다 우려와 염려, 불안을 표한다. 유진이 이런 불안을 이겨내고 자신의 성장을 이루기 위해 필요한 것은 염려와 걱정을 수용하며 성장하고자 하는 주체적 선택이다. 그리고 주체적 선택을 통해 성취해 낸 것은 좁디좁은 인형 상자 바깥의, 따스한 햇살과 신선한 바람이 부는 커다란 세계였다. 혹여 마지막에 도달한 곳이 다소 열악하더라도 유진 자신의 의지와 선택으로 맞이한 장소라면, 그것이 유진에게는 성장의 결실이 아닐까?

우리는 험난한 과정을 이겨내고 얻은 결과가 달콤해야 한다고 무의식적으로 해피엔딩을 그려놓는다. 하지만 유진에게 정말로 중요한 것은 자주적이고 자율적인 선택의 과정을 거쳤다는 점이다. 이처럼 자율적 선택을 통해 주어진 결과라면, 그 또한 자신이 감당해야 한다고 받아들이는 것이야말로 우리가 바라는 성장의 모습이 아닐까? 불안도 선택도 수용하지 않고 웅크린 채 좁은 세계에 갇혀 지낸다면, 그림책의 작은 상자 속 인형처럼 정체된 공간에서 삶의 의미를 느끼지 못한 채 살아갈지도 모른다. 그런 면에서 삶은 본질적으로 성장과 희망이라는 변화를 내재하고 있다는 생각이 든다.

지금 불안한 모습을 보이며 안락한 자신의 자리를 벗어나 다음 단계로 나아가려는 아이가 있다면 따스한 시선으로 바라봐 주자. 본능이 지향하는 안락과 쾌락, 부모가 바라는 역할 기대, 기성세대가 바라는 사회적 관습과 이념 등은 외부 세계로 향하는 아이들을 주저하게 만든다. 불안은 한편으로 새로운 세계로 나가고자 하는 내면의 울림 같은 것이기에, 아이들의 선택을 응원하자. 그들이 주저하는 자신을 알아차리고 작은 결단이라도 주체적으로 해 나가도록, 교사로서 아이들을 믿고 응원해야 한다. 엄밀히 말해 성장이란 누군가 바라는 모습이 아니라 내가 원하는 나의 모습을 나의 선택으로 이뤄 가는 과정이기 때문이다.

성장은 곧 주체성의 확립이다. 사회가 기대하는 나의 모습과 내가 바라는 삶의 모습 사이에서 성찰하며, 타인과는 구별되는 나의 고유성을 확립하는 것이 성장의 본모습이다.

"새는 알에서 나오려고 투쟁한다.
알은 세계이다.
태어나려는 자는 하나의 세계를 깨뜨려야 한다."*

---

* 『데미안』(헤르만 헤세 지음, 전영애 옮김, 민음사), 123쪽

14

아이들이 진짜 원하는 꿈을
찾을 수 있을까?

· 라캉과 『진짜 내 소원』 ·

학기 초 학생 조사서에 장래 희망을 적는 공간이 있다. 여기에는 아이가 원하는 진로와 학부모님이 원하는 진로를 적게 되어 있다. 심지어 이것을 생활 기록부에도 기록한다. 가만히 생각해 보면 부모님이 원하는 자녀의 장래 희망을 왜 생활 기록부에까지 기록하는지 모를 일이다. 우리나라만 이렇게 하는지 다른 나라도 그런지 궁금하다. 우리나라는 자식이 독립하는 연령이 높아 부모 슬하에 있을 때 부모의 결정과 선택이 중요하게 작용하기 때문일까 하는 생각도 해 본다.

아이들과 장래 희망에 관해 이야기하면 "안정적인 공무원이 되겠다.", "힘들이지 않고 돈을 버는 건물주가 되겠다."고 말하는 아이가 많다. 교과 성적이 우수한 아이들은 의예과 진학을 희망한다. 이런 현상을 보면서 성적 좋은 아이들 대부분이 의사가 되고 싶다는 데 의문이 생긴

나는 교사다 그러므로 생각한다

다. 심지어는 과학자가 되겠다고 진작에 진로를 결정한 아이들도 과학기술고등학교에 진학한 뒤 의대에 가겠다고 마음을 바꾼다. 과학기술고등학교는 과학 분야 인재를 육성하기 위한 특별한 학교임에도 불구하고, 의대에 진학하기 위한 통로로 이용되기도 한다. 이렇게 진로를 결정한 아이에게 왜 의사가 되고 싶냐고 물으면 "돈을 많이 벌잖아요."라고 답한다. 물론 모두가 그렇다는 건 아니고 이런 경향성이 있다는 말이다. 의사는 사람의 생명을 다루기 때문에 생명에 대한 경외심과 직업에 대한 소명 의식 없이는 할 수 없기도 하고, 공부 과정이 아주 힘든 직업임을 알고 있는지 다시 물으니 통장 입금액이 수고로움과 힘듦을 상쇄해 준다며, "금융 치료가 될 걸요?"라고 한다. 아이들이 장래 희망이라고 말하는 공무원, 건물주, 의사가 진정 아이들이 되고 싶은 꿈일까?

'꿈'이라는 말은 다의적으로 해석된다. 취학 전 아이에게 꿈이 뭐냐고 물으면 아마도 간밤에 꾼 꿈 이야기를 할 것이다. 초등학생 이상 아이들에게 묻는다면 '직업'을 이야기할 것이다. 성인에게 묻는다면 '삶의 지향점'을 말할 것이다. '나는 어떤 삶을 살 것인가?' 하는 지향점 말이다. '다른 사람을 위해 기여하고 나누는 삶'을 지향점으로 삼은 사람은 환경미화원이라는 직업으로 꿈을 실현할 수도 있고, 교사로도 실현 가능하며, 의사가 되어도 실현할 수 있다. 그러니 꿈이라는 것이 자신이 진정 원하는 것인지, 삶의 지향점이 자신에게서 나온 것인지 생각해 볼 일이다.

아이들이 말하는 꿈, 장래 희망은 어디서부터 나올까? 그것이 진짜 아

이의 꿈이 맞을까? 우리 아이들이 꿈의 원형을 찾아가게 안내하는 그림
책과 철학자가 있다.

누구도 아닌 '내' 마음이 가리키는 소원

『진짜 내 소원』 이선미 글·그림, 글로연

　한 아이가 호리병을 문지르자 소원을 들어주는 '지니'가 나타난다.
지니는 아이에게 소원을 세 가지만 말해 보라고 한다. 아이가 첫 번째
소원으로 공부를 잘하게 해 달라고 빌자, 난데없이 엄마가 일등을 한다.
공부를 잘하는 것은 아이의 소원이 아니라 엄마의 소원이었다. 아이는
두 번째 소원으로 돈을 많이 벌게 해 달라고 빈다. 그러자 이번에는 아
빠에게 새 자동차가 생긴다. 이것도 아이가 아니라 아빠의 소원이다. 지
니는 아이에게 '진짜 네 소원'을 빌라고 한다. 아이는 지니에게 묻는다.
어떻게 해야 자신의 진짜 소원을 알 수 있냐고.
　지니는 아이에게 자신이 좋아하는 것, 싫어하는 것, 자신을 기분 좋게
하는 것이 무엇인지 찾아보라고 한다. 이제까지 아이는 그런 것을 생각
해 본 적이 없다. 아이는 자신에 대해 알려면 많은 시간이 필요할 테니,
남은 소원 한 가지는 일 년 뒤에 말하겠다고 한다. 과연 아이의 마지막
소원은 무엇이고, 일 년 뒤 아이는 스스로 찾아낸 자신의 진짜 소원을
이루게 될까?

『진짜 내 소원』속 아이는 지니에게 자신 있게 소원을 말하지만, 그 소원은 아이가 아니라 엉뚱하게도 엄마와 아빠에게 이루어진다. 그것이 엄마와 아빠의 소원이었기 때문이다. 그렇다면 아이는 왜 자신의 소원을 말하지 않고 부모님의 소원, 즉 다른 사람의 소원을 말했을까? 왜 다른 사람의 소원을 자신의 것으로 착각했을까?

타자에 기원한, 채워지지 않는 욕망

프랑스 철학자 라캉(Jacques Lacan, 1901~1981)은 우리의 욕망, 즉 우리가 원하는 것은 타자에 의해서 생긴다고 말한다. 그러면서 그는 인간이 가진 욕구와 요구, 욕망을 구분한다. '욕구'란 식욕, 수면욕, 배설욕 등 생물학적으로 채워지기를 바라는 것이다. 예를 들어 아기는 배가 고프면 밥을 달라고 울고, 잠이 오면 재워 달라고 운다. 이때 아기의 울음은 음식이 먹고 싶은 식욕과 잠을 자고 싶은 수면욕이라는 욕구를 채우기 위한 '요구'인 것이다. 식욕과 수면욕 같은 욕구는 나에게서 비롯되므로, 진정한 자신의 욕구다. 그런데 '욕망'은 다르다. 욕망은 타자에 의해 생겨난 것이며 자신에게서 비롯된 것이 아니다. 슈퍼 카를 가지고 싶어 하는 사람은 저 차만 타면 자신의 욕구가 충족될 거라 생각한다. 명품 가방을 가지고 싶어 하는 사람도 저 가방만 가지면 욕구가 충족되어 만족스러울 것 같다. 하지만 슈퍼 카도 명품 가방도 일단 손에 넣고 나면 또 다른 차와 가방이 갖고 싶어진다. 이런 의미에서 타자에게서 비롯된 욕망은 자신이 진정 원하는 것이 아니기에, 자신을 충족시키는 진짜 욕구가 아니라 충족될 수 없는 가짜 욕구다. 라캉은 욕망이 충족되지 않는 이유는 그 욕망이 자신의 것이 아니라 타자의 욕망이기 때문이라고 한다. 그렇다면 우리는 왜 타자의 욕망을 자신의 욕망으로 착각하고 욕망하게 될까?

라캉에 따르면 어린아이는 엄마를 기쁘게 해 주고 엄마로부터 사랑과 인정을 받기 위해 엄마가 원하는 행동과 말과 소원에 맞추어 행동하게 되는데, 그렇게 하는 것이 무의식에 잠재되어 자신도 모르게 자신의 소망으로 착각하게 된다. 아이가 더 자라면 아버지라는 존재를 인식하게 되고, 자신보다 크고 강한 아버지의 물리적인 힘으로부터 자신의 생존을 보호하기 위해 아버지에게 굴복하며 아버지의 욕망을 자신의 무의식에 내재함으로써 그것을 자신의 소원으로 인식하는 시기를 거친다.

아이가 커 갈수록 타자의 범위는 점점 커지고, 나의 욕망이 아니라 타자의 욕망이 주입되는 일도 늘어난다. 그 타자가 자신에게 의미 있는 사람이라면 영향력은 더 커진다. 어린아이라면 부모나 주 양육자가, 청소년기에는 또래와 좋아하는 연예인, 자신에게 의미 있는 선생님이 영향력 있는 타자이며, 그들로부터 받아들인 무언가가 자신으로 하여금 그렇게 되어야 한다고 여기게 만든다.

사실 이것은 자신의 욕망이 아니라 타자에 의해서 주입된 욕망이며, 현대 소비 사회에서 타자에 의해 만들어진 욕망이다. 내가 아니라 다른

나는 교사다 그러므로 생각한다

사람이나 매체 등에 의해 주입된 욕망은 결코 채워지지 않는다.

'나'에게 질문하고 '나'를 탐색해야

아이들이 공부를 열심히 하고, 좋은 대학에 가고, 의사가 되는 것은 자신이 진짜로 바라는 욕망이 아니다. 부모가 원하는 것을 따르며 그들을 기쁘게 하는 것이 자신의 욕망이라고 착각하는 것이다. 또한 현대 소비 사회를 살아가는 아이들은 자신에 관해 탐색하고 사고할 시간 없이 매체 등을 통해 지속적으로 주입되고 부추겨진 생각과 꿈을 자신의 꿈이라고 생각한다. 주위를 둘러보면 공부를 잘하면 부모님이 좋아하고, 돈을 많이 벌면 다른 사람으로부터 대접받고, 건물주가 되면 힘들여 일하지 않아도 편하게 살 수 있다는 생각들이 아이들로 하여금 그렇게 되어야 한다고 부추기고 있다. 광고에 등장하는 물건들은 소비를 부추기고, 학벌주의는 사회가 말하는 좋은 대학 또는 '인(in) 서울'을 부추기며, 미디어들은 예쁜 것이 최고고 늘씬한 몸매가 성공적인 자기 관리의 증거라고 말하며 다이어트를 부추긴다. 이런 부추김에 떠밀려 해야 한다고 생각하는 그것이 나의 욕망, 즉 소원이라고 착각하게 되고 그것이 꿈이 되어 버린 것이다.

아이들이 다른 사람으로부터 주입된 소원을 떨치고 자신이 진짜로 원하는 소원, 욕망을 찾으려고 한다면 『진짜 내 소원』에서 지니가 말한

대로 '내가 좋아하는 것, 내가 싫어하는 것, 나를 기분 좋게 하는 것'에 대한 심사숙고가 필요하다. 자신에 대한 탐색의 시간, 사색의 시간, 진정한 자신을 만나고 스스로에게 질문하고 철학 하는 시간을 가지고, 주인공 아이처럼 자신이 진짜 원하는 것들을 직접 적어 보아야 한다. 그것들이 정말 내가 원하는 것인지 아니면 타자에 의해 조작되어 무의식에 뿌리 박혀 버린 것인지 점검할 필요가 있다.

사회에 속해 사람들과 어울려 살아가야 하는 우리가 타자로부터 완전히 배제되기는 어렵다. 더욱이 타자에 의해 조작된 욕망을 인식하고 그것을 욕망하지 말아야지 하는 결심조차 타자에 의해 조작된 것이라고 한다. 하지만 『진짜 내 소원』 속 아이처럼 자신의 소원이 무엇인지 생각해 보고, 이것이 진정 자신의 소원인지 확인해 보는 과정은 의미 있다. 아이들이 타자에 의해 조작된 자신이 아닌 진정한 자신을 만나는 데는 체험과 독서가 도움이 된다. 다양한 체험을 통한 경험은 자신이 진정 좋아하고 즐거워하는 것이 무엇인지 찾아보는 기회가 되며, 직접 체험하기 어려운 것들은 책을 통해 간접 경험하고 전문가들의 지식을 습득할 수 있기 때문이다. 아이들이 자신의 진짜 소원을 찾는 행운을 갖게 되길 바란다.

나는 교사다 그러므로 생각한다

15

아이들은
어떤 씨앗을 가지고 있을까?

• 피코와 『너는 어떤 씨앗이니?』 •

    초등학교 교실에 들어선 순간, 노랗게 머리를 염색한 아이가 눈에 확 띈다. 축구복을 입고 축구화를 신은 아이는 나를 보자마자 대뜸 자신은 축구 선수가 될 거니까 수업을 안 들어도 된다고 한다. 이미 수업에 참여할 생각이 없어 보인다. 나는 아이들과 인사를 하고 수업을 시작한다. 노랑머리 아이는 책상에 엎드려 자는 척한다. 처음에는 아무런 움직임도 없더니 답답하고 궁금한가 보다. 이리저리 뒤척이며 짝꿍에게 말을 걸고 몸을 웅크린 채 뒤돌아 다른 친구들을 간섭한다. 자신의 행동이 교사 눈에 안 띌 거라고 생각하는지, 교사가 어떻게 반응할지 궁금한 건지…. 수업 분위기를 해치는 아이가 얄밉기도 하고 괘씸하기도 하다. 이럴 때 과연 교사는 어떻게 아이를 대해야 할까?

어떤 꽃을 피울지 궁금한 씨앗들

『너는 어떤 씨앗이니?』 최숙희 글·그림, 책읽는곰

한들한들 바람에 흩날리던 씨앗이 거친 들에 뿌리를 내리고 꽃을 피운다. 쪼글쪼글 못생긴 씨앗도 향기 가득한 수수꽃다리로 피고, 가시 돋친 씨앗은 빛도 고운 섬꽃마리로 피어난다.

손대면 톡 하고 터질 것만 같고, 후 불면 먼지가 되어 사라질 듯, 세상 보잘것없고, 어찌 이리도 희한하게 생겼나 싶기도 한, 그래서 요걸 심어 무엇이 나올꼬, 어찌 될꼬, 자라기는 하는 것인지, 도대체 알 수가 없는 조그마한 씨앗이, 거칠거칠하고, 수줍어하는 어린 씨앗들이, 어디엔가 틈만 나면 내려앉아 한껏 고개 들고 자기를 드러내며 아름다운 꽃으로 피어난다. 언제 이렇게 피었나 싶을 정도로 아름다운 자태를 뽐내며 우리에게 향긋한 미소를 짓게 한다. 색색이 다르고, 모양도 다르고 향도 제 각기다.

그림책 『너는 어떤 씨앗이니?』는 독자에게 질문한다. 너는 어떤 씨앗을 가지고 있냐고. 어떤 꽃을 피울 거냐고. 그 속에 알 수 없는 꽃을 품고 있는 씨앗 같은 우리 아이들을 다시금 보게 만든다. 이처럼 사람 하나하나가 소중하고 저마다 존엄성을 지녔음을 힘주어 말한 철학자가 있다.

인간은 자신의 형상을 빚는 조각가

피코(Giovanni Pico della Mirandola, 1463~1494)는 이탈리아의 인문학자이며 플라톤주의 철학자다. 피코는 인간은 기적이며, 하위 존재들에겐 신의 왕자이며, 놀라운 관찰력과 명민함을 지닌 자연에 관한 해석자라고 극찬한다. 그는 인간이 곧 전 세계며, 인간을 지구상 최상위 존재라고 생각한다. 또한 인간은 태어날 때 하나님께서 갖은 모양의 씨앗과 온갖 종류의 종자를 넣어주셨다고 한다. 신이 인간에게 그가 원하는 바를 갖게 하셨고 그가 되고 싶은 존재가 되도록 허락했으니, 인간은 뜻대로 취하고 소유하며 그 어떤 장벽도 규제도 받지 않는 만큼 스스로 자유 의지에 따라 자기 본성의 테두리를 지을 수 있다는 것이다.

피코에 따르면 인간은 자기 자신의 조형자이자 조각가로서 자기가 원하는 대로 자신의 형상을 빚어낼 수 있다. 가능태(可能態)로서 인간에게는 이미 자신을 조형할 본성이 있다는 말이다. 인간의 존엄성은 가능의 존엄성, 하나의 가소성(可塑性)으로서의 존엄성인 것이다.

인간의 위대함은 창조주가 인간을 만들면서 규정하지 않고 남겨 준 이 본성을 스스로 찾아내 구현하는 데 있다. 모든 형상을 추구하여 자기를 구현할 수 있는 것이 인간이다. 자연의 모든 요소들을 자기 속에 한데 종합하면서도 자연을 뛰어넘는 존재로서 인간은 신이라는 단 하나의 한계 외에는 일체의 한계를 갖지 않는 존재이기도 하다.

피지 않는 꽃은 없듯이

피코가 말하는 인간의 존엄성을 기준으로 노랑머리 아이를 본다면, 아이 역시 자신을 만들어 가는 조형자다. 신이 부여한 모든 모양의 씨앗과 온갖 종류의 종자를 가진 지구상 최상의 존재다. 지금 당장 교사의 수업에 참여하지 않는다고 해서 이 아이가 만들어 가는 미래가 나쁘다고 말할 수 없다. 그러나 자신의 선택이 자신의 성장에 부정적인 영향을 끼칠 수 있으므로 교사와의 수많은 시간 속에서 자신을 만들어 가는 지금, 교사의 격려와 동기 부여가 필요하다. 교사는 아이에게 가소성을 부여하는 의무를 충실히 이행해야 한다.

노랑머리 아이는 시간이 지날수록 다른 친구들이 궁금하다. 수업에 참여할지 말지 선택은 온전히 아이의 몫이다. 그러나 아이는 자신의 선택에 자신이 없다. 축구 선수가 되는 데 과목 수업은 필요 없다고 생각할 수 있다. 그러나 아이가 어떤 선택을 하든 선택한 그 순간, 아이의 삶은 어떤 과정을 거쳐 어떤 결론에 도달한다. 그 선택은 아이가 자신의 삶을 조각하는 창조적인 사람으로 성장하는 데 가장 중요한 순간일 수도 있다.

아이들이 글을 쓰는 동안 노랑머리 아이에게 다가간다. 아이는 다시 자는 척하지만 수업에 참여하고 싶어 하는 듯 보인다. 지금이라도 수업에 참여할 수 있다고 하니 냉큼 워크지로 손이 간다. 머쓱해진 아이가 웃는다. 나도 웃는다.

나는 교사다 그러므로 생각한다

아이들이 가진 능력은 모두 다르다. 나는 그들의 모든 삶을 가늠할 수 없으며, 그들의 에너지 또한 추측할 수 없다. 그러나 개인으로서 자유 의지를 가진 자신의 조형자이자 조각가인 그들이 존엄하기에, 나에게 주어진 이 수업 시간만큼은 아이들의 선택을 인정해야 한다.

그러면서도 교사는 아이들을 외면하면 안 된다. 더 신경 쓰며 기다려 줘야 한다. 나와 노랑머리 아이는 그 시간을 서로에게 견뎌 준 것이다. 아이는 모두와 함께 있지만 홀로 있을 수 있는 시간 속에 있다는 사실을, 나 또한 내 수업에서 아이가 아이로서 인정받을 수 있는 시간을 견딘 것이다. 내 수업에 참여하지 않는다고 아이가 외면당할 이유가 없으며, 배제되어서는 더더욱 안 된다. 우리는 그렇게 서로를 견디며 수업을 마무리한다.

마무리 인사를 하며 "우리 오며 가며 눈 마주칠 때 큰 소리로 인사합시다."라고 하니 노랑머리 아이가 제일 큰 목소리로 대답한다. 나는 아이에게 고맙다고, 수업하느라 애썼다고 말해 준다. 아이가 내 말을 이해했을까? 이해하지 못해도 괜찮다. 언젠가 그 아이도 오늘을 기억하기를 바랄 뿐이다. 늦게 피는 꽃은 있어도 피지 않는 꽃은 없다. 꽃들이 피는 시기는 모두 다르다. 무자비한 폭염에도 여름꽃들은 제 색을 더 드러내며 더위를 견딘다.

수업하다 보면 아이가 왜 이렇게 행동할까 싶을 때가 있다. 까칠하고, 딱히 목표도 없으며, 주장과 의욕도 없어 보인다. 하지만 노랑머리 아이가 어떤 씨앗을 품었고, 어떤 꽃을 피우고 어떤 향을 낼지 지금으로서는 알 수가 없다. 아이는 이미 자신만의 씨앗을 심었고, 한참 잘 자라는 중이다. 그 시간 속에 교사인 나를 만나고 앞으로도 여러 교사를 만날 것이다. 모든 순간이 좋을 수는 없겠지만, 아이는 결국 자신의 삶을 잘 꽃피우며 자기 색을 한껏 드러내고, 오롯한 자신의 향을 낼 것이라 믿는다. 노랑머리 아이가 멋진 축구 선수가 되기를 바란다. 아이들은 자신의 때에 가장 화려하게 피어날 것이니까. 맑고 밝게 피어나 사람들을 미소 짓게 하는 색과 향을 낼 것이다. 활짝 피어날 세상 모든 아이들을 기대한다.

나는 교사다 그러므로 생각한다

16

아이들은
양심적 존재일까?

· 칸트와 『빨간 매미』 ·

우스갯소리로 "양심에 털 났다."는 표현이 있다. 이 말은 양심에 어긋난 짓을 하면 심장이 두근거려 표시가 나는 법인데, 양심이 불량한 사람은 그런 표시가 나지 않아 심장이 매우 두꺼울 것이라 짐작한 데서 유래한 듯 보인다. "심장이 두껍다."라는 말이 강조되어 "심장에 털 났다."로 바뀌었고, 이 표현이 양심에 관한 것이므로 "양심에 털 났다."가 된 것일 게다.

돌봄교실에서 웅성웅성하는 소리가 나더니 급기야 목소리가 커지고 ○○이가 울기 시작한다. 목청 큰 △△는 ○○이가 자신의 장난감을 망가뜨렸다고, 산 지 얼마 안 된 새 장난감인데 ○○이가 망가뜨려 놓고 발뺌한다며 화를 낸다. ○○이가 양심도 없는 치사한 아이라고, 울면 다나고, 목청껏 소리를 친다. ○○이는 아무 말 없이 울기만 한다. ○○이는 정말 양심 없는 행동을 하고 그것이 찔려서 울음으로 이 순간을 넘기려는 걸까?

○○이의 울음이 그치기를 기다린다. 그런데 △△는 왜 양심이 없다고 말했을까? 양심이란 게 있다가도 없고, 없다가도 생기는 것일까?

찰나의 잘못과 마음의 짐

『빨간 매미』후쿠다 이와오 글·그림, 한영 옮김, 책읽는곰

그림책 『빨간 매미』의 주인공 '이치'는 숙제에 필요한 공책을 사러 문구점에 갔다가 주인 아줌마가 전화를 받는 사이 지우개를 훔친다. 그런데 아줌마의 친절함에 다리가 떨린다. 이치는 허둥대다가 엉뚱한 공책을 사 버린다.

마음이 불편한 이치는 동생이 놀자는데 짜증을 내고, 친구랑 놀다가도 화가 나서 애꿎은 매미를 괴롭힌다. 아빠와 함께하는 목욕도 즐겁지 않고, 천진하게 신난 동생이 부럽기만 하다. 지우개를 돌려주고 싶지만 무섭고 창피해서 용기가 안 난다. 자꾸만 나쁜 사람이 되어가는 것 같은 기분. 이치는 가족도 친구도 자신을 싫어하게 될까 봐 두렵다.

이치에게 그리고 우리에게, 도덕 철학과 도덕 법칙을 이야기해 주는 철학자가 있다.

인간 내면의 재판소로 기능하는 양심

칸트(Immanuel Kant, 1724~1804)는 가장 위대한 철학자로 불린다. '양심'의 중요성을 설파한 칸트에게는 재미있는 일화가 있다.

> 칸트의 아버지가 말을 타고 산길을 지나는데 강도를 만났다. 강도는 아버지의 물건을 모두 빼앗은 뒤 더 숨긴 것이 있냐고 물었다. 아버지는 없다고 답했고, 강도는 칸트의 아버지를 놓아주었다. 그런데 돌아가던 길에 바지 주머니에 있던 금덩이를 발견한 칸트의 아버지는 다시 강도에게 가서, 경황이 없어 금덩이가 숨겨져 있었다는 말을 못 했다며 금덩이를 내밀었다. 강도는 빼앗은 물건을 모두 돌려주고 용서를 빌었다.

그 아버지에 그 아들인가 보다. 칸트는 양심이 후천적으로 발생하는 것이 아니라, 도덕적 존재인 인간이 근본적으로 자기 안에 가지고 있는 것이라 강조한다. 그는 양심이라는 내면의 재판소가 수행하는 일에 관해 말한다. 어떤 행위의 옳고 그름을 판단하는 것은 지성이 하는 일이지만, 지성은 때때로 그릇된 판단을 내릴 수 있다. 그러나 양심은 자신이 올바르다고 믿는 행위를 했는지 아닌지를 스스로 판단하는 '도덕적 판단력' 그 자체이므로, 잘못을 범할 수 없다는 것이다.

인간은 어떤 행위를 결심하기에 앞서 일종의 경고인 양심을 떠올린다. 그리고 그 양심들 속에서 내 양어깨 위의 천사와 악마가 서로를 변호하고 투쟁한다. 칸트는 인간이 선천적으로 선과 악을 구별할 수 있는 능력을 가졌으며, 그렇기에 양심은 스스로 도덕적 판단을 내릴 수 있다고 말한다. 양심의 역할은 인간 내면의 법정 의식으로, 행위를 하기 전에는 스스로에게 경고하고, 행위를 한 뒤에는 가책을 깨닫고 변명하게 하며, 자신의 행동을 후회하고 마음의 평화를 찾도록 만든다는 것이다.

양심은 실천할 때 힘을 갖는다

그림책 『빨간 매미』 속 이치는 충동적인 행동으로 지우개를 훔친 그 순간 이미 알아차렸다. 자신의 행동은 옳지 않으며 양심에 어긋났다는 것을. 그래서 양심의 가책을 느끼고 자신에게, 동생에게, 매미에게 함부로 행동함으로써 스스로를 벌한다. 즉, 양심이 '사면'과 '비난' 중 하나를 판결 내리는 법정 역할을 수행하는 것이다. 이제 마음의 평화를 찾으려면 더 큰 용서를 빌어야 한다. 더 크게 떨리고 더 크게 무서워야 한다.

칸트가 말하는 양심을 우리는 이미 알고 있다. 단지 그것을 일상에서 깨닫고 행동으로 실천하기가 어려운 것이다. '나 하나쯤이야.' 하는 생각, '설마' 하는 생각, '아무도 안 보면 그만 아닌가?' 하는 생각이 양심을 덮으려 든다. 그렇지만 온 세상을 속여도 내가 알고 있다는 사실이 가장 무서운 일 아닌가! 내가 나를 속이는 것이 더 무서운 일이다. 칸트는 '양심의 지배는 인류 최후의 사명'이라 표현하기도 했다.

오래전 텔레비전에서 '양심 냉장고'라는 프로그램을 방영했다. 아무도 교통 신호를 지키지 않는 새벽 도로에서 신호기 적색등에 맞춰 차를 세운 시민, 건널목 정지선을 넘지 않게 차를 세운 운전자 등에게 냉장고를 선물로 주었다. 누가 시켜서 강제로 지키는 것이 아니라, 오롯이 내 의지로 지켜 낸 행위에 대한 보상이었다.

나 하나가 지키는 양심은 힘이 없어 보일 수도 있다. 그러나 누가 있든 없든, 보든 안 보든, 칸트가 말하는 양심은 개인의 주관적 확신에 머물지 않고, 한 단계 더 나아가 사회적 관계와 객관적인 가치 질서로 확장된다. 사회 구성원들이 공유하는 양심은 결코 힘이 약하지 않다.

마침내 ○○이가 울음을 멈추고 방금 전 상황을 말해 준다. △△가 변신 로봇 장난감을 가지고 와 친구들에게 자랑했단다. ○○이가 한번 만져 보고 싶다고 하자 △△가 장난감을 빌려주었고, 잠시 뒤 △△가 장난감을 돌려받아 보니 작동이 안 되었다. ○○이는 처음부터 안 됐다고 하고, △△는 ○○이가 망가뜨려 놓고 시치미를 뗀다며 "양심도 없다."고 말해 싸움이 난 것이다.

○○이에게 왜 울었냐고 물었다. 자기가 아무리 아니라고 해도 △△는 안 믿어 주고, 선생님까지 알게 되었으니 뭐라고 해명해야 하나 생각하다가 무섭고 억울해서 눈물이 났다고 한다.

△△의 장난감은 조금씩 고장 나는 중이다가 하필 ○○이 손에 놓이자마자 겉으로 드러났을 가능성도 있다. 하지만 △△ 입장에서는 ○○이가 시치미를 떼는 것처럼 보이고 양심 없는 행동이라 여길 수 있을 것

이다.

물론 ○○이가 장난감을 망가뜨렸을 수도 있다. 어쩌면 △△도 장난감이 망가진 사실을 알고도 빌려줬을 수 있다. 우리는 모른다. 단지 두 아이만 알 뿐이다. 이미 벌어진 일들에 아이들의 양심은 각자의 무게를 견디며 각자의 내면에 스며들어 자신만의 양심의 기준이 되어 아이들 삶에 작동할 것이다.

칸트의 주장처럼, 아이들이 자신의 행위에 옳고 그름을 판단할 줄 알고 내면의 재판소에서 일어나는 도덕적 판단력으로 양심의 경고를 따라 살아가기를 바란다. 그래서 후회 없는 삶, 마음의 평화를 유지하는 삶을 누리기를 바란다.

나는 교사다 그러므로 생각한다

17

학생 생활 교육은
어떻게 해야 할까?

· 벤담과 『고슴도치 엑스』 ·

학교에는 아이들의 생활을 규율하기 위해 '학생 생활 규정'과 '학교 폭력 예방법' 등이 작동한다. 그런데 이런 규정과 법이 아이들의 생활 교육과 인성 교육에, 나아가 학교 공동체의 최대 행복에 기여하고 있는 지 생각해 볼 필요가 있다.

아이들을 교화하기 위한 방법으로 학생 생활 규정에 상벌점제를 도 입한 적이 있었다. 상벌점제가 과연 아이들의 생활을 규율하여 스스로 자신의 생활을 능동적이고 자발적으로 관리하는 데 효과적으로 작용하 는가, 또 정말 교육적인가에 대한 여러 의문이 있었다. 상벌점제를 바라 보는 아이들의 부정적 인식, 행동 변화에 대한 비효과성, 벌점을 상쇄하 기 위한 수단으로 전락한 상점 등으로 인해, 상벌점제가 추구하는 '학 생 스스로 올바른 인성을 함양하고 바람직한 행동 변화를 이끌어 내려 노력' 하는가에 대한 논란도 따랐다.

학교 폭력 예방법도 마찬가지다. 학교 폭력 예방법은 학교 폭력을 예방하고 피해 학생이 발생했을 때 가해 학생을 처벌하여 아이들로 하여금 스스로 규율하여 폭력이 발생하지 않게 할 목적으로 만들어졌다. 그런데 지금 학교는 어떤가? '학폭 베틀'이라는 말이 공공연히 나돈다. 피해 학생이 학교 폭력을 신고하면 심의를 거쳐 가해 학생의 조치 사항이 나온다. 이후 가해 학생 측이 자신이 입은 피해를 빌미로 이전의 피해 학생을 가해 학생으로 지목하며 맞학폭으로 신고하는 것이다.

학교 폭력 예방법이 만들어진 뒤 학교 폭력 사안은 해를 거듭할수록 늘고 있다. 학교 폭력에 따른 조치가 생활 기록부에 남아 진학에 영향을 미치니, 학생도 학부모도 학생의 미래에 피해가 가지 않도록 변호사를 사서 법적 공방으로 가기에 이른 것이 지금 학교의 현실이다. 규정과 법을 어긴 학생을 처벌함으로써, 학생 스스로 규율을 내면화하고 자신의 행동을 감시하게 되었는지 의심하게 만드는 부분이다. 규율과 처벌이 어떻게 작동하는지 보여 주는 그림책이 있다.

규칙과 처벌만 작동하는 세계

『고슴도치 엑스』 노인경 글·그림, 문학동네

완벽한 도시, 세련된 도시, 안전한 도시 '올'에 사는 고슴도치들에게는 따라야 하는 법이 있다. 이 법은 올을 완벽한 도시로 만들기 위해, 교양 있고 안전한 도시를 유지하기 위해 존재하는 최소한의 규칙이다. 예를 들어 길을 걸을 때는 우아하게 한 줄로 서서 걸어야 하고, 아침에 일어나면 '가시부드럽게비누'로 씻어서 가시가 한 올도 서지 않도록 부드럽게 눕혀야 한다. 그렇게 되었을 때 완벽한 도시가 유지된다는 것이다. 내가 뾰족한 가시를 세우면 다른 고슴도치가 다칠 수 있고 상대역시 가시로 나를 상처 입힐 수 있기 때문에, 법을 만들어 지키게 하고 있다.

완벽한 도시 올을 유지하기 위해 주인공 '엑스'가 다니는 학교는 교문 앞에서 가시 검사를 실시한다. 검사에서 가시가 한 올이라도 선 고슴도치는 정밀 검사를 받는데, 뾰족한 가시 개수에 따라 '교양 있는 가시교육'을 따로 받아야 한다. 쉬는 시간이나 점심시간에도, 모두의 안전을 위해 정해 둔 규칙이 있고 규칙을 지키지 않으면 처벌받는다.

엑스는 올에 살기에 올의 법을 지켜야 하지만, 다른 고슴도치들처럼 우아하게 걸어 다니지 않고 쌩하니 내달린다. 학교에서는 세워진 가시로 풍선을 터뜨려 친구들을 기절시킨다. 이런 엑스의 행동에 선생님도 친구들도 인상을 찌푸리고 불편해한다. 규칙을 어긴 엑스는 벌로 도서관을 청소한다. 그러다 우연히 책 한 권을 발견하면서 엑스에게 새로운 세계가 활짝 열린다.

'최대 다수의 최대 행복'이라는 명분

공리주의 철학자이자 법학자인 벤담(Jeremy Bentham, 1748~1832)은 '파놉티콘(panopticon)'이라는 원형 감옥을 설계한 인물로도 유명하다. 파놉티콘은 중앙에 높이 세운 감시탑을 두고 원형으로 둘러싼 감방에 죄수들을 수감하는 시설로, 감시탑에서는 모든 감방을 내려다볼 수 있지만 감방에서는 감시탑이 보이지 않는 구조다. 이 때문에 감시탑에 간수가 없더라도 죄수들은 그 사실을 알지 못하고 늘 감시받고 있다고 생각해 스스로를 규율하고 감시하게 된다는 게 벤담의 주장이었다.

그에게 감옥이란 죄수들이 풀려났을 때 사회도 그들 자신도 불행해지지 않도록 품성을 개선하는 교화 시설이었다. '최대 다수의 최대 행복'이라는 공리주의적 관점에서 사회 전체의 행복을 증진하기 위해 필요한 것이 형벌이며, 이 형벌이 두려워 사람들은 스스로를 규율할 것이라 생각했다. 형벌은 그 자체로는 악이지만, 형벌을 주는 것이 목적이 아니라 사회의 이익, 즉 공익을 증진하기 위한 수단으로서는 가치가 있다고 보았다. 말하자면 형벌의 목적은 응보가 아닌 범죄 예방에 있으며, 형벌을 통해 범죄는 줄고 행복한 사람은 더 늘어나기를 기대한 것이다.

처벌보다 인성 교육이 필요한 때

'법은 최소한의 도덕'이라고 한다. 학교에서는 아이들이 지켜야 할 최소한의 도덕인 규정과 규칙이 있고, 이를 어기면 처벌을 통해 아이의 행동을 통제하고 교화하려 한다. 하지만 그림책 속 엑스는 규칙에 의해 통제되거나 교화되지 않고, 통제를 이탈하는 방법을 선택한다.

엑스를 보면서, 학생을 보호하기 위한 학생 생활 규정과 학교 폭력 예방법 등이 목적에 맞게 작동해 학교라는 공간을 안전하게 만들고 있는지 다시금 생각해 본다. 감시와 통제, 처벌로 평화로운 학교가 유지되고 있는지도. 학교는 여럿이 모여 생활하는 공동체며, 교육이 이루어지는 공간이다. 강력한 처벌을 통해 아이들을 통제하는 일이 과연 모두를 안전하게 보호해 주는지 의문이 생기는 지금의 학교를 되돌아보게 된다.

다시 우리네 학교로 돌아가 생각해 보자. 아이들과 학교 공동체를 위해 만든 규정과 처벌이 과연 공동체 행복 증진에 기여하고 있는가? 아이의 진로와 진학에까지 영향을 미치는 학교 폭력 처벌이 예방 효과보다 응보적으로 작용해 상대에게 최대의 처벌을 부과하기 위한 수단으로 사용되고 있지는 않은가? 당사자인 아이와 그 학부모뿐 아니라 학교 폭력 사안 조사와 관련된 생활부장, 담임 교사, 학교 관리자 외에 주변 아이들까지, 모두가 고통받고 있는 것이 작금의 학교 현실이다.

여러 사람이 함께 모여 생활하는 학교 공동체는 최대 다수 최대 행복을 추구하기 위해 법과 규칙을 만들어 적용하고 있다. 하지만 이런 법과 규칙은 아이들의 자발성에 기인한 필요와 요구에서 시작된 것이 아니며, 이들이 수호되는 이상적인 모습 또한 아이들에 의해 구체화되거나 아이들과 충분히 공유되지 않았다. 학교, 교사, 사회가 아이들의 생활을 보다 쉽게 규율하고 통제하고 처벌하는 데 초점을 맞춘 수단으로 법과 규칙을 사용하는 것은 아닌지 돌아보게 된다. 아이들을 감시하고 처벌하는 수단으로써의 법과 규칙은 학교 생활 교육 측면에서 교육이 작동하지 못하게 만들었다. 아이들의 필요와 자발성에 기초해 학생으로서 지켜야 할 최소한의 규칙과 법을 만들고, 아이들이 스스로 규율하고 자신의 행동에 책임지게 해야 한다. 아이들의 자발성에 의해 공동체가 받은 영향과 피해가 회복되고 안전하고 평화로운 학교가 운영되도록 하는 것이 생활 교육의 핵심이다.

18

학교 공동체란
무엇일까?

· 공자와 『지구에 온 너에게』 ·

"다투지 말고 사이좋게 지내야지." "나와 다른 친구도 용납하고 서로 이해해야 한다."

아이들끼리 다투거나 집단 따돌림으로 고통받는 아이가 있으면 교사가 개입해 갈등을 해결하려고 한다. 우리가 생각하는 교실 공동체는 다툼과 따돌림이 아닌 평화와 화합이 공존하는 곳이다. 하지만 화합을 외치는 교사들이 모인 교무실에서도 때로 다툼과 따돌림이 일어나는 건 아이러니다. 교무실에서 교사들은 저마다의 방법으로 학급운영과 수업을 준비하고, 우선순위에 따라 각종 업무를 처리하며, 교실에 들어가기 전 대화로 마음의 긴장을 풀기도 한다. 같은 공간에 있지만, 각자가 맡은 업무, 학급, 수업 등 할당된 일에 대해선 철저히 독립적이고 분리된 영역이 존재한다.

배움의 공동체, 전문적 학습 공동체, 교육 공동체 대토론회, 마을 학습 공동체 등 각종 모임에 '공동체'라는 이름이 붙는다. 하지만 이제 막 대학교를 졸업한 20대 초반의 신임 교사부터 퇴직을 앞둔 60대 교사까지, 세대별로 개인별로 관심사도 개성도 서로 다른 교사들이 공동체라는 이름으로 하나가 될 수 있을까?

다르기에 서로 부족함을 채울 수 있다

『지구에 온 너에게』소피 블랙올 글·그림, 정회성 옮김, 비룡소

　그림책 『지구에 온 너에게』에서는 지구에 사는 아이가 편지를 통해 먼 우주에 사는 외계인 친구에게 지구를 소개한다. 지구에 사는 사람들과 각종 생물의 다채로운 삶을 보여 주며 서로 다른 존재들이 모여 사는 세상에 관해 이야기하고, 서로가 서로를 돌아보고 도와야 한다고 알려 준다.

　지구에 사는 사람들의 모습은 저마다 다르다. 각각이 사는 지역과 집의 모양이 다르고, 다양한 형태의 가족을 이루고 살며, 옷 색깔이나 모양도 다르다. 저마다 생김새와 생각이 다르고, 하는 일도 다르다. 하지만 공통점도 있다. 더 살기 좋은 세상을 위해 애쓴다는 사실이다. 때로는 다름 때문에 싸우고 상처 입지만, 한편으로는 그 다름 덕분에 서로를 도와 부족함을 채우고 더 좋은 세상을 만들 수 있다고, 그런 곳이 바로

지구라고 소개한다.

아이들은 처음에 많은 것이 서툴지만 시간이 지나면서 이것저것 잘하는 어린이로 자라고, 어린이는 무엇이든 척척 해내는 어른으로 성장한다. 늙어서 더 이상 예전처럼 잘하기 어려울 때는 서툴렀던 아이들이 자라 나이 든 어른을 도울 수 있다.

이 그림책은 세대는 물론이고 인종, 직업 등 다른 점이 너무도 많은 다양한 주체들이 모여 사는 지구 공동체를 이해하는 지침서 같기도 하다.

위치와 역할에 맞게 분수를 지키는 삶

다양한 생각을 가진 다양한 사람이 살던 중국 춘추 시대. 공자(孔子)는 각자의 다른 모습을 억지로 같은 모습과 생각으로 바꾸려 하기보다, 서로 다른 가치관을 가진 사람들이 어우러져 살아가는 조화로운 사회가 필요하다고 역설했다. 그리고 그 조화를 이루어 내는 사람을 '군자(君子)'라 칭했다.

"군자는 화합을 이루기는 하지만 주관을 버리고 상대방에게 뇌동하지는 않으며, 소인은 주관을 버리고 상대방에게 뇌동하기는 하지만 화합을 이루지는 못한다."*며, 서로 다른 존재들이 모여 화합을 이루는 '화(和)'와, 주관을 버리고 상대방에게 일방적으로 동조하는 '동(同)'을 대비했다. 다양한 가치관이 혼재한 시대의 중심에 살던 공자는 당시 사회 혼란의 원인을 사회 질서가 붕괴한 때문이라 보고, 각자 자신의 역할에 충실해야 한다는 '정명(正名)'을 주장한다.

> 자로 : 위나라 임금께서 선생님을 맞이하여 정치를 하려고 하십니다. 선생께서는 장차 무엇을 먼저 하시렵니까?
> 공자 : 반드시 이름을 바로잡겠다.**
>
> 제나라 경공 : 정치란 무엇인가요?
> 공자 : 임금은 임금답고, 신하는 신하다우며, 아버지는 아버지답고, 자식은 자식다운 것입니다.***

이처럼 공자는 이름을 바로 세움으로써 공동체 질서를 회복하려 했다. '이름을 바로 세운다.'는 말은 개개인이 사회적 위치와 역할에 알맞게 행동하고 분수에 맞게 살아가는 것을 의미한다. 여기서 중요한 점은 '분수에 맞게 산다.'이다. 이때 '분수'는 차별적 개념이 아니다. 공동체 안에서 각자가 지닌 역할과 책임을 가리킨다. 분수를 지키는 삶을 통해 개체성을 존중하면서도 전체성과 조화를 이루는 방향을 제시한 것이다. 공자가 지향하는 공동체는 대립과 갈등이 일어나는 곳이 아닌, 사랑

---

* 君子和而不同 小人同而不和, 『논어(論語)』 「자로(子路)」 편
** 子路曰 衛君 待子而爲政 子將奚先 子曰 必也正名乎, 『논어(論語)』 「자로(子路)」 편
*** 齊景公問政於孔子 孔子對曰: 君君, 臣臣, 父父, 子子, 『논어(論語)』 「안연(顏淵)」 편

과 정도(正道)를 통한 조화(調和)와 신뢰(信賴)의 공동체기 때문이다.

'따로 또 같이'의 미학

그림책 『지구에 온 너에게』에 등장하는 지구상의 사람들 역시 제각기 다른 형태의 삶과 생각을 가지고 살아가지만, 각자의 자리에서 각자의 역할을 성실하게 수행하고 있다. 살기 좋은 세상을 위해 각각 맡은 일을 성실히 하는 것이 화(和)이고, 정명(正名)이다.

교무실 속 교사들은 각자 다른 업무로 바쁘다. 어떤 이는 성적 처리를 하고, 어떤 이는 평가를 하며, 어떤 이는 생활 지도를 고민한다. 각자 맡은 일을 성실하게 수행하는 것만으로도 교무실이 잘 돌아가고 학교 교육과정이 순조롭게 운영된다. 맡은 업무는 다르지만 서로 관련성이 있고, 필요에 따라 서로 돕는 유기적인 관계로 구성되어 있기 때문이다.

한번은 교무실에서 한 교사가 아이를 지도하던 중 해당 아이가 욕설을 하면서 의자를 박차고 일어났다. 그 모습을 본 주변 교사들이 함께 지도에 나서니 아이는 더 이상 대들지 않고 수그러들었다. 각자 업무로 바빴지만 그 순간은 모두가 학년 생활 지도 교사가 된 것 같았고, 그런 모습에 아이도 순순히 교사의 지도를 받아들인 것이다.

다시 그림책으로 돌아와 보자. 외계인들의 시선에 비친 지구 생명체들은 서로 너무 다르고 이리저리 나뉘어 있어 갈등이 생길 수밖에 없어 보일 수 있다. 하지만 그 안에는 협력이 있고, 서로 다르기 때문에 이뤄지는 조화가 있다.

학교 안의 교사들도 각자의 교과와 업무로 서로 동떨어진 섬처럼 느껴질 수도 있지만, 자신의 역할을 성실히 수행하고 서로를 조금씩 돌아본다면, 모두 같은 일을 하는 동(同)의 조직보다 더 화(和)하는 공동체가 될 수 있다.

19

학교는 아이들에게
어떤 경험을 제공해야 할까?

· 로크와 『아피야의 하얀 원피스』 ·

대다수의 아이들은 스스로 배우고 싶다는 마음을 먹기도 전에, 먼저 배우게 된다. 학습지를 하며 한글을 떼고, 숫자를 익혀 나간다. 피아노 학원에 등록하고, 태권도를 배운다. 이는 모두 부모들이 설정하거나 제시한 목표의 결과다. 그리고 시간이 지나면 누구랄 것 없이 입학 통지서를 받고 학교에 간다. 당연한 수순을 밟아 나가는 것은 문제가 되지 않지만, 아이들이 나이에 맞게 자율성을 발휘하고 있고 그것이 점차 확대되고 있는지는 질문해야 한다. 타율성에 의한 결과 값은 낮을 수밖에 없기 때문이다. 스스로 선택하지 않은 것에 욕심과 열정을 갖기란, 낙타가 바늘귀에 들어가는 일만큼 어렵다.

주제 선택 마지막 수업 시간이었다. 마지막인 만큼 소원을 들어주고 싶다고 하니, 수업 안 하고 집에 보내 달라는 아이가 3분의 2를 넘었다. 도덕 시간에는 행복 사전을 만들었다. 행복 1순위와 2순위에 부지기수로 적힌 낱말은 '놀기'와 '쉬기' 그리고 '게임'이었다. 방학 중 계획을 물어도 "그냥 쉬고 싶다."는 대답이 다수였다.

아이들은 왜 이렇게 학교를 힘들어할까? 한창 활기찰 시기에, 왜 다들 쉬고 싶다고만 할까? 떠나고 싶은 곳이 되어 버린 학교가 어떤 경험을 제공하면 아이들이 오히려 종례 시간을 아쉬워하게 될까? 학교는 무엇을 가르쳐야 할까?

오늘 만난 세상을 고스란히 새기다

『아피야의 하얀 원피스』 제임스 베리 글, 안나 구냐 그림, 김지은 옮김, 나는별

'아피야'는 갈색의 커다란 눈과 마음껏 춤출 수 있는 긴 팔다리를 가지고 있다. 아피야에게는 하얀 여름 원피스가 하나 있는데, 하루하루 만나는 새로운 것이 그대로 옮겨와 그려지는 마법의 원피스다.

아피야가 해바라기 꽃밭을 지나면 원피스에 까만 해바라기가 담긴다. 장미꽃 길을 지나면 빨간 장미꽃이 원피스에서 피어난다. 풀밭을 지나가면 바람에 살랑거리는 나무줄기와 꽃잎의 풍경이 그려진다. 비둘기의 날갯짓, 동물원에서 만난 호랑이, 바닷가에서 만난 파도와 물고기들…. 아피야가 만나고 경험한 모든 것은 아피야의 하얀 원피스에 매일

매일 새롭게 새겨진다.

날마다 그 옷을 입고 밤마다 깨끗이 빨아 너는 것이 아피야의 중요한 일과다. 원피스를 빨아도 그림은 남아 있다가 아침이 되면 감쪽같이 사라지고, 원피스는 다시 하얀 캔버스로 돌아온다. 그러므로 그녀에게는 단 한 벌의 원피스만 있으면 된다. 아피야의 하얀 원피스는 매일의 경험을 그대로 기록해 주는 특별한 원피스기 때문이다.

"관찰과 경험이 인식을 만든다."

로크(John Locke, 1632~1704)는 '영국 경험주의 철학의 아버지', '위대한 자연법 사상가', '위대한 민주주의 사상가'로 불린다.

로크는 "태어날 때 인간의 마음은 백지상태다."라고 했다. 태어날 때 백지이던 마음에 경험이 관념을 만들어 내며 인식을 갖기 시작한다는 것이 로크의 핵심 이론이다. 즉, 관념이 생기기 위해서는 반드시 경험이 있어야 한다는 말로, 다양한 경험의 중요성을 강조하는 것이다.

> "마음은 글자가 전혀 적히지 않은 백지로서, 관념이 전혀 없는 백지라고 가정된다. 이 백지는 어떻게 관념을 갖추게 되는가. 인간의 부지런한 그리고 무한한 상상력이 그려내는 방대한 지식은 어떻게 축적되는가? 마음은 어디에서 이성과 지식의 모든 재료를 얻게 되는가? 이에 대해서 나는 한마디로 경험으로부터라고 대답하겠다. 우리의 모든 지식은 경험에 그 바탕을 두고

있으며, 궁극적으로 경험으로부터 나온다. 외부의 감각적 대상과 우리 내부의 작용에 의해 이루어지는 반성이라는 마음의 내부 작용이 우리의 오성에게 사고의 모든 재료를 공급한다. 이 두 가지가 지식의 원천으로, 우리가 갖는 관념 또는 자연스럽게 가질 수 있는 모든 관념의 원천이 된다."[*]

로크는 사람들이 선천적으로 관념을 가진다는 믿음은 잘못되었으며, 세상에 존재하는 무한한 지식들은 경험을 통해서만 얻을 수 있다고 주장했다. 경험이야말로 지식의 시작점이라는 것이다. 그에 따르면, 경험은 시각, 청각, 후각, 미각, 촉각 같은 '외적 감각'과, 생각할 때 사용하는 반성이라는 '내적 감각'으로 이루어진다. 보고 듣고 냄새 맡고 먹고 만지는 감각을 통해 세상을 관찰하면서 관념을 갖춰 나가고, 성장 과정에서 외적 세상뿐 아니라 자기 안에 일어나는 것을 생각하며 반성하기 시작한다는 것이다.

풍부한 경험을 제공하는 수업 준비해야

그렇다면 교육은 매일 백지로 등교하는 아이들에게 어떤 경험을 제공해야 할까? 보고 듣고 만지고 맛보게 하는 오감 만족 수업이 좋겠다. 그런 점에서 그림책 수업이 딱이다. 그림을 눈으로 보고, 글을 서로 읽

---

[*] 『존 로크의 인간 오성론 읽기』(안병웅 지음, 울력), 76쪽

나는 교사다 그러므로 생각한다

어 주며 귀로 듣고, 다양한 판형과 질감을 손으로 만질 수 있기 때문이다. 더하여 아이들은 그림책을 읽고 관련 작품을 만들며 스스로 생각하고, 친구들의 생각을 들으며 사고를 확장하고, 무궁무진한 놀이와 활동을 통해 창의성을 마음껏 발휘할 수도 있다.

그림책 속 아피야는 매일 저녁 원피스를 빨며 오늘의 경험을 곱씹고 또 곱씹었을 것이다. 그리고 내일 원피스에 그려질 그림들을 상상하며, 새롭게 경험할 길과 거기서 마주할 존재들을 기대했을 것이다.

아피야 앞에 펼쳐질 무한한 자연처럼, 나도 여러 가지 배움들을 준비해 놓는 것이다. 백지만큼 모든 것을 받아들이고 흡수하기 좋은 상태가 또 있을까? 아이들의 마음속 도화지가 백지라고 생각하고, 일정한 틀을 강요하고 정제된 지식을 주입하기보다, 다양한 경험이 가능한 학습의 장을 열어 주고 그 안에서 마음껏 뛰놀고 경험하게 하는 것이다.

중학생을 처음 가르치면서 아이들이 생각보다 모르는 게 많아 내심 놀랐다. 그러나 가르칠 것이 많다고 생각하니 기뻤다. 경험이 부족한 아이들을 가르친다는 것은, 그만큼 더 많은 경험을 제공하는 수업을 설계할 수 있다는 말이기 때문이다. 매일 하얀 원피스를 입은 아피야가 내 앞에 있는 것이기 때문이다.

내일은 또 어떤 질문을 던질까? 어떤 경험과 생각의 씨앗들을 제공해 줄까? 고민하는 이 밤이 즐겁다.

2부

행복한 교사로 살아가다

_교직과 교육 현장에 관해

1
아이들의
마음을 얻으려면?

· 홉스와 『넬슨 선생님이 사라졌다!』 ·

아이들 교육하기가 점점 어려워진다. 조회 시간, 오늘의 중요 일정을 비롯해 여러 내용을 전달하지만 친구들과 떠드는 아이가 대부분이다. 수업 시간에는 열심히 교과 내용을 설명하지만 듣는 아이가 별로 없다. 친구들과 장난치며 수업을 방해하는 아이가 더 많다. 쉬는 시간도 마찬가지다. 복도를 운동장처럼 뛰어다니는 아이들을 지도하지만 돌아서자마자 다시 복도를 뛰어다닌다. 심지어 나를 외면하고 그냥 뛰어다니는 아이도 많다.

그런데 아이들이 모든 선생님에게 똑같이 행동하는 것은 아니다. 엄하고 덩치 있는 남자 선생님 말은 잘 듣는다. 올해 옆 반 담임 선생님이 남자 체육 선생님이다. 옆 반은 우리 반과 너무 다르다. 질서가 잡혀 있

나는 교사다 그러므로 생각한다

다. 조회 시간에 옆 반을 지날 때면 아이들이 자리에 앉아 선생님 말씀에 집중하고 있는 모습을 본다. 체육 선생님은 우리 반 아이들이 수업을 잘 따라온다고 칭찬까지 한다. 이런 일을 겪을 때마다 교사로서 자존감이 푹 떨어진다.

온순한 교사 vs 무서운 교사

『넬슨 선생님이 사라졌다!』 해리 앨러드 글, 제임스 마셜 그림, 김혜진 옮김, 천개의바람

'넬슨' 선생님 반 교실도 매일 떠들썩하다. 아이들이 장난을 많이 친다. 종이비행기를 날리고, 침 범벅인 종이 뭉치를 던져 천장에 붙이기까지 한다. 넬슨 선생님은 고운 목소리로 바로 앉으라고 말하지만, 아이들은 듣지 않는다. 책 읽는 시간에도 제멋대로다. 선생님은 이 문제를 어떻게 해결할 수 있을지 심각하게 고민한다.

그런데 다음 날, 넬슨 선생님이 학교에 오지 않는다. 이제 더 마음껏 장난을 칠 수 있다며 기뻐하는 아이들 앞에 새까만 옷을 입고 새까맣게 화장한, 까마귀처럼 무섭게 생긴 선생님이 등장한다. 아이들이 새로 온 '스왐프' 선생님에게 넬슨 선생님은 어디 있냐고 묻자, 스왐프 선생님은 날카롭게 외친다. "조용! 얌전히 수학책이나 펴!" 아이들은 스왐프 선생님의 날카로운 목소리에 놀라 얌전히 수학책을 펼친다.

스왐프 선생님은 넬슨 선생님과 완전히 반대다. 아이들은 입을 다물

어야 하고, 제자리에 앉아 있어야 하고, 공부만 해야 한다. 스왐프 선생님의 날카로운 목소리에 깜짝 놀라기도 한다. 그럴 때마다 넬슨 선생님이 그리워진다.

아이들은 왜 넬슨 선생님이 그리울까? 단지 자기들 마음대로 하지 못해서일까? 그나저나 넬슨 선생님은 어떻게 된 걸까?

힘과 권위로 얻어 낸 평화와 안전

영국의 철학자이자 법학자인 홉스(Thomas Hobbes, 1588~1679)는 국가나 주권자를 정당화하는 새로운 논리를 모색한 사회 계약론자다. 16~17세기 서양에서 국가나 주권자를 정당화하는 논리는 '왕권신수설'이었다. 왕권신수설은 왕의 권력은 신으로부터 받았으므로 인민이나 의회에 제한받지 않는다는 설이다. 왕의 말을 거부하는 것은 신을 거부하는 것과 같았기에 모두가 왕에게 복종하는 것은 당연했다. 하지만 홉스가 살던 시기에는 오랜 종교 전쟁으로 교회의 권위가 떨어지고 인간 이성에 대한 신뢰에 관심을 가지면서 더 이상 왕권신수설이 통하지 않게 되었다. 이런 시기에 홉스는 '사회 계약론'이라는 새로운 이론을 주장한다.

홉스는 그의 저서 『리바이어던』에서 '자연 상태' 개념을 제시한다. 문명 이전의 자연 상태는 법과 질서가 없기 때문에 모든 사람은 스스로 살아남으려고 애쓴다. 자연 상태에서 인간은 자기 보존 욕구와 더불어 타인에게 강한 불신을 갖기에 그 누구도 믿을 수 없다. 오로지 자신의 힘으로 살아남으려 한다. 자기 보존을 위해 타인을 공격하는 일도 발생한다. 그야말로 '만인의 만인에 대한 전쟁' 상태다. 이런 자연 상태를 지속하기 원하는 사람은 없다. 안전하게 자신의 생명을 유지하고 싶기 때문이다. 따라서 사람들은 안전을 보장받기 위해 서로 해치지 않겠다는 계약을 맺는다.

하지만 사람들끼리 계약을 맺는다고 계약이 지켜진다는 보장은 없다. 사람들은 계약을 보장받기 위해 강력한 힘을 필요로 한다. 바로 '리바이어던' 같은 존재다. 리바이어던은 『성경』에 나오는 무시무시한 수중 괴물로, 그 앞에서는 누구도 반항할 수 없다. 사람들은 리바이어던처럼 강력한 힘을 지닌 존재가 계약을 지켜 줄 거라 믿었고, 자신의 권력을 국가와 주권자에게 양도하고 안전과 평화를 보장받는다.

사랑과 진심으로 아이들 곁에 서다

교실이 자연 상태처럼 느껴질 때가 있다. 아이들은 자신의 이익만 중요시하고 자기에게 조금이라도 불리한 일은 참지 못한다. 규칙도 규율도 없는 것처럼 행동하기도 한다. 제멋대로 행동하는 아이들은 점점 많아지고, 그런 아이들을 보면서도 내가 할 수 있는 일은 별로 없다. 아이들을 열심히 교육하지만 내 말은 아이들에게 가닿지 않는다. 행동 변화는 전혀 없고, 매일 자연 상태 같은 교실에서 생활하다 결국 지치는 건 나 자신이다.

그럴 때마다 나도 리바이어던처럼 강력한 힘을 가졌으면 좋겠다고 생각한다. 내 말에 반항은 생각조차 못 하고 그저 복종하는 아이들이라면 어떨까? 그러면 교직 생활이 훨씬 편해지지 않을까? 스왐프 선생님처럼 무시무시한 모습, 날카로운 목소리로 아이들을 통제하는 교사이고 싶을 때가 있다.

홉스의 사회 계약론에서 사람들은 자신의 권력을 국가와 주권자에게 양도하며 안전을 보장받는다. 그런데 자신의 권력을 양도한 사람들은 권력을 가진 자의 노예가 된다는 문제가 생긴다. 안전은 보장받지만 주권자의 명령에 복종해야만 하는 노예의 삶을 받아들일 수 있을까? 권력을 소유한 국가와 주권자가 계약과 달리 자기 마음대로 할 때는 또 다른 문제가 생긴다. 권력을 모두 양도한 상태이기 때문에 사람들은 국가와 주권자의 행동을 제지할 수가 없다.

교실 속 아이들이 자연 상태의 사람들처럼 행동한다고 내가 아이들을 힘으로 복종하게 만드는 건 아이들을 노예로 전락시키는 것과 다름없다. 교실의 안전과 평화를 위한 명목이라지만 아이들을 노예로 만들고 행복할 교사는 없다. 또 내가 막대한 권력을 지닌 교사가 되고 내 말에 복종하는 아이들이 많아질수록, 아이들을 존중하는 마음을 잃고 함부로 대할 위험이 커진다.

나는 교사다 그러므로 생각한다

『넬슨 선생님이 사라졌다!』 속 아이들은 스왐프 선생님을 통해 넬슨 선생님의 진심을 알아차리지 않았을까. 단지 자기들 마음대로 할 수 있어서 넬슨 선생님이 보고 싶었던 건 아닐 테다. 넬슨 선생님이 자신들에게 얼마나 최선을 다했는지, 강력한 힘이 아니라 사랑으로 교육하려고 애썼는지 깨달았을 것이다. 그래서 넬슨 선생님이 그리웠을 것이다.

아이들을 진심으로 대하면 언젠가 교사의 마음을 알아줄 거라 믿는다. 친절하면서도 차분한 목소리에 반응할 거라 믿는다. 아이들의 마음을 얻는 것은 강력한 힘이 아니라 아이들을 사랑하는 마음이라는 사실을, 여전히 자연 상태 같은 오늘의 교실에서 다시 한번 되새긴다.

2

아이들과의
적당한 거리는 얼만큼일까?

· 쇼펜하우어와 『고슴도치의 가시』 ·

4학년 담임을 맡았던 어느 해, 퇴근 후 두 살 난 아이를 업고 동네 찜질방과 PC방을 전전하며 우리 반 여학생 민지(가명)를 찾으러 헤맨 날들이 있었다. 함께 살던 엄마가 연락이 끊기면서 민지네가 세 들어 살던 할머니마저 민지를 돌보지 못하겠다고 손을 들었다. 민지는 학교도 오지 않은 채 동네를 헤매고 다녔다. 민지를 찾아, 따로 살던 민지 아버님께 사정을 말씀드리고 민지를 보냈다. 이제 원거리 등교를 하는 민지를 전학시키면 되겠다고 안도하던 때, 민지의 무단결석이 다시 시작되었다. 민지를 아버지께 돌려보내기를 수차례, 다시 민지를 만난 건 학교 앞 문방구에서였다. 민지는 머리를 박박 깎인 채 오락기 앞을 서성이고 있었다. 여러 차례의 가출로 아버지가 자신의 머리를 밀어 버렸다고 했다. 민지는 또 가출한 상태였다. 다시 보호자를 찾아 수소문하던 일주일

가량 민지를 우리 집에 데려와 함께 먹고 자고 학교를 다녔다. 교사 집에 학생을 데려온 것이 옳은 판단일까 고민도 했지만, 민지를 삼촌 댁으로 보내기까지 우리 가족은 함께 생활했다. 삼촌 댁으로 간 민지는 또 학교에 오지 않았다. 다시 가출했다는 소식을 듣고는 맥이 풀렸다. 며칠 뒤, 경찰서에서 전화가 왔다.

"아이를 찾았는데 어떻게 하시겠어요? 수녀님들이 운영하는 아동 보호 단체에 인계할까요?" 나는 경찰서로 가서 상황을 파악하고 결론 내렸다. "…그리 보내셔도 좋습니다." 왠지 모를 울화와 슬픔이 밀려왔다. 멀찍이 구석 벤치에 옷을 덮고 누워 있는 민지가 보였지만 나는 아무 말도 하지 않고 경찰서를 나왔다. 북받치는 눈물을 훔치며 집으로 돌아온 그 순간이 민지와의 마지막 만남이었다.

뾰족한 가시에 찔리지 않으려면

『고습도치의 가시』 쇼펜하우어 원작, 김진락 글, 신지수 그림, 조선소리봄인성연구소

추운 겨울날, 고습도치 형제는 몸을 붙이고 체온을 나누고 싶지만 서로의 가시 때문에 아파서 가까이 가지 못한다. 그렇다고 떨어져 있으려니 너무 추워서 가까워졌다 멀어졌다를 반복한다. 그러던 중 고습도치 형제는 가시에 찔리지 않을 만큼 최소한의 간격을 두고 가까이 있는 것이 온기를 나누기에 가장 좋은 방법이라는 사실을 발견한다.(실제 고습도

치들은 가시가 없는 머리 부분을 맞대고 잠을 자거나, 스스로 가시를 눕혀 상대가 찔리지 않도록 한다.)

그림책의 마지막 장면은 '고슴도치 형제는 서로에게 다가갔습니다. 너무 가깝지도 않고, 너무 멀지도 않게.'라는 문장과 함께, 형제 고슴도치가 서로 거리를 두고 바라보며 빙긋 웃고 있다. 그들이 거리를 두며 서 있는 공간은 하트로 표현된다. 멀지도 가깝지도 않은 적당한 거리에서 서로의 마음이 전달되는 공간을 표현하려 한 그림 작가의 의도일 것이다.

너무 멀지도 너무 가깝지도 않게

그림책 『고슴도치의 가시』는 '고슴도치 딜레마'를 연상케 한다. '고슴도치 딜레마'는 심리학 용어로, 독일 철학자 쇼펜하우어(Arthur Schopenhauer, 1788~1860)가 인생 말년에 지은 책 『여록과 보유』에 나오는 고슴도치 우화에 기원을 두고 있다. 주로 『쇼펜하우어의 인생론과 행복론』으로 번역되어 우리나라에서도 많이 읽힌 책이다.

쇼펜하우어는 칸트의 '물자체(物自體)와 현상(現象)' 개념을 받아들여 각각을 '의지와 표상'으로 대치한다. 칸트는 우리가 보는 세계는 뇌가 감각 자료를 해석해 그려 낸 현상계이며, 실재하는 물자체는 알 수 없다고 했다. 쇼펜하우어는 칸트의 현상계를 '표상'이라 일컬으며, 칸트가

나는 교사다 그러므로 생각한다

알 수 없다고 말한 '물자체'를 '의지'라고 표현한다. 그런데 그가 말하는 의지는 '욕망'에 가깝다. 그에 따르면 의지는 목적도 방향도 의식도 없고, 막무가내로 날뛰는 욕망이다. 개인의 욕망이자 인간 종 전체의 욕망이며, 힘과 에너지라는 것이다. 욕망은 절대 채워지지 않는다. 그러므로 인간은 욕망이 채워지지 않을 때는 결핍 때문에 불행하고, 채워지고 나면 바로 권태가 밀려와서 불행해진다. 결국 인생은 결핍과 권태를 왔다 갔다 하는 고통의 연속일 뿐이라는 주장이다.

쇼펜하우어는 흔히 냉소주의 또는 염세주의 철학자로 불린다. 그는 아버지의 자살과 어머니와의 불화로 평생을 외롭고 우울하게 지냈다. 의심이 많고 우울증, 조현병적 기질을 지녔던 그는 불이 날까 봐 2층에서 잠을 자지 않았고, 이발사에게 면도를 맡기지 않았으며, 침대 밑에 권총을 두고 살았다고 전해진다. "인생은 고통이며, 이 세계는 신이 만든 최악의 세계"라고 표현한 쇼펜하우어가 고슴도치 우화를 통해 말하려 한 것은 무엇일까?

고슴도치의 가시는 인간 존재의 본질적 약점을 드러낸다. 추위와 외로움으로 혼자서는 살아가지 못하는 사회적 존재인 인간이, 함께하면 다치게 될 상처 장치를 동시에 장착하고 태어난 존재라면 어떻게 살아가야 할까? 이 난제에 봉착한 쇼펜하우어의 대답은 '적절한 거리'다. 이는 인간으로 태어난 이상 어쩔 수 없이 껴안아야 할 숙명적 과제라고 말하고 싶었던 게 아닐까?

나를 보호하고 상대를 존중하는 공간

인간도 고슴도치와 같아서 필요에 의해 관계를 맺지만 가시투성이 같은 본성으로 서로를 상처 입힌다. 가시를 가지고 태어난 고슴도치가 그렇듯, 사람도 본성적으로 가시를 가지고 있다. 서로 상처를 내려고 다가서지 않았음에도 불구하고 본성적으로 또는 상황적으로 가시에 찔려 상처를 주고받기도 한다. 그리고 그 상황과 사람을 구별하지 못하고, 그가 내게 상처를 주었다고 결론 짓는다. 인간에게 닥친 현실은 늘 녹록지 않고, 우리를 가시로 무장시킨다.

'인간(人間)'이라는 낱말은 '사람 인(人)'과 '사이 간(間)'을 붙였다. 결국 인간은 사람과 사람의 사이를 뜻하며, 이 간격을 잘 유지하며 사는 것이 삶이다. 교사와 학생 사이, 부모와 자녀 사이, 연인과 친구 사이도 모두 마찬가지일 것이다.

앞서 밝힌 나의 경험은 이미 오래전 이야기다. 그동안 나는 어떤 말도 인사도 없이 민지와 헤어진 마지막 순간을 수없이 회상하고 후회했다. '그토록 걱정하고 사랑했던 제자와 왜 그렇게 헤어져야 했을까?' 이제 그 질문에 대답할 수 있다.

나는 민지에게 상처를 받았다. 그 순간 가장 힘든 사람은 민지였음에도, 나는 나의 노력을 무시하듯 조금도 변하지 않고 문제 행동을 반복하는 민지에게 분노하고 상처받은 것이다. 그래서 세상에 혼자 남겨진 민지를 나 역시 아프게 했는지 모른다.

나는 교사다 그러므로 생각한다

나는 민지와 나 사이에서 최적의 거리를 유지하는 데 실패했다. 민지의 보호자를 찾는 일은 필요했지만, 나의 삶까지 함께 보지는 못했다. 민지에게 너무 몰입해 있었기 때문이다. 퇴근 후 아이까지 업고 민지를 찾아다닌 일, 보호자를 찾는 동안 민지를 우리 집에서 보호한 일은 결코 바람직하지 않았고, 교사로서 전문성보다는 감정을 앞세운 부족한 대처였다. 내가 만든 상황으로 인해 나는 육체적으로나 정신적으로 지쳐 갔고, 내가 교사인지 부모인지 헛갈리는 역할 혼돈에까지 이른 것이다. 민지를 한없이 가여워하면서도 원망했던 나, 민지의 행동에 상처받아 인사도 못 하고 회피하듯 복수하듯 도망쳐 나온 못난 나를 인정하지 않을 수 없다. 나는 사회단체를 통해 민지가 가장 좋은 보호자를 찾을 수 있도록 도움을 요청했어야 했다. 교사로서 적절한 거리를 유지하며 민지가 어려운 현실 속에서도 살아갈 수 있도록 지속적으로 격려해 주어야 했다. 민지가 어엿한 어른으로 성장할 수 있도록 말이다.

요즘 교실에서 느끼는 아이와의 거리도 내게는 늘 어려운 과제다. 초등학생들은 선생님을 의지하고 좋아하다 보니 정서적 거리와 물리적 거리가 비례한다. 아이들을 친근하게 대할수록 아이들은 내 책상 바로 옆에 와 있다. 내 옆에서 재잘재잘 질문을 하고, 물건을 만지고, 손을 잡고 팔짱을 끼고 안고 기대며 신체적 접촉을 꺼리지 않는다. 쉬는 시간마다 아이들로 둘러싸여 움직이기조차 힘들어지니 존중받지 못하는 느낌이 들고 마음도 불편하다. 아이들은 그럴 의도가 전혀 없이 선생님이 좋아서 가까이 온 것뿐, 선생님이 불편해하는 것을 알아채지 못한다. 그럴 때마다 말을 해야겠다는 생각이 들어 말한다. "선생님은 부모님과 달리 여러분과 공적인 관계에 있단다. 그래서 좋다고 함부로 만지고 접촉하면 안 돼요. 여러분과 선생님의 몸은 모두 소중하니까요." 선생님의 몸과 마음이 불편하니 존중해 주면 고맙겠다고, 우리 모두가 몸을 둘러싼 비눗방울 막을 가지고 있다고 생각하고, 그 정도 거리는 유지해 달라고 말이다.

인간은 동물보다 작은 눈동자를 지녔다. 작은 눈동자의 움직임은 다양한 표정을 만들기 때문에 감정을 더 세밀하게 표현할 수 있어 그렇게 진화되었다는 설도 있지만, 상대방의 눈을 통해 자신을 보는 시야와 거리가 더 필요하기 때문이라는 생각도 든다. 우리에게는 상대방의 눈 속의 비치는 나를 볼 수 있을 정도의 거리가 필요하다. 서로 간의 초점 거리가 확보될 때 상대방 눈에 비친 전체의 나를 볼 수 있기 때문이다.

또 서로 간에 거리가 있을 때 그 사이 공간을 채우는 다른 것이 존재할 가능성이 높아진다. 그 사이에 존재할 수 있는 것에는 나의 예에서는 사회 복지 단체 같은 실질적인 존재일 수도 있고 누군가에게는 '조심성'이나 '예의' 또는 '존중' 같은 미덕일 수도 있다.

우리는 서로서로 고무줄 같은 인연의 끈을 맺고 살아간다. 줄이 너무 느슨하면 느껴지지 않고, 너무 탱탱하면 옥죄여 답답하다. 끈으로 연결되어 있되 적절한 탄성이 유지되는 정도가 우리가 함께 살아가는 데 필요한 적당한 거리가 아닐까?

나는 교사다 그러므로 생각한다

3

진정한 용서란
무엇일까?

· 데리다와 『사자가 작아졌어!』 ·

인간의 삶은 '선택의 연속'이라 해도 과언이 아니다. 아침에 눈을 떠 잠자리에 들기까지, 순간순간 수많은 선택 상황에 놓인다. 다양한 선택의 기로에서 우리는 나름의 기준과 목적, 수단, 기회비용 등을 고려해 결단을 내린다. 결단을 통해 이루어지는 행위는 누구의 뜻도 아닌 자신의 선택과 그 선택을 수행하려는 개인 의지의 결과물이다. 우리는 그 행위의 결과로, 누군가에게 잘못을 저지르고 사과와 용서를 구하기도 한다. 잘못의 크기와 상관 없이 누군가에게 상처나 피해를 안겼다면 잘못을 인정하고 용서를 구하는 일은 마땅한 도리다.

한 아이가 교무실을 찾아와 친구가 자신의 사과를 받아주지 않는다며 답답한 마음을 토로했다. 아이는 자신이 무엇을 잘못했는지는 잘 모르지만, 미안한 마음을 전하고 싶은데 상대가 만나 주지 않는다며 속상해했다. 크든 작든 친구 사이의 갈등으로 생긴 일에 용서를 구하고 용서받는 일을 어려워하는 아이들이 있다. 한 가지 중요한 점은, 용서란 잘못으로 인해 생겨난 균열을 완벽하지 않더라도 조금씩 복원해 나가는 '과정'이라는 사실이다. 따라서 용서의 내용과 방법에 있어서는 확실한 정답도 지름길도 없다. 그저 용서를 구하는 노력만이 요구될 뿐이다.

진정한 용서란 무엇일까? 그리고 용서가 이루어지기 위한 조건은 무엇일까?

선택에 따른 결과를 온전히 책임지는 일

『사자가 작아졌어!』정성훈 글·그림, 비룡소

『사자가 작아졌어!』는 사자와 가젤의 이야기를 통해 진정한 용서가 무엇인지 생각해 보게 하는 그림책이다.

자고 일어나니 몸이 생쥐보다 작아진 사자의 등장으로 이야기는 시작된다. 사자는 자신의 작아진 몸을 알아차리지 못한 채 개울을 건너려다 물에 빠지고, 이 광경을 지켜본 가젤이 사자를 물에서 구해 준다. 그런데 가젤은 자기가 건져 올린 사자가 어제 자신의 엄마를 잡아먹은 동물임을 알아보게 되고, 앙갚음으로 그 사자를 다시 물에 빠뜨리려고 한다. 곤경에 처한 사자는 가젤의 마음을 달래기 위해 꽃 선물을 건네기도 하고 노래를 불러 주기도 한다. 사자의 노력에도 불구하고 가젤의 슬픔은 더욱 커지고, 급기야 사자는 자신이 가젤의 엄마를 먹은 것처럼 자신을 먹으라며 그릇 위에 스스로 몸을 누이기까지 한다.

가젤로부터 '이제 다신 엄마를 볼 수 없으며, 죽을 때까지 엄마를 잊을 수 없을 거'라는 말을 들은 사자는 생각에 잠긴다. 자신도 엄마를 잃으면 어떨지 생각해 보며, 가젤이 느끼는 아픔을 또렷이 이해하고 슬픔에 온전히 공감한다. 사자의 온전한 공감이 가젤에게 위로가 되었던 것일까. 가젤이 사자를 진정으로 용서하며 이야기는 마무리된다.

그림책에서 사자는 가젤을 달래기 위해 온갖 방법을 시도한다. 자신이 저지른 일에 책임을 지려 노력하는 것이다. 가해자 입장에서 보자면 용서는 자신이 선택한 행위에 따른 결과를 온전히 책임지겠다는 의식에서 출발한다. 자신의 잘못에 책임을 지려면, 행위를 선택한 동기와 그 행위가 낳은 결과들을 곰곰이 살펴보며 객관적으로 성찰하는 시간이 필요하다. 가해자의 깊은 성찰은 피해자가 느꼈을 아픔의 원인을 객관적으로 바라볼 수 있게 한다는 점에서 가해자와 피해자의 끊어진 관계에 교두보를 마련하는 중요한 의미를 지닌다. 가해자는 책임을 다하기 위해, 피해자는 자신의 아픔을 보듬기 위해서라도, 가해자가 피해자에게 저지른 잘못은 성찰되어야 마땅하다.

그런데 그림책에서 가젤이 사자에게 베푼 용서는 특이한 점이 있다. 우리가 상식적으로 알고 있는 용서와는 크게 다르다는 것이다. 가젤의 용서는 전형적으로 사람들이 '주고받는' 응보적 관점의 용서를 벗어났다. 우리가 생각하는 일반적인 용서는 가해자가 자신의 죄를 인정하고 처벌이 이루어지고 나면 피해자가 가해자에게 베푸는 최후의 수단이다. 하지만 가젤은 용서의 조건으로 사자를 벌하거나 그 어떤 대가도 요구하지 않았다. 그저 공감적인 이해 속에서 아픔을 내려놓고 사자를 용서했다. 응보적 관점을 벗어난 용서를 실천한 것이다. 이처럼 조건 없이 하는 용서를 진정한 용서라고 주장한 철학자가 있다.

"용서 불가능한 일을 용서하라!"

데리다(Jacques Derrida, 1930~2004)는 '무조건적 용서'를 주장한, 프랑스 포스트모더니즘 철학자다. 그는 당시 지배적 철학이던 구조주의를 비판하고 그 구조의 해체를 주장하는 해체주의를 창시했다.

데리다는 "진정한 용서란 용서할 수 없는 일을 용서하는 것"이라고 말한다. 누구나 쉽게 용서할 수 있는 것을 용서하는 것은 용서가 아니며, 용서 불가능한 일을 용서하라는 요구를 받았을 때에야 용서의 가능성이 시작된다는 것이다.

다소 현학적으로 들리기까지 하는 데리다의 용서는 무조건적인 포용을 근간으로 한다. 데리다가 바라보는 용서의 본질에는 부정성의 포기가 짙게 배어 있다. 다시 말해, 우리들이 용서의 일반 조건으로 제시하는 처벌과 대가, 보상에는 '기브 앤 테이크'를 통해 앙갚음하려는 일종

나는 교사다 그러므로 생각한다

의 부정적 성격이 잠재되어 있다. 데리다는 이런 부정성을 탈피하고 긍정성을 회복하는 것이 용서의 본질이라고 보았다. 더 이상 다른 사람에게 자기의 슬픔과 상처에 대한 책임을 돌리지 않는 것, 이것이 바로 진정한 용서라는 것이다. 그런 면에서 데리다의 용서는 일종의 자기 해탈에 가까워 보인다. 용서할 수 없는 것을 자기 안에서 내려놓고 용서하는 것이야말로 용기 있는 행위며, 아픔의 노예가 아니라 우리를 새로운 가능성의 세계로 인도하는 용서의 긍정성을 회복하는 길이라고 보았다.

불가능해 보이기도 하는 데리다의 무조건적 포용의 경지에 다다르기 위해서는 먼저 내 안에서 많은 일들이 이루어져야 한다. 가령 아픈 과거에 머무르기보다는 미래의 희망을 내다보아야 하고, 진정한 자기애를 바탕으로 그 사랑이 타인에게까지 넘쳐흐르는 박애의 정신이 있어야 한다.

데리다가 말하는 이상주의적인 진정한 용서는 범인들이 보기에 논리적이지도, 경제적이지도, 공정하지도 않다. 그래서 우리라면 절대 용서하지 못했을 사건을 겪고도 무조건적 용서를 베푼 가젤의 행위는 더욱더 특별해 보인다. 겉으로는 이득이 없는 것 같지만, 가젤은 용서를 통해 자신의 아픈 상처를 치유하며 미래의 희망을 마음속에 일구어 내고 있지 않았을까?

용서는 미래로 가는 희망의 교두보

어쩌면 용서는 신이 불완전한 인간을 구제하기 위해 마련한 따뜻한 방편일 수 있다. 용서가 없다면 인간은 불완전한 과거로부터 구제될 기회를 박탈당한 채, 죄의식의 굴레 속에서 절대로 교정되지 않을 과거의 기억에 붙들려 살아갈지 모른다. 가해자는 영원한 죄인으로 또 피해자는 영원한 피해자로 남아 아픔 속에서 살아야 할지 모른다. 용서의 과정 없이는 가해자와 피해자 모두 과거에 머물러 새로운 미래의 가능성과 희망을 꿈꿀 수 없는 상태로 남는 것이다.

진정한 용서는 가해자는 물론이거니와 피해자의 아픔까지 치유한다. 데리다는 진정한 용서의 설파를 통해 과거로 고통받는 사람들이 자신의 아픔을 딛고 희망을 꿈꾸게 하고 싶었을 것이다. 가젤이 사자를 용서함으로써 사자와 가젤의 마음은 전보다 조금 편해졌을 것이다. 편해진 마음을 주춧돌 삼아 우리는 내일의 희망을 새로이 꽃피울 수 있다.

교무실로 찾아와서 용서 때문에 답답한 심경을 토로했던 아이가 먼저 했어야 할 일은 잘못에 대한 깊은 성찰이었다. 누군가에게 상처를 주고 무엇을 잘못했는지 생각해 보지도 않은 채 덮어놓고 용서를 구하며 상황을 모면하기에 급급한 아이들을 종종 본다. 성찰이 이루어지지 않은 사과와 용서는 공허한 메아리처럼 무의미하게 들리거나, 화해를 종용하는 노림수로밖에 비치지 않는다. 가해자와 피해자가 공유하는 사건에 대한 깊은 이해가 서로에게 전제되어야 비로소 용서라는 먼 여정

나는 교사다 그러므로 생각한다

으로의 첫 발걸음을 내디딜 수 있다. 사자가 가젤의 아픔을 이해하기 위해 노력하고 가젤은 그런 사자의 노력에 공감하고 용서를 베푼 것처럼 말이다.

그런 면에서 용서란 일종의 자기 구원 행위로도 볼 수 있다. 용서는 아픈 과거와 현재에만 머물러 있지 않고 과거를 기억함과 동시에 용서와 화해를 통해 똑같은 일을 반복하지 않겠다는 다짐과도 같다. 용서란 잘못을 다신 반복하지 않겠다고 사회에 약속하는 것이며, 동시에 과오를 반복하지 않음으로써 새로운 세대에겐 안정적 미래를 여는 계기가 된다.

다만, 용서가 모든 것을 해결해 주지는 않는다. 최선을 다해 용서를 구하고 용서를 받는다 해도, 피해자를 잘못이 발생하기 이전의 상태로 완벽히 되돌린다는 것은 현실적으로 불가능하다. 어떤 용서도 최종적인 종착지에 도달할 수 없는 이유다. 그러므로 용서는 '완벽한 치유'라는 좌표를 향해 무한한 노력의 경주를 요구할 뿐이다.

4

누가
더 정직한 아이일까?

· 칸트와 『지각대장 존』 ·

담임 업무의 반은 아이들과의 출결 전쟁이다. 매일 아침 지각 체크를 하고 사유를 묻고 부모님 확인을 받는 일을 일 년 내내 반복한다. 지각을 하는 이유도, 결석을 하는 이유도 제각각이다. 출결을 크게 신경 쓰지 않는 아이는 결석과 지각을 맘 내키는 대로 하는 반면, 학교는 오기 싫지만 출결은 신경 쓰이는 아이는 온갖 핑계와 증명서를 총동원한다.

4월에 전입 와 7월에 다시 전출해 간 아이가 있었다. '1학년이, 그것도 학기 초에 왜 전입을 오지?'라는 의구심이 들었지만, 사유가 '주소지 이전'이라 대수롭지 않게 넘겼다. 그런데 전입 온 다음날부터 문제가 시작되었다. 두통 때문에 결석한다는 것이었다. 신학기에 학교를 옮기며 긴장과 스트레스가 있겠구나 생각했다. 하지만 이후로도 지각과 결석은 계속되었다. 하루는 배가 아파서, 하루는 장염으로, 하루는 학교

나는 교사다 그러므로 생각한다

를 오다 지하철 계단에서 넘어져서…. 그러고는 곧 가정 체험 학습을 신청했다. 전입 와서 전출 가기까지 95일 동안 아이의 결석 일수는 34일, 지각은 11일, 조퇴는 6일이다. 학교에 종일 있었던 날은 고작 44일에 불과하고, 그나마 시험 기간을 제외하면 40일이다. 하지만 미인정은 단 한 건도 없다. 무엇이 되었든 늘 처방전 없는 진료 확인서를 들고 왔다.

우리 반에는 또 한 명의 지각대장이 있다. 학기 초부터 위탁 교육에 관해 묻던 아이로, 아무래도 학교가 자신과 잘 맞지 않는다고 했다. 이 아이는 일 년 동안 지각이 25일, 그중 미인정이 15일이나 된다. 하지만 지각할 때마다 "지금 가고 있는데 좀 늦을 것 같다."며 먼저 전화를 한다. 그럴 때마다 윽박도 질러 보고 화도 내고 잔소리도 하면서 다음에는 늦지 말라고 하지만, 속으론 와 줘서 고맙다고 생각한다. 사실 이 아이는 부모님이 이혼하고 아버지도 멀리 일을 하러 가서 평소에는 언니와 단둘이 살고 있다. 아직은 부모의 돌봄이 필요한 나이에 모든 것을 스스로 해 나가야 하는 형편이다. 여러 선생님이 생활 습관을 바로잡아 주려고 애쓰고 있지만, 나로서는 지각할 때마다 아이에게 벌을 주고 싶지 않다. 이미 아이는 충분히 주눅 들어 있고, 지각이 옳지 않은 행위라는 사실도 알고 있다. 그리고 지각을 지각으로 받아들이는 정직함이 있다.

지각의 대부분이 미인정인 아이와 지각은 많지만 단 한 건도 미인정이 없는 아이. 이 결과를 두고 나는 둘에게 어떤 평가를 내려야 할까?

"거짓말을 하지 않겠습니다."

『지각대장 존』 존 버닝햄 글·그림, 박상희 옮김, 비룡소

'존'은 아침마다 지각을 해서 늘 선생님께 혼이 난다. 나름 지각한 이유가 있지만 선생님은 도통 그의 말을 믿어 주지 않는다.

존은 학교에 오기 위해 누구보다 일찍 집을 나선다. 하지만 학교 오는 길에 하수구에서 악어가 나와 책가방을 무는 바람에, 덤불에서 사자가 나와 바지를 물어뜯는 바람에, 이들과 실랑이하다 번번이 학교에 늦는다. 존은 선생님에게 매번 등굣길에 일어난 황당한 사건들을 이야기하지만, 선생님은 그의 말을 들어 줄 생각이 없다. "이 동네에는 악어(사자) 따위는 살지 않아!"라고 쏘아붙이고, 오히려 존이 거짓말을 한다고 생각해 그에게 '거짓말을 하지 않겠습니다.'라는 문장을 300번씩, 500번씩 쓰게 한다.

그러던 어느 날, 그날은 등굣길에 아무 일도 일어나지 않아 존은 제시간에 무사히 학교에 도착한다. 그런데 존의 눈에 커다란 고릴라에게 붙들린 채 천장에 매달려 있는 선생님이 보인다. 선생님은 이 털북숭이 고릴라에게서 자신을 구해 달라고 부탁하지만, 존은 선생님이 존에게 늘 말했던 것처럼 "이 동네 천장에는 털북숭이 고릴라 따위는 살지 않아요."라고 한마디 툭 던지고 만다.

나는 교사다 그러므로 생각한다

결과가 아니라 동기로 판단해야

독일의 이성주의 철학자 칸트는 행동의 결과가 아니라 동기를 도덕적 판단 기준으로 삼아야 한다고 주장한다.

칸트에 따르면, 어떤 행위의 결과는 자신의 의지와 상관없이 수많은 변수와 우연에 의해 만들어지는 경우가 많기에 도덕적 근거로 삼을 수 없다. 그는 옳고 그름의 도덕적 판단 기준은 이런 행위의 결과와 상관없이 오직 행위자의 의지, 즉 '선의지(善意志)'로 행한 행동인지 아닌지에 있다고 생각했다. 선의지란, 오로지 그것이 옳다는 이유에서 행위를 실천하려는 의지로, 경향성에 휘둘리지 않고 도덕 법칙을 따르는 의지다. 칸트는 이를 두고 "이 세계에서 또는 도대체가 이 세계 밖에서까지라도 아무런 제한 없이 선하다고 생각될 수 있을 것은 오로지 선의지뿐이다."*라고 말했다.

칸트는 인간이라면 누구나 이성이 발견한 도덕 법칙을 따라 행동해야 할 의무가 있으며, 이는 '무조건적인 명령(정언명령)'이라고 강조했다. 즉, 현재 나의 난처한 상황을 피하기 위해 거짓말로 상황을 모면하거나 좋은 결과를 바라고 의도적으로 하는 선한 행동은 모두 도덕적 행동이라고 보기 어렵다는 것이다. 의도한 목적을 달성하는 데 도움이 되지 않더라도, 그로 인해 좋지 않은 결과가 나오더라도, 선의지에 의한

---

* 『윤리 형이상학 정초』(임마누엘 칸트 지음, 백종현 옮김, 아카넷) 77쪽

행동은 무조건 도덕적 행동이 될 수 있다고 칸트는 말하고 있다.

양심의 소리를 따르는 정직한 삶

결과만 놓고 본다면 존은 지각생이 틀림없다. 하지만 존이 매번 학교에 지각하지 않기 위해서 얼마나 일찍 집을 나섰는지를 알았다면, 선생님은 그를 단순히 '지각대장'이라 부를 수 없었을 것이다. 매일 매일 더 일찍 더 일찍 집을 나선 존이 왜 매번 학교에 늦을 수밖에 없었는지, 한 번쯤은 귀 기울여 그의 이야기를 들어 줘야 했던 게 아닐까? 그의 이야기를 들어 주고 그의 상황을 이해하더라도 '지각'이라는 절대적 결과는 바뀌지 않겠지만, 적어도 존에게 학교가 자신을 믿어 주고 올바른 방향으로 지도하고 있다는 신뢰는 줄 수 있었을 것이다.

그림책 속 존은 선생님에 비해 매우 작게 묘사된다. 그리고 선생님이 야단을 칠 때마다 더더욱 작아진다. 그런 존에게서 우리 반 아이의 모습을 본다. 일찍 학교에 오고 싶었지만 매일 늦는 자신을 감당하지 못해 울먹이며 전화하는 그 아이에게는 지각 자체를 문제 삼기보다, 세상에 자신을 지켜 주는 따뜻한 어른이 있고 정직하게 사는 것이 결국 자신을 지켜 내는 일이라고 말해 주고 싶다. 반면, 완벽한 서류 덕분에 미인정 지각이나 결석은 없지만 온갖 변명과 핑계를 가져다 붙이는 아이에게는 이렇게 말해 주고 싶다. 양심의 소리를 따라 정직하게 살아가라고.

5

아이들과의
소통 문제로 힘들다면?

· 비트겐슈타인과 『낱말 공장 나라』 ·

아이들끼리 대화를 한다. 무슨 말인지 알아들을 수가 없다. 속도도 빠르다. 낯선 단어도 들리는데 알고 보니 줄임말이다. 줄임말은 괜히 거부감이 들고, 의미를 잘 몰라도 좋은 뜻으로 하는 말은 아닌 것 같다. 수업 시간이 아닐 때는 더 그렇다. '어떻게 저런 말을 할 수 있지?' 하는 걱정이 든다. 수업 중에는 교사의 질문을 이해는 하고 대답하는지 의문이 들 만큼 도무지 대화가 안 된다고 느끼기도 한다.

그렇지만 또 다르게 생각해 보면 내가 아이들을 이해 못 하는 건가, 아이들의 언어 세계를 너무 모르는 건가 하는 의문도 든다. 우리들은 모두 다른 시대와 다른 문화를 살아왔고 또 살아간다. 아이들과 함께 생활하다 보면, 내가 세상의 변화 속도를 따라가지 못하는 게 아닐까 고민할 때가 있다. 그만큼 아이들과 소통하는 일은 만만치 않다.

우리가 소통하는 데 필요한 것

『낱말 공장 나라』

아네스 드 레스트라드 글, 발레리아 도캄포 그림, 신윤경 옮김, 세용출판

　조용한 나라가 있다. 이 나라에서는 돈을 주고 낱말을 사서 삼켜야만 말을 할 수 있다. 그러니 부자와 가난한 사람이 사용하는 낱말은 차이가 날 수밖에 없다. 낱말을 많이 가진 사람은 화려한 언어를 구사할 수 있지만, 낱말을 갖지 못한 이들은 침묵해야 한다. 이 나라에서 누군가와 대화하려면 서로가 가진 낱말이 비슷하거나 말을 잘 알아듣는 능력이 필요할 것이다.

　'필레아스'는 사랑하는 '시벨'에게 멋진 말로 고백하고 싶다. 그러나 가난한 필레아스가 가진 낱말은 지극히 한정적이고 고백과는 관련이 없는 것들뿐이다. 결국 초라해 보이지만 자신이 아끼던 단어로 시벨에게 마음을 고백하는 필레아스. 그 마음을 안 시벨은 필레아스에게 다가와 낱말이 아닌 다른 표현으로 자신의 마음을 전한다.

　필레아스가 시벨에게 고백한 세 낱말은 '체리', '먼지', '의자'다. 그 자체로는 단순한 이름이나 사실 세계를 표현할 뿐 큰 의미 부여를 할 만한 낱말이 아니다. 그러나 낱말을 사서 삼켜야만 말을 할 수 있는 나라에서는 모든 것이 의미를 담은 낱말로서의 기능을 수행할 것이다. 그렇기에 필레아스가 고백한 세 낱말은 그 자체가 가진 뜻보다는 소중한 의

미를 전달하는 메신저가 될 수 있었다. 또한 시벨의 비언어적 행동은 시벨의 마음과 생각을 담은 언어가 될 수 있었다.

요즘 아이들이 쓰는 낱말은 어떤 의도를 가지고 의미를 전달할까? '생일 선물' 대신 '생선'을 즐겨 쓰는 아이들 앞에서, 어른들은 식품 '생선'을 먼저 떠올리지 않을까? 같은 시대를 사는, 세대가 다른 아이와 교사가 원활하게 의사소통하려면 어떻게 해야 할까?

복잡한 '언어 게임' 속에 사는 우리

우리가 사용하는 언어에 생각과 감정을 모두 담을 수 있을까? 언어는 사람들이 세상을 이해하고 타인과 관계를 형성하기 위해서 꼭 필요하다. 필요한 정도를 넘어, 때로는 무기이자 권력이다. 우리는 언어를 통해 자신의 뜻을 실현시키고 타인에게 명령하기도 한다.

영국 철학자 비트겐슈타인(Ludwig Josef Johann Wittgenstein, 1889~1951)은 철학에서 가장 중요한 문제로 '언어'를 지적했다. 철학의 문제를 해결하기 위해서는 반드시 언어 문제를 먼저 해결해야 한다고 주장했다.

비트겐슈타인은 세상은 사실들로 이루어져 있으며, 언어는 그 사실들을 표현하는 것이라고 보았다. 그는 사실 세계에 맞는 언어 세계가 생기고 이때 생기는 언어 세계가 사실 세계를 정확히 표현할 수 있다면, 즉 언어 세계와 사실 세계가 서로 정확히 들어맞는다면, 그게 바로 진리라고 생각했다. 그러면서 "언어로 그릴 수 있는 세계에 대해서는 정확히 그리고, 그릴 수 없는 사실의 세계에 대해서는 침묵하라."고 했다. 즉, 함부로 말하지 말라는 뜻이다.

우리가 사용하는 언어는 우리의 생활 방식과 밀접한 관계를 가질 수밖에 없다. 때로 이 관계가 불분명해 혼란에 빠지기도 한다. 그 때문에 비트겐슈타인은 세계를 정확히 설명하는 언어를 알기 위해서는 그 언어를 사용하는 사람의 생활 습관과 행동을 함께 연구해야 한다고 주장했다. 그는 우리가 언어라는 안개 속에 갇혀 있으며, 세계의 구조와 언어 구조가 서로 일치한다는 처음의 생각을 버려야 한다고 조언했다. 그러면서 언어가 한 가지 뜻만 아니라 다양한 의미를 갖는다는 사실을 알고, 그 언어가 어떤 의미로 사용되었는지를 알아야 비로소 세계를 정확히 알 수 있다고 말했다. 이처럼 언어를 둘러싼 안개를 벗기는 것이 '철학'이라고 했다.

비트겐슈타인은 '언어 게임'이라는 표현을 사용했다. 우리가 사는 세계에서는 언어가 잘못 사용되면서 많은 문제가 생긴다. 서로 자신이 옳다고 다투는 경우를 보면 언어를 잘못 사용하고 이해한 데서 원인을 찾을 때가 많다. 언어 규칙을 따라 언어를 사용하지만 실제로는 매우 다양한 언어 게임을 하고 있다. 간단한 의사 표현부터 어려운 사상 표현에 이르기까지, 매우 복잡하게 얽혀 있는 언어 게임 속에 살고 있는 것이다.

나는 교사다 그러므로 생각한다

개인의 언어는 그가 무엇을 경험했느냐에 따라 결정된다. 그럼에도 사람들은 언어를 사용할 때 서로가 각자의 언어를 사용한다는 사실을 잊고 자신이 생각하고 사용하는 언어로만 언어 게임을 하려는 경향이 있다. 비트겐슈타인은 사물이나 언어에 대해 그것을 바라보는 사람이 원하는 모습으로 보려 하지 말고 '있는 그대로' 보아야 한다며 언어 게임의 원칙을 강조했다. 있는 그대로의 언어를 보아야 그들의 생활 속에서 언어가 가진 의미를 온전히 이해할 수 있다고 믿었기 때문이다.

아이들이 이해할 수 있는 언어로 바꾸기

"내 말 좀 잘 들어 봐!" "아니, 그게 아니라!" "왜 이렇게 말귀를 못 알아들어?" "내가 지금 외국어로 말하니?" 우리는 이런 말들을 써 가며 자신의 주장을 설파하지만, 상대는 내 말을 못 알아듣는다. 교사 역시 반 아이들의 말을 모두 이해하기란 쉽지 않다. 이해한다고 해도 교사가 이해하고 싶은 방식으로 이해했을 수 있다. 바꿔 말하면 아이들도 교사의 말을 다 이해하지 못한다. 이해할 수 없을지도 모른다. 그렇다면 어떻게 해야 할까?

교사는 아이들이 이해할 수 있는 언어로 바꿔 말해야 한다. 바꿔 말할 수 있어야 한다. 청중 100명을 두고 강의를 해도 강사의 말을 이해하는 사람은 25%밖에 안 된다는 통계가 있다. 그러니 그들을 위해서는 더 쉽고 더 명확하게 설명해야 한다. 그들은 내가 아니기 때문이다.

또한 아이들과의 의사소통에서 교사는 서로 다른 문화를 인정해야 한다.

빠르게 변해가는 세상에서 아이들의 언어 생활을 모두 이해할 수는 없겠지만, '안물안궁' 말고 묻고 궁금해하자. "그 말은 무슨 뜻이니?", "어떤 말들이 줄어서 그 말이 된 거야?", "선생님은 잘 모르는데 어떤 의미가 있는 걸까?" 하고 말이다. 아이들은 자신들이 쓰는 언어가 어떤 의미이며 어떤 말을 줄여서 그 단어가 되었는지를 선생님에게 설명하는 중에 자신의 언어가 어떻게 들리는지 알게 된다. 질문하고 대답하는 과정에서 아이들은 자신의 언어 생활을 객관적으로 바라볼 기회를 가질 수 있지 않을까.

"좋아!", "싫어!" 말고는 할 말이 점점 더 줄어드는 아이들이 많아지고 있다. 교사는 아이들이 자신의 생각과 감정을 충분히 표현하고 온전히 전달할 수 있도록 도와야 한다. 어떤 단어를 선택하고 어떻게 말하는 것이 진심을 전하는 데 더 효과적인지 알려 주어야 한다. 필레아스와 시벨처럼, 우리 아이들도 몇 되지 않은 단어로도 서로를 이해하고 마음을 알아주기를, 언어의 의미와 가치를 새롭게 경험하는 순간들을 맞이하기를 바래 본다.

6

아이들에게
용기를 심어 주고 싶다면?

· 틸리히와 『소풍』 ·

"오늘은 여러분과 ○○을 주제로 토론하려고 합니다." 말을 마치자마자 아이들 얼굴에 수심이 가득하다. 물론 "우아!" 하고 탄성을 터뜨리는 아이도 있다.

토론은 주제를 분석하고 리서치를 해야 한다. 토론을 준비하는 동안 어떤 아이들은 끊임없이 자신의 생각을 친구들에게 이야기하고 상대 팀 친구들을 경계하며 전략적으로 대응한다. 그러나 아무 말 없이 조용히 자신 앞에 놓인 종이만 쳐다보는 아이들도 있다. 토론은 자신의 생각이나 의견을 조리 있고 침착하게 말해야 하며, 적당하게 치고 들어와 날카로운 질문 하나 뿌듯하게 내던지는 배짱도 필요하다. 그러나 일련의 일보다 더 중요한 것이 있으니, 바로 자신의 생각과 의견을 발표할 수 있는 용기다.

자리에 앉아서는 종알종알 말도 잘하고 친구들 말에 훈수도 잘 두던 아이가, 토론이나 발표 시간에 앞에 나와서는 꿀 먹은 벙어리가 된다. 왜 그럴까? 이럴 땐 어떻게 용기를 내야 할까?

세상 속으로 내딛는 한 걸음

『소풍』 소영 글, 성원 그림, 리젬

205호에 사는 아저씨를 본 사람은 아무도 없다. 아저씨는 가끔 슈퍼에서 배달 온 상자를 받기 위해 문을 열고 한쪽 팔만 슬쩍 내밀 뿐, 집 밖으로 나가지 않는다. 아저씨가 생각하는 세상은 거칠고 위험하다.

밤새 그림을 그리는 아저씨는 낮에 자야 한다. 그런데 어느 날 앞집 204호로 한 가족이 이사를 온 뒤 조용하던 건물이 소란스러워진다. 아이가 보채는 소리, 우는 소리, 달그락달그락, 챙챙챙…. 앞집에서 나는 온갖 소리가 신경 쓰인 아저씨는 몸살이 난다. 아저씨의 일상은 흐트러졌다. 며칠을 아프고 난 뒤 아저씨는 아침에 일어나고 낮에 그림을 그리기 시작한다.

여전히 204호에서는 끝없이 소리가 들려온다. 아이가 엄마를 조르는 소리, 아이의 울음소리에 아저씨의 신경이 옮겨 간다. 아저씨는 소리를 잠재우기 위해 나름의 방법들을 시도한다. 오늘은 앞집에서 도시락 싸는 소리가 들리더니 엄마와 아이가 나란히 집을 나선다. 소풍을 가는 엄

나는 교사다 그러므로 생각한다

마와 아이를 보며 아저씨는 생각한다. 어쩌면 세상은 생각보다 거친 곳이 아닐 수 있다고, 행복을 비출 만큼 따뜻한 곳일지 모른다고.

이제 조용히 문을 열고 한 걸음 한 걸음 아저씨가 세상으로 나온다. 그리고 만난 세상은 생각보다 따뜻하다. 생각보다 무섭지 않다.

용기는 우리가 살아 있다는 증거

틸리히(Paul Johannes Tillich, 1886~1965)는 독일 태생 미국 신학자이자 실존주의 철학자다.

틸리히는 자신의 저서 『존재의 용기』에서 "실존이란 자신에게 영향을 주는 시간적·공간적·역사적·심리학적·사회학적·생물학적 조건들을 포함한 인식적인 상황에 참여하는 것이다."라고 말한다. 절망에 빠져 있을 때도 인간은 용기를 통해 스스로 존재하는 힘을 보여 주려 한다는 것이다. 참여하는 용기, 곧 자기를 인정하는 용기다.

용기는 우리가 살아 있다는 증거다. 살아 있기 때문에, 쉼 없이 떠오르는 불안 요소들을 경험하고 그로 인한 절망의 상황에서도 절망을 회피하지 않고 스스로 존재하는 용기를 선택할 수 있게 되는 것이다. 스스로 사람들과의 관계에 참여하는 용기, 관계 속에 일부로 존재하면서 동시에 자기가 원하는 자신을 만들어 가는 용기를 추구하는 것이다. 살아 있기 때문에 그 용기를 상실하거나 포기하지 않게 되는 것이다. 이 용기를 통해 자신이 살아서 존재하고 있음을 인식하기 때문이다.

틸리히는 또 다음과 같이 말한다.

> "용기는 '그럼에도 불구하고'의 자기 긍정, 즉 자아가 자신을 긍정하려는
> 것을 방해하는 상황에도 불구하고 이루어지는 자기 긍정이다."[*]

스스로 인정할 수 없는 부정적인 면모들을 발견함에도 불구하고 자기 부정성마저도 인정하는 것, 그것은 자신이라는 존재를 전체적으로 받아들이는 용기며, '그럼에도 불구하고'의 용기다. 용기는 한 존재의 힘으로 자기 곁에 서 주는 견고한 버팀목인 것이다.

용기는 성공도 완벽도 전제하지 않는다

『소풍』의 주인공 아저씨에게 세상은 거칠고 위험한 곳이었다. 자신 안에 가득한 불안 때문에 스스로 세상과 이웃에 경계를 짓고 회피하는 삶을 살아왔다. '그럼에도 불구하고', 세상은 위험하고 이웃들이 따뜻하지 않을 수 있음에도 불구하고, 아저씨는 자신의 부정적인 생각과 행동을 수용하는 용기를 낸다. 스스로에게 용기를 부여하고, 자발적으로 존재하는 힘을 보여 준다.

또 타인과의 관계 속에서 그리고 세상 속에서 자력으로 성장해 가는

---

[*] 『존재의 용기』(폴 틸리히 지음, 차성구 옮김, 예영커뮤니케이션), 67쪽

자신의 존재를 경험한다. 세상과 타인과의 관계에 일부로 존재하며 자기가 원하는 자신을 만들어 가는 용기를 내 본다. 뒤바뀐 시간의 사이클에서 평범한 삶의 시간으로 변화하는 용기, 205호의 제한적 공간으로부터 밖으로 나가 세상과 만나는 용기 등 전에 없던 용기를 스스로 내는 것으로 아저씨의 삶은 존재의 형태를 바꾸는 실존을 경험한다. 경험하지 않고는 절대로 알 수 없는 세상이 있다는 것을 발견하게 되는 것이다. 내가 나로 존재할 수 있는 용기가 있어야 함께할 수 있는 용기도 생긴다.

사전에 따르면 용기(勇氣)는 '굳세고 씩씩한 기운'이다. 이 가운데 '용'은 날쌔고, 과감하고, 결단력 있는 상태를 가리킨다.

토론 내용을 발표하러 나온 아이는 자신을 마주하는 수많은 시선에 긴장할 수밖에 없다. 자신의 생각과 의견, 감정을 펼치는 순간, 친구들과 선생님에게서 오는 다양한 언어적, 비언어적 표현들을 감당해 내기란 쉽지 않다. 아니, 공포다. 친구들이 비웃으면 어떻게 하지? 선생님이 다 알고 계실 텐데 내가 한 리서치가 맞을까? 틀리면 어떡하지? 아이가 스스로를 믿지 못하는 그 순간, 자신이 한 모든 것의 가치와 의미를 잃게 되는 찰나를 맞이한다.

그러나 그런 아이도 잘하고 싶다. 인정도 받고 싶다. 떨리는 목소리로라도 마지막까지 해내고 싶다. 그래서 용기를 내 본다. 긴장과 떨림을 참고 신체화되어 올라오는 감정들을 견디면서 자신이 할 수 있는 것들에 도전해 본다. 그 시간을 참고 견뎌 낸 경험들은 자신감으로 바뀌어 아이에게 돌아온다. 어려운 일을 해냈다는 성취감은 아이를 더 강하게 만들어 준다.

그러니 아이들은 지속적으로 자신을 드러내는 용기로 도전해야 한다. 마음 깊은 곳에서 올라오는 자신에 대한 불안과 불신을 벗어 버리고 세상을 향해 도전해야 한다. 교사인 우리는 아이들을 가르치는 선생으로서 또 어른으로서 그들의 성장을 위해 끊임없이 다독이고 칭찬하며 그들의 '존재의 용기'에 힘을 실어 줘야 한다.

물론 모든 순간에 용기를 내기란 쉽지 않을 것이다. 용기가 나는 그 순간까지 도달하는 데 수많은 내적 갈등의 시간이 필요할 수도 있다. 지금 해야 할까? 다음에도 기회가 있지 않을까? 꼬리를 무는 갈등 속에서 '그럼에도 불구하고 굳이 용기를 내야 할까?' 생각할 수도 있다.

아이들이 앞에 나와서 무언가를 해야 하는 순간, 교사는 망설이고 포기하려는 아이들에게 무엇을 어떻게 해 줄지 고민할 것이다. 어떤 조언으로, 어떤 방법으로 그들에게 용기를 줘야 할지 모를 수 있다. 이런저런 생각으로 복잡한 마음이 들더라도, 이렇게 하는 것이 맞나 확신이 없더라도, 교사 역시 자신 안의 작은 용기로, 아이들을 사랑하는 더 큰 용기로, 아이들이 용기를 북돋을 수 있도록 도와야 한다.

용기의 조건에 완벽이나 성공은 포함되어 있지 않다. 용기라는 것이 일생일대에 단 한 번의 기회만 주어지는 것도 아니다. 틸리히가 말했듯 아이들에게도 '그럼에도 불구하고'의 용기가 필요하다. 교실 속 아이들이 모두 용기 충만하지는 않다. 하루 종일 한마디도 하지 않는 아이도

나는 교사다 그러므로 생각한다

있고, 시켜야 겨우 입을 떼는 아이도 있다. 그 모든 아이를 기다려 주기는 쉽지 않다.

이런 상황에서 교사가 할 수 있는 일이 있다. 네가 용기 내기를 선생님이 기다리고 있다고, 스스로 용기 내는 것은 너만 할 수 있는 일이라고 알려 줘야 한다. 아이가 당장 용기를 내지 못하더라도 교사는 기다려 줘야 한다. 등 떠밀려 낸 용기는 타인의 투사로 끝날 수 있지만, 스스로 낸 용기는 떨리지만 힘이 난다. 자긍심도 생겨난다. 그래서 무한 칭찬이 필요하다.

어떤 의미를 부여해서라도 아이의 용기는 옳아야 한다. 용기로 얻어진 마음은 자신의 존재를 더욱 확신에 차게 하며, 어렵게 낸 용기가 아픈 경험으로 남더라도 다시 일어날 여지를 남겨 두게 되는 것이다. 다소 엉뚱하더라도 "그럴 수 있지!" 하고 웃으며 아이의 다음 용기를 기대해 보자. "자! 또 발표할 사람?"

7

자율과 책임을
알려 주고 싶다면?

· 루소와 『행복을 주는 요리사』 ·

학생회장 선거 때면 심심찮게 등장하는 공약이 있다. 바로 '화장실 휴지 설치'다. 학교 화장실에 휴지를 설치해 아이들이 편히 쓸 수 있도록 하겠다는 것인데, 회장 후보자들이 유권자들의 관심을 끌기 위해 흔히 내놓는 공약이다.

공약 사항들은 학교 실정에 따라 천차만별이다. 학생자치회 활동을 권장하는 학교라면, 학생회의 가치와 비전을 다루는 의식적인 면에서부터 생활에 직접적으로 관련된 세세한 약속까지 다채로운 학생 주도형 사업이 공약으로 나온다. 그에 반해 학생회의 활동 범위와 권한이 제한적인 권위적인 학교일수록 의식 변화와는 거리가 먼 화장실 휴지 설치, 자판기 설치 등 편의를 제공해 표심을 자극하는 생활 밀착형 공약이 주를 이룬다. 그중 휴지 설치 공약은 후보로서 그나마 학교 눈치 안 보

고 주체적으로(화장실 휴지 설치가 학생자치회의 주체성을 논할 만한 수준의 공약인
지는 모르겠지만) 내놓을 수 있는 몇 안 되는 공약 중 하나다.

그러나 휴지 설치 공약을 내건 후보자가 당선되어도 공약이 실질적
으로는 지켜지지 않을 때가 많다. 지켜지더라도 중도에 폐기되거나 종
국에는 휴지 설치가 없던 시절로 회귀하는 경우도 다반사다. 그도 그럴
것이 걸핏하면 아이들이 공용 휴지를 남용하는 상황이 발생하기 때문
이다. 휴지를 필요한 양보다 많이 풀어서 변기를 막히게 하거나, 물 묻
은 휴지를 던져 벽에 붙이는 장난도 친다. 그러니 공약은 실행된 지 며
칠 지나지 않아 언제 휴지가 있기나 했냐는 듯 사라진다.

생물학자 개릿 하딘(Garrett Hardin)은 이 같은 상황을 '공유지의 비극
이론'으로 설명한다. 그는 공유지의 공유 자원에 대해 강제적 규율이
없다면 무수한 무임승차가 발생하고, 결국 공유지는 황폐화된다고 지
적한다. 화장실의 무질서를 경험하면 공용 휴지가 없던 과거가 차라리
낫다는 결론에 이르고, 공약을 폐기하는 수순을 밟게 되는 것과 같다.

학교 화장실에 공용 휴지를 비치하고 자율적으로 사용하는 일이 성
숙하지 않은 청소년에게는 너무 이상적이고 어려운 것일까? 누군가는
휴지를 무분별하게 사용하는 일부 아이들에게 문제가 있다고도 한다.
휴지의 무분별한 사용을 개인적 차원의 문제로 환원하면 이 상황이 해
결될까? 학교 화장실에서 공유지의 비극을 초래하지 않으려면 어떤 노
력이 필요할까?

파티는 계속될 수 있을까?

『행복을 주는 요리사』 코 매클리어 글, 줄리 모스태드 그림, 김선희 옮김, 봄의 정원

그림책 『행복을 주는 요리사』에는 요리를 사랑하는 소녀 '줄리아'가 나온다. 줄리아는 주말마다 친구 '심카'와 장을 봐서 요리하는 것이 취미다. 두 친구는 조바심 내고 걱정하며 바쁘게 살아가는 주변 어른들을 안타깝게 바라보며, 나이가 들어도 변함없이 어린아이의 마음으로 살아가고 싶다고 소망한다.

줄리아와 심카는 어른들에게 즐거운 아이 같은 요리를 맛보여 주기 위해 파티를 열고 어른들을 초대한다. 그런데 행복하게 요리를 즐기던 어른들 사이에 다툼이 일어나고 파티는 엉망이 된다. 도대체 무슨 일이 일어난 걸까? 파티를 평화롭게 이어 갈 수 있을까?

그림책에서는 문명화되지 않은 자연스럽고 평화로운 아이들의 세계와 문명화된 어른들의 세계에 대한 대비가 뚜렷하다. 줄리아와 심카가 살고 싶어 하는 세상은 사회적 제도와 규율과는 거리가 먼 자연스럽고 순수한 상태다. 이는 철학자 루소가 지향하는 문명화되지 않은 자연 상태의 세계와 닮아 있다.

나는 교사다 그러므로 생각한다

규율과 통제로 욕심을 제한해야

루소(Jean Jacques Rousseau, 1712~1778)는 계몽시대에 활약한 프랑스 철학자이자 저술가다. 그는 몇 편의 책과 논문을 통해 사회를 비판하고 고발했다. 예를 들어 『인간 불평등 기원론』에서는 사회와 사유 재산을 불평등과 억압의 원인이라 비판했고, 『사회 계약론』에서는 정부와 시민권에 관한 정치학적 견해를 제시했다.

루소는 자연 상태에서 사람들은 평화롭고, 공격적 동기나 충동이 없다고 보았다. 그러나 자신들의 문제를 해결하기 위해 집단적으로 행동하면서 자연 상태에서 사회 상태로의 전환이 시작된다. 원래의 자연 상태는 자유롭고 단순하게 살아가지만, 집단이 커짐에 따라 홉스의 '만인의 만인에 대한 투쟁 상태'와 같은 상태로 변하는 것이다. 사유 재산이 생기고 계급이 분화되며, 노예가 발생하고 전쟁도 일어난다. 세상이 문명화되고 발전할수록 인간의 이기적 욕심은 폭발적으로 증가하며 사회적 불평등은 가속화된다는 것이 루소의 견해다.

사회적 불평등을 해소하기 위한 루소의 해결책은 인간의 무한한 욕심을 제한하는 제도적 장치를 마련하는 것이었다. 그는 제조업이 아닌 농업을 강조하면서, 국민 개개인에게 소규모의 땅을 배분함으로써 소작농에 의해 자급자족하는 경제를 실현하는 이상 사회를 꿈꾸었다. 잉여 재산으로 인해 갈등이 발생하고 그로부터 빈부 차가 벌어지고 타인을 예속하는 계급적 상하 관계가 발생하지 않도록 근원적인 해결책을

제시한 것이다. 규율과 통제로써 더 많이 가지려는 욕구를 제한하는 것
이 루소의 발상이었다.

공존을 위한 작은 실천부터

『행복을 주는 요리사』에도 비슷한 이야기가 펼쳐진다. 파티가 시작되
고 어른들은 화기애애한 분위기 속에서 파티를 즐긴다. 하지만 시간이
지나면서 어른들은 욕심을 주체하지 못하고 서로 음식을 더 많이 차지
하기 위해 다툼을 벌인다. 줄리아와 심카가 제공했던 공유지로서의 파
티장은 평화로운 모습을 잃고, 더 많은 음식을 가지려는 이기심들이 악
순환을 거듭하며 혼란과 무질서 속으로 빠져든다. 이렇듯 인간의 욕망
은 고삐 없이 날뛰는 말처럼 최악의 상황을 초래한다.

줄리아와 심카는 다툼을 없애기 위해 일종의 제도적 방안을 모색한
다. 루소가 사회 불평등을 해소하기 위해 소작농을 통해 욕구를 제한한
것처럼, 어른 한 명 한 명에게 너무 크지도 너무 작지도 않은 한입 크기
의 초콜릿 컵케이크를 하나씩 나누어 주기로 한 것이다. 어른들은 자신
에게 제공된 각자의 컵케이크를 먹으며 평화를 되찾고, 파티는 다툼 없
이 순조롭게 이어진다.

학교 화장실에서 발생한 공유지의 비극 또한 그림책의 메시지와 루
소의 철학을 참고한다면 나름의 해결책을 찾을 수 있다. 왜냐하면 화장

실의 무질서 역시 그림책의 이야기처럼 필요 이상을 남용하는 개인의 욕심에 기인한 것이기 때문이다. 인간의 무한한 자유와 욕구를 아무런 규율 없이 방치하면 공유 자원은 불평등하게 사용되고, 더 많이 가지려는 욕심에 의해 비극적 상황에 직면하게 된다.

학교 화장실에 공용 휴지를 설치하기 위해서는 아이들이 휴지를 무분별하게 사용하지 않겠다는 높은 공중도덕 의식이 전제되어야 한다. 공중도덕 의식이란 자신의 욕구를 일정한 통제와 제한 안에 두는 것, 달리 말해 나의 욕구를 일정한 범주 안으로 제한함으로써 타인의 욕구 또한 자신의 욕구처럼 존중하는 성숙된 시민의식이다. 그러므로 공중도덕 의식은 사회로 나아가기 전 아이들이 체득해야 할 중요한 내면적 양식이다. 이러한 의식을 키워 가야 할 청소년기의 아이들에게 휴지를 무제한으로 제공하면서 깨끗한 화장실이 유지되기를 기대한 것은 현실적으로 불가능한 일이었을지 모른다.

그러니 학교 화장실에 아무런 계획이나 조건 없이 휴지를 덜컥 설치하기보다는 공중도덕 의식을 함양하기 위한 교육적 접근이 우선되어야 한다. 예를 들어 『행복을 주는 요리사』에서처럼 학급별로 정량의 휴지를 할당하고 정해진 기간 동안 소비를 조절하도록 유도함으로써, 욕구를 제한하고 책무성을 강화하는 방법을 시도할 수 있다. 휴지를 무분별하게 사용한 결과 학급 공동체가 피해를 보는 상황을 경험하며 왜 욕구를 조절해야 하는지 성찰해 보는 계기도 될 것이다. 또한 정해진 기간에 맞춰 휴지를 효율적으로 사용한 학급을 포상하는 제도를 두어, 적절한 소비가 공동체에 이익을 가져다주는 경험도 할 수 있다.

이것이 어느 정도 익숙해지면 다음 단계로 학급별이 아니라 학년별로 화장실에 공용 휴지를 설치해 더 큰 공동체로 의식을 확장시킨다. 학급별 휴지 할당제의 경험을 토대로 휴지를 무분별하게 사용했을 때 공동체가 받을 피해에 대해서도 사전에 공유해야 한다. 휴지로 장난을 쳐 화장실을 더럽힌 경우에는 해당 학급이나 학년의 휴지 제공을 며칠간 유보하는 페널티도 줄 수 있을 것이다. 이처럼 공유지의 비극을 막기 위해 학급에서 학년으로 공동체 의식의 범위를 단계적으로 넓혀 나가는 것이 필요하다.

아이들에게 편의를 제공한다는 행정적 차원의 지원으로는 인간의 무한한 욕구를 충족시킬 수 없음이 너무나도 자명하다. 누군가가 휴지를 무분별하게 사용하고 그로 인한 피해를 다른 누군가가 고스란히 떠안아야 하는 상황이 초래된다면, 아이들에게 편의를 제공하겠다는 본래의 취지를 잃고 무질서와 혼란에 빠질 수 있다. 따라서 점진적이고 세심한 교육적 접근을 통해 규율과 통제 속에서 아이들이 자신의 욕구를 조절하고 타인을 배려해 나가는 의식과 태도를 기를 수 있게 해야 한다.

8

행복한 교사로
사는 길이 있을까?

· 사르트르와『노를 든 신부』·

교사의 99% 이상이 싫어하는 일들이 있다. 단순히 싫어하는 것을 넘어, 몸을 떨며 극단적 공포감에 휩싸인다. 바로 체육 대회에서 사제 동행 계주 주자 되기, 축제 무대에서 춤추고 노래하기다. 한마디로 '학교 공동체 구성원들 앞에서 주인공이 되어 스포트라이트를 받는 행위 일체'라고 말할 수 있겠다.

나는 늘 제안하는 사람이었다. "체육 대회 사제 동행 계주에 같이 나가실래요?" "축제 서프라이즈 무대 한번 할까요?" 돌아오는 대답은 다양했다. "제가 뛰는 건 진짜 못해서요." "춤이요? 저 완전 몸치예요." "제안 감사합니다만, 저는 올해 팔다리가 부러져(일이 많다는 우회적 표현) 경황이 없어 물질적 지원만 하겠습니다." "전 빼 주세요. 간식은 팍팍 제공

하겠습니다." 예의로 포장되어 있으나, 대답은 역시 'NO!'

불행 중 다행인 것은 모두에게 거절당하진 않았다는 점이다. 자발적으로 무대를 즐기는 선생님들을 만났기 때문이다. 20년 동안 딱 두 명이긴 해도 말이다. 이 선생님들에겐 두 가지 공통점이 있는데, 공교롭게도 체육 교사이자 남성이라는 점이다. 덕분에 함께 무대를 꾸미고 학생들과 호흡하는 시간을 보냈지만, 늘 안타깝고 아쉬웠다. 학생들이 기다리고 기다리는 축제나 체육 대회, 숙박형 수련회와 소풍들을 대다수 선생님은 기다리지 않기 때문이다. 그야말로 동상이몽(同床異夢). 선생님들에게 이날들은 '힘든 날' 또는 '빨리 지나갔으면 하는 날', 딱 그 정도다. 이런 날들에도 교사가 온전히 행복할 순 없을까? 어떻게 하면 될까?

존재의 변화무쌍함에 대하여

『노를 든 신부』 오소리 글·그림, 이야기꽃

외딴섬이 있다. 이 섬에 사는 신부들은 때가 되면 하나같이 노를 들고 바닷가로 간다. 그곳에서 신랑을 찾아 함께 배를 타고 노를 저어 섬을 떠난다. 공기가 존재하는 것처럼, 당연하게 다들 그렇게 산다. 그러니 물음이 들어설 자리가 없다.

그림책의 주인공인 '노를 든 신부'는 모험을 떠나기 위해 섬을 나갈 신랑을 찾지만 노가 하나라는 이유로 번번이 거절당한다. 낙담하고 상황을 받아들일 만도 한데, 노를 든 신부는 다르다. 신부는 바닷가를 떠나 산으로 간다. 숲속을 걷다가 늪에 빠진 사냥꾼을 구해 준 일을 계기로 노의 다른 쓰임을 알게 되면서, 신부는 한층 자유로운 존재가 된다. 이제 노를 가지고 전에는 상상할 수도 없던 각양각색의 일을 경험한다. 수확하는 사람이 되었다가, 요리하는 사람도 되었다가, 격투까지 한다. 이렇게 신부의 존재가 변화한다.

마침내 신부는 높은 연봉, 높은 지위, 높은 명성들을 약속받는 듯하지만 모두 거부한다. 노를 든 신부, 그녀 자체가 바로 '자유'의 현현(顯現)이기에 얽매이지 않는다. 그녀는 또 다른 모험을 위해 새로운 여정을 선택한다.

"인간은 자유롭도록 선고받았다."

프랑스 실존주의 철학자 사르트르(Jean Paul Sartre, 1905~1980)는 "인간은 자유롭도록 선고받았다."고 했다. '실존주의의 교황'이란 별명을 가진 그는 장편 소설 『구토』에서 인간으로 존재하는 것이 어떤 의미를 갖는지 다루고, 『존재와 무』를 통해 인간에게 자유란 무엇인가를 끝없이 탐구해 들어갔다. 그는 노벨 문학상을 거부한 작가로도 유명하다. 그가 상을 거부한 이유는 그가 말한 '자유'와 관련 있다. "작가란 설령 가장 명예로운 형식을 취한다고 하더라도 한 제도로 변형되는 건 거부해야 한다."고 말하며, '스스로 제도화되기를 원치 않는다.'는 자신의 가치관을 만천하에 드러낸 것이다. 당대 스캔들로 유명한 이 일화를 들여다보면, 그가 말하고자 한 '자유'가 무엇인지 짐작할 수 있다.

사르트르는 "실존(實存)은 본질(本質)에 선행한다."는 유명한 말을 남겼는데, 이는 물건과 다른 인간만의 '탈존(existence)'을 잘 나타낸다. 인간은 물건과 무엇이 다를까? 물건은 존재가 본질에 갇히지만, 인간은 존재가 본질에 갇히지 않는다. 물건은 본질을 실현할 때만 존재한다. 그러기에 물건에게 자유란 없다. 그러나 인간은 특정한 본질을 실현하기 위해 태어나지 않는다.

노트북을 예로 들어 보자. 노트북은 노트북으로 사용할 수 있을 때만 노트북이라고 할 수 있다. 깨지거나 고장 나면 더 이상 노트북이 아니다. 쓰임과 목적 실현이 불가능하기 때문에 고철이나 쓰레기가 된다. 그러므로 물건은 존재가 본질에 갇힌다. 그러나 인간은 스스로 목적을 설정하고 성취하는 존재다. 인간은 직장인이었다가 퇴사하고 경영인이 될 수 있고, 작가가 될 수도 있으며, 다른 무엇이든 본인이 살고자 하는 모습대로 살아갈 수 있다. 그때그때의 선택으로 자유로운 삶을 채워 나갈 수 있다. 그러므로 인간은 자유하다고 말한다.

이런 생각을 가진 사르트르기에 본인의 온전한 자유를 실현하기 위해, 타인과 사회적 기준에 의거해 커다란 영예를 안겨 주는 상을 포기할 수 있었다. "인간은 자유롭도록 선고받았다."는 그의 말처럼, 그는 '인간의 존재=자유'라는 등식 그대로를 실현하며 산 것이다.

자발적이고 능동적인 삶이 주는 행복

교사가 되기 위해 노력했던 날들을 떠올려 본다. 노력하는 과정과 기다림의 바탕은 '힘듦'이지만 그럼에도 불구하고 '행복'했다. 사범대에 간 것도, 학과를 선택한 것도, 임용 고시를 통과하기 위해 치열하게 시험을 준비한 것도, 모두가 '자발적이며 능동적 행위'였기 때문이다.

그러나 교사가 되면 상황이 달라진다. 교육은 교육 활동이 가능함을 증명하는 자격증과 교사라는 존재에 더하여, 가르침을 받는 대상인 학생을 필요로 한다. 그렇기에 아이들은 행복한 교사의 삶에 중요한 요소가 된다. 문제는 바로 여기서 발생한다. 아이들과의 상호 작용 속에 끼인 존재로 사는 교사들은, 개인의 힘으로 해결 불가능한 영역에서 예기치 못한 다양한 사건을 겪는다. 그런 중에 답답함, 무료함, 과중한 책임감 등을 마주하며 점점 지쳐 간다. 여기서 벗어나기 위해서는 자발적이고 능동적 행위가 필요하다. 드디어 천직에 '머무르는' 것이 아닌, 천직을 '찾는' 행위를 하며 '자유의 행위자'가 될 시기를 맞이하는 것이다.

그림책에서 노를 든 신부 외의 다른 여성들은 남들이 하는 대로, 지금까지 그래 온 대로 산다. 노를 손수 마련해 신랑을 구하고 함께 배를 타고 섬을 떠나는 관례를 따른다. 주어진 삶의 모습을 따르면 마음의 안식과 평안도 덩달아 따라온다. 편안한 삶에 질문이란 불편함일 뿐, 질문 없이 답만 가지고 사는 삶이 섬에 사는 신부들의 삶이다.

그러나 주인공은 다르다. '신부'가 결혼하기로 결정된 '머무름'의 존재라면, '노를 든 신부'는 노를 가지고 무엇이든 할 수 있고 어떤 존재로든 변신하는 '변화무쌍'한 존재다. 그러기에 모험이 가능했고, 존재의 새로운 의미를 발견할 수 있었다.

노를 든 신부가 자신의 삶을 스스로 결정하고 비행기에 오른 것처럼, 나도 나의 삶의 방향을 선택하기로 했다.

내가 선택한 것은 크게 두 가지였다. 하나는 가르침의 측면이다. 결과주의에 빠진 아이들을 안타까워하며 제도를 비판하고 불평불만하기보다, 높은 등급을 받고 싶어 하는 아이들을 위해 더 공부했다. 높은 등급이 아이들 인생에 의미 있는 것이라면, 나 역시 그 의미에 동참하는 것이 함께 행복해지는 길이라고 생각했기 때문이다.

다른 하나는 태도적 측면이다. 난 누가 시키기도 전에 여러 일들을 주도적으로 실행했다. 파주 영어마을 2박 3일 수련회 일정표가 나오자 아이들 불만이 빗발쳤다. 놀러 가서 왜 공부를 하느냐, 마지막 날 왜 저녁 행사가 없느냐가 주된 불만이었다. 난 학년부 소속이 아니었지만 아이들 무대 행사 진행을 자처했다. 수련회 2주 전부터 무대 참가 신청을 받고, 동영상 예선을 치르고, 예선 통과자들을 모아 공연 순서를 정했다. 아이들은 틈틈이 치열하게 연습했고, 그 결과 수련회 마지막 밤을 반별 게임과 학생 댄스 및 노래, 교사 댄스 등 뜨거운 열기로 꽉 채울 수 있었다. 10월 축제는 오전 반별 부스 체험과 오후 무대로 구성되어 있었다. 반별 부스 준비만으로도 너무 바빴기에, 대부분 선생님이 댄스 무대를 거절했다. 다행히 선생님 한 분이 동참해 주었고, 따로 시간을 내 함께 연습할 시간이 없었기에 곡을 정한 뒤 각자 집에서 춤을 연습했다. 마침

나는 교사다 그러므로 생각한다

내 축제 당일, 우리는 김밥을 들고 무대에 올라 남녀듀엣으로 '김밥' 노래를 부르며 율동에 가까운 춤을 추었다. 잠을 줄여 가며 연습하고 준비하느라 몸은 피곤했지만, 내가 스스로 선택하고 제안하고 행동한 주체성의 시간이었기에 행복감은 크게 남았다.

그래서 난 수련회나 축제, 체육 대회 날만큼은 꼭 "학교에 놀러 왔다."고 표현한다. 교사가 이런 날 하루 종일 아이들 사이에 섞여 열심히 놀고 즐기는 모습이, 어설프더라도 무대를 끝까지 완성하는 모습이, 그 과정에서 실수하고 또 실수를 넘어서는 모습들 하나하나가 이를 지켜보는 아이들에게는 큰 배움이 된다는 사실을 알기 때문이다.

그림책 『노를 든 신부』 마지막 장면이 노를 든 신부의 끝이 아님을 나는 안다. 그리고 나의 이런 선택 역시 올해가 마지막이 아닐 것임을 안다. 노를 든 신부가 똑같은 노를 들고서도 매번 그 쓰임새를 자유롭게 선택하고 자신을 내맡긴 것처럼, 나 역시 그렇게 매번 새로운 교사 인생 챕터를 열어 보일 것이기 때문이다.

내가 아이들에게 전달한 지식은 시간이 가면 잊힐 테지만, 내가 보인 주체적인 삶의 태도와 행복한 모습들은 아이들이 오랫동안 몸으로 기억할 것이다. 또한 여기에 그치지 않고, 도전과 선택 앞에서 주저하게 될 때, 삶이 무료해질 때, 매일 반복되는 상황이 지루하게 느껴질 때, 새로운 의미를 찾아내는 존재로 살아갈 것이다. 그러니 나는 교사로서, 매해 비슷한 학사 일정 속에서 나만의 의미를 살려 내기 위해 나다운 선택을 할 것이다. 그래서 결국 또 새롭게 행복할 것이다.

9

반복되는 수업,
매너리즘에 빠지지 않으려면?

· 니체와 『문 앞에서』 ·

매번 쏟아지는 학교 업무에 상담에, 코앞의 일을 처리하고 나면 정작 수업을 준비할 시간이 없다. 그래서 퇴근을 미루거나 집에 가서 수업 준비를 한다.

교사의 가장 중요한 본분은 수업이다. 그런데 수업의 효과와 수업을 통한 아이들의 변화는 쉽게 드러나거나 판단되지 않는 특수성을 지녔다. 교사가 아무리 열심히 준비하고 수업해도 그것이 곧 보상과 칭찬으로 연결되지 못한다. 오히려 수업이 아닌 학교에서 맡은 업무의 경중에 따라 성과급이 달라지는 것이 현실이다. 그러니 교사는 본분인 수업에는 스스로 의미를 부여하는 만큼만 할 수 있을 뿐이다.

어떤 교사가 초심을 잃고 별다른 변화나 연구 없이 해왔던 대로만 수

나는 교사다 그러므로 생각한다

업한다면, 우리는 그를 두고 "매너리즘에 빠졌다."고 말한다. 매너리즘 (mannerism)의 사전적 의미는 '예술 창작에 있어서, 늘 같은 수법을 되풀이하여 신선미나 독창성을 잃는 일. '타성'이라는 말과 닮은 뜻'이다. 창작에서는 슬럼프 현상으로 자기 양식을 자기가 베끼는 일종의 '자기 모방'을 지칭하기도 한다. 타성은 '오래되어 굳어진 좋지 않은 버릇. 또는 오랫동안 변화나 새로움을 꾀하지 않아 나태하게 굳어진 습성'을 가리킨다.

반복되는 일상에 매몰되어 매너리즘에 빠진 경우, 우리는 과연 어떤 태도와 마음을 지니게 될까? 반복되는 일상으로 초심을 잃은 매너리즘도 어쩌면 자기 소진의 고통에 따른 도피가 아닐까? 이런 생각을 하게 만든 그림책이 있다.

숱한 시도에도 열리지 않는 문

『문 앞에서』 안경미 글·그림, 웅진주니어

그림책 『문 앞에서』는 입구는 있지만 출구가 없는 문을 열기 위한 세 자매의 고군분투를 그리고 있다. 문을 열면 다른 문이 나오고, 그 문을 열면 또 다른 문이 끝도 없이 나온다. 세 자매는 문을 부수어도 보고, 그래도 안 되니 불태워 보기도 하지만, 소용이 없다. 아무리 열고 또 열어도 끝도 없이 반복되는 문. 한계 상황에서 세 자매는 다른 선택을 한다.

첫째는 무릎을 꿇고 나무가 되어 버리고, 둘째는 열쇠를 찾겠다며 다른 곳으로 가 버린다. 셋째는 혼자 남아 계속해서 문 열기를 시도한다. 그러다 셋째가 지쳐 쓰러졌을 때, 온통 흑백으로 묘사된 그림에 처음으로 색깔을 지닌 존재가 등장한다. 파란 무당벌레 한 마리가 셋째의 상처 난 손 위에 내려앉는다. 무당벌레는 셋째를 생명이 있는 파란 꽃들과 파란 실바람이 일렁이는 곳으로 인도한다.

파란 생명체들을 만난 뒤, 셋째는 문을 열 때마다 표식을 하기 시작한다. 파란 선을 긋는 것이다. 수많은 선이 쌓여 갔고, 얼마나 문을 더 열었을까 상상하는 순간 다음 장에 파란 문이 등장하고 셋째는 온데간데없다. 어떻게 된 일일까? 자세히 보니 문은 파란색 면이 아니라 수천 번 수만 번 그은 파란 선으로 빼곡히 채워져 있다. '문은 또 하나의 세계가 되었습니다.' 라는 글귀와 함께.

파랗게 변한 문은 독자로 하여금 질문하게 만든다. 문의 색깔이 변한 건가? 아니면 문이 아니라 창으로 변한 건가? 창도 아니면 파란 하늘이나 바다로 변해 버렸나? 셋째는 도대체 어디로 사라진 거지? 결국 문을 빠져나간 건가? 수많은 의문을 남긴 채 이야기는 마무리된다.

살아간다는 건 영원한 일의 반복

철학자이자 작가인 니체(Friedrich Wilhelm Nietzsche, 1844~1900)는 쇼펜하

나는 교사다 그러므로 생각한다

우어를 정신적 스승으로 둘 만큼 그에게 영향을 많이 받았다. 니체가 자신의 사상에서 핵심으로 강조한 '힘의 의지'도 쇼펜하우어의 저서로부터 탄생했다. 그렇지만 니체의 '힘의 의지'와 쇼펜하우어가 욕망으로 표현한 '의지'는 관점이 달랐다. 쇼펜하우어는 '생의 의지'를 말하면서도 그것이 고통을 유발하는 부정적인 것이라 보고, 음악과 예술로써 생의 고통을 망각할 수 있다고 했다. 반면 니체는 '욕망(의지)이 그렇게 나쁜 것인가?'라는 의문을 가진다. 쇼펜하우어와 마찬가지로 살아가는 일 자체가 무의미하다는 출발점은 같지만, 쇼펜하우어와 달리 니체는 고통을 회피하기보다 정면 돌파하는 길을 택했다. 니체가 보기에 인간은 그리 약한 존재가 아니기 때문에, 자신의 강인함을 깨닫고 힘의 의지를 제대로 살릴 수 있다면 삶을 주체적으로 살 수 있다고 본 것이다.

삶이 고통뿐이라면 왜 굳이 살까? 니체는 쇼펜하우어처럼 고통을 잠시 마취하며 살아가는 태도는 자기기만이라고 비판한다. 그렇다고 반대로 인생이 고통이 아닌 행복이라고 말하는 것도 진실이 아니므로 속임수라고 여겼다. 그렇다면 어떻게 사유해야 할까? 이 고민을 해결할 방법으로 니체가 찾은 해답은 '살아간다는 건 같은 일의 영원한 반복'을 가정하는 것이었다.

『자라투스트라는 이렇게 말했다』에서 니체는 천국이나 지옥 또는 윤회나 자연 같은 사후 세계가 아닌, 새로운 가정, '영원 회귀'의 세계를 말했다. 이는 우리의 현재 삶이 영원히 똑같이 반복됨을 의미한다. 니체는 한정된 공간 안에서 에너지는 사라지지 않고 변화할 뿐이라는 과학

이론 '에너지 보존 법칙'에 영감을 받아, 우리의 삶 역시 영원이라는 시간 동안 모든 일이 돌고 돌아 반복적으로 일어날 것이라고 제안했다. 그런데 이런 사고가 어떻게 삶의 해결책이 될 수 있을까?

니체는 우리 삶의 궁극적 의미 같은 것은 없어도 괜찮다고 한다. 그렇다고 늘 고통만 있는 것은 아니며, 기쁨을 주는 것도 있다. '놀이' 같은 것이 그렇다. 무의미한 세상에서 애초에 찾을 수도 없는 의미를 좇거나 일시적인 마취제에 의존하는 대신, 놀이하듯 살라는 것이다. 신으로부터 무거운 바위를 산꼭대기까지 반복해서 밀어 올리는 벌을 받은 『시시포스 신화』를 쓴 카뮈는 우리가 할 수 있는 일은 시시포스가 행복하다고 상상하는 것이라고 말한다. 즉, 시시포스가 자신에게 주어진 운명을 벗어날 수는 없지만 그걸 고통이라 인식하지 않고 오히려 놀이처럼 인식함으로써 역설적으로 형벌의 운명에서 자유로워질 수 있는 것이다.

니체는 인생이 힘들다는 이유로 음악, 예술, 술, 도박 등에 빠지는 도피적인 발상을 최초로 부정한 인물이다. 인생은 궁극적으로 의미가 없다는 허무주의를 받아들이면서도, 우울한 감정에 빠져 자포자기하거나 현실을 외면하거나 다른 무언가로 마취하는 대신, 삶을 긍정하며 살아가는 법을 찾은 것이다.

인생이 영원히 반복된다면 어떻게 해야 하는가? 일시적 도피로는 해결되지 않는다. 니체가 "피할 수 없으면 즐겨라.", "나를 죽이지 않는 모든 고통은 나를 성장시킨다." 등을 말한 이유는 결국 고통 앞에서도 강인하게 자기 삶을 긍정하는 주인된 인간이 되라는 것이다.

나는 교사다 그러므로 생각한다

그러므로 우리는 니체의 영원 회귀 사상을 이렇게 해석해야 한다. 똑같은 현재가 영원히 반복된다 하더라도 삶을 긍정할 수 있을 정도로 자신의 삶을 사랑하는 것, 더 나아가 자신의 삶을 더욱 사랑스럽게 만들어 가라는 것이다. 그러므로 '아모르 파티(Amor Fati, 운명을 사랑하라)'는 지금 내 팔자와 내 운명이 이러니 수동적으로 받아들이고 사랑하라는 뜻이라기보다, 지금의 시간이 영원히 계속될 것이니 현재 자신의 운명을 사랑하고 더욱 사랑스럽게 개척해 가라는 니체의 명령인 것이다.

언제나 통하는 '만능 수업 레시피'는 없다

교사에게는 매일 반복해서 에너지를 쏟으며 준비해야 하는 수많은 수업이 있다. 잘한다고 드러나지 않고 못한다고 잘리지도 않을 이 수업을 대하는 나의 태도는 어때야 할까?

이 질문에는 두 가지 대답이 가능하다. 어차피 그런 것이니 대충 하는 태도가 있을 수 있고, 그럼에도 불구하고 회피하지 않고 잘 해내려는 적극적인 태도가 있다. 전자가 수업 연구에 쏟을 에너지가 없는 약자의 태도라면, 후자는 에너지를 장착한 강자의 마인드다.

그림책『문 앞에서』에 등장하는 세 자매의 선택은 고통스럽고 지겹게 반복되는 삶 앞에 선 우리 인간 군상을 보여 준다. 첫째는 고통을 견디지 못해 그 자리에서 나무로 변해 버림으로써 고통과 지루함에서 벗어난다. 자포자기하는 인간의 모습을 나타내고 있다. 둘째는 열쇠를 찾겠다며 다른 곳으로 가 버리는데, 힘든 현실을 외면하는 쇼펜하우어 같은 회피적인 인간의 모습과 같다. 마지막으로 파란 무당벌레와 꽃들과 같은 작은 생명력에 힘(힘의 의지)입어 끝없이 반복되는 문 열기와 선 긋기를 기꺼이 감내하며 변화를 가져오고야 마는 셋째가 있다. 그의 모습에서 우리는 니체가 말한 고통과 권태에 굴복하지 않고 당당히 맞서 운명을 창조하는 인간의 모습, 강인한 '위버멘쉬(Übermensch, 초인)'의 모습을 발견할 수 있다.

가르침은 반복되는 '기술'의 영역일까, 창조적 '예술'의 영역일까? 다르게 표현하면 교사가 가닿아야 하는 수업의 경지는 '달인'의 경지일까, '장인'의 경지일까? 교사들도 종종 매너리즘에 빠지는 것을 보면 분명 예술의 영역일 것이다. 왜냐하면 위에서 살펴보았듯이 매너리즘이라는 말의 의미 자체가 예술에서 기원했기 때문이다.

내게도 수업 준비가 힘들어 언제나 써먹을 수 있는 '만능 수업 레시피' 같은 일정한 틀을 찾아 매달렸던 세월이 있다. 그때까지 나는 내게 온 아이들이 모두 다른 아이임을 미처 생각하지 못하고, 오직 교사 변수만 생각해 왔다. 이제는 만능 레시피 같은 수업 방법은 이 세상에 존재하지 않음을 안다. 작년의 수업 방식이 올해 우리 반 아이들에게는 통하지 않는다. 힘을 줘 억지로 끼워 맞추면 겨우 들어갈지는 모르나, 아이들의 눈빛과 표정 같은 미시적 반응을 자세히 살피면 수업의 질은 천양지차다.

나는 교사다 그러므로 생각한다

매번 살아 있는 새로운 존재와 만남을 경험하고 함께 변화하고 성장하는 일은 창조의 과정이다. 그러므로 수업은 교사에게 순식간에 척척, 똑같은 것을 찍어 내는 달인의 경지를 허용하지 않는다. 예술품을 창조하는 장인의 마음으로 수업이라는 하나하나의 예술품에 정성과 심혈을 기울인다면, 완벽한 수업은 아니어도 유일무이한 최선의 수업에 한 발씩 다가갈 수 있지 않을까?

10

교사로서
자신감이 떨어질 때면?

· 맹자와 『뛰어라 메뚜기』 ·

초임 때, 수업 공개나 지필 평가 문제 출제 시간이 다가오면 너무 긴장돼 견디기 힘들었다. 바로 전까지 괜찮다가도 수업 공개를 참관하러 동료 교사들이 교실로 들어오거나, 해당 과목 고사가 시작되면 빨리 이 시간이 지나가기만 바랐다. 때로 수업 공개 중 실수를 하거나 평가 문항지에서 오류를 발견하면 쥐구멍에라도 숨고 싶고 그 자리를 벗어나고 싶기만 했다. 그때는 그런 실수나 긴장감이 경력이 적어서 그런 줄 알고, 시간이 지나면 해결될 문제라고 생각했다. 하지만 교직 경력 10년을 훌쩍 넘은 지금도 크게 다르지 않다. 수업 공개 시간이 다가오거나 지필 평가 문제 출제 후 고사 시간이 되면 자신감이 떨어지고 긴장하는 나를 발견한다.

아이들을 지도할 때도 비슷한 상황이 벌어진다. 내가 옳다고 생각하

나는 교사다 그러므로 생각한다

는 방식과 다른 교사들이 지향하는 방식이 맞부딪히는 경우가 가끔 있다. 그러면 금세 위축되고 나의 믿음을 의심하며 마음이 흔들린다.

자신감을 잃고 자꾸만 움츠러드는 내 모습, 어떻게 극복해야 할까?

태어나 처음으로 날개를 펼치다

『뛰어라 메뚜기』 다시마 세이조 글·그림, 정근 옮김, 보림

생태 피라미드 아랫부분에 위치한 메뚜기에게는 천적이 많다. 사마귀, 독사, 새, 거미 등 세상은 메뚜기의 생명을 위협하는 존재들로 가득하다. 그림책 『뛰어라 메뚜기』의 주인공 메뚜기는 그런 천적들에게 잡아먹히는 동료들을 보며 숨어서 벌벌 떤다. 그러다 겁먹고 사는 것이 싫어진 메뚜기는 더 이상 숨지 않고 당당하게 바위 꼭대기에 올라 햇볕을 쬔다. 그러자 사방에서 천적들이 메뚜기를 발견하고 무섭게 달려든다. 이를 드러낸 독사가, 날을 세운 사마귀가, 거미줄을 늘어뜨린 거미가, 하늘을 날던 새가 일제히 메뚜기를 향해 달려들자, 메뚜기는 있는 힘을 다해 펄쩍 뛰어오른다.

그 바람에 뱀의 이는 바위에 부딪혀 부러지고, 사마귀와 거미는 메뚜기와 부딪혀 산산조각 나고, 새는 총알은 맞은 것처럼 놀란다. 두려움의 대상이던 천적들을 물리친 메뚜기는 그대로 구름을 뚫고 높이높이 올라간다. 하지만 한 번의 도약으로 끝까지 올라갈 수는 없는 법. 메뚜기

는 다시 아래로 떨어진다. 아래에는 개구리와 물고기가 입을 쩍 벌리고 메뚜기를 기다리고 있다. 이제 도리가 없다고 생각한 순간, 메뚜기는 한 번도 펼쳐 본 적 없는 날개를 떠올리고는 있는 힘껏 날갯짓을 한다. 비틀비틀 메뚜기의 어색한 날갯짓을 잠자리와 나비가 비웃지만, 메뚜기는 기쁨에 겨워 날갯짓하며 자기가 가고 싶은 곳으로 떠난다.

천적으로 가득한 세상에서 숨어 웅크려 지내기보다 굳센 마음을 품고 용기를 냈을 때 메뚜기는 마침내 스스로 날아올랐고, 자신이 원하는 곳에서 짝을 만나 행복한 삶을 살 수 있었다.

지극히 크고 굳센 마음

중국 전국 시대 사상가 맹자(孟子, B.C.372~B.C.289)는 자신의 가치관인 '인의(仁義, 어질고 의로움)'를 세상에 알리려 했으나, 세상은 그에게 어떻게 하면 이익을 얻을 수 있는지만 물었다.

양혜왕(梁惠王)이 천리를 멀다 않고 찾아온 맹자에게 어떻게 하면 자신의 나라가 더 이로울 수 있는지 묻자 맹자는 답한다.

"왕께서는 하필 이익을 말씀하십니까? 오직 인의가 있을 뿐입니다."[*]

---

[*] 王何必曰利 亦有仁義而已矣, 『맹자(孟子)』 「양혜왕(梁惠王) 上」 편

나는 교사다 그러므로 생각한다

맹자가 지속적으로 각국의 제후들에게 인의를 전하려고 애썼음에도 전국 시대는 갈수록 혼란스러워지기만 한다. 그럼에도 불구하고 맹자는 계속해서 인의의 중요성을 주장하는 당찬 모습을 보인다. 메뚜기가 여러 천적 앞에서 당당했던 것처럼, 맹자도 당당한 모습을 보일 수 있었던 것은 그가 지닌 '호연지기(浩然之氣)' 덕이 크다.

맹자의 제자 공손추(公孫丑)는 맹자에게 호연지기에 대해 질문했다. 맹자는 공손추에게 답변하기 어렵다고 말하면서도 다음과 같이 호연지기에 관해 언급한다.

> "호연지기, 그것은 지극히 크고 지극히 굳세다. 아무런 방해 없이 올바르게 함양될 수 있으면 온 천지를 충만시킬 것이다. 그 기(氣)를 기르는 방법은 바로 의(義)와 도(道)를 배합해야 한다. 그것들이 없으면 그 기(氣)는 이내 풀이 죽어 시들게 된다. 호연지기는 의(義)를 축적하여 발생하는 것이지, 단 한 번의 의(義)로 습격하여 취해지는 것이 아니다. 어떤 행동을 할 때 심중에 흡족하지 못한 점이 남아 있다면 그 기(氣)는 곧 시들게 된다."*

---

* 其爲氣也 至大至剛 以直養而無害 則塞於天地之間, 其爲氣也 配義與道 無是 餒也. 是集義所生者 非義襲而取之也 行有不慊於心則餒矣, 『맹자(孟子)』「공손추(公孫丑) 上」편

교사에게 호연지기가 필요한 순간들

학교 현장에서도 맹자가 말한 호연지기를 펼쳐야 하는 순간들이 있다. 앞서 언급한 대로 공개 수업을 앞두고 있을 때도 그렇지만, 내가 옳다고 여기는 가치가 다수가 편해하는 가치와 상충할 때도 그렇다. 정을 맞더라도 모난 돌이 되어야 할 때 굳세고 당당할 수 있어야 한다.

교직에 몸담은 뒤로 선배 교사들에게 건강한 가르침을 많이 받았지만, 마음에 걸리던 한 가지가 있다. 어떤 사안이 발생했을 때 그와 관련된 사람들의 감정이나 느낌을 신경 쓰기보다는 먼저 교사의 책임을 분명히 해 불필요한 소진으로부터 자신을 보호하라는 조언이다.

생활 교육을 하며 아이들의 느낌과 욕구를 듣고, 그들의 결핍과 필요에 대해 함께 고민하고 생각하는 시간을 가진 적 있다. 느낌 카드와 욕구 카드를 활용해 아이의 욕구와 감정에 집중하면서 문제점을 발견하고 이어서 행동을 수정해 보는 식으로 진행했다. 주변의 많은 교사가 "그렇게 다 들어주면 안 된다.", "잘못을 했으면 본보기로 엄벌해야 다른 아이들도 행동을 조심한다." 등의 이야기를 한다. 하지만 대부분의 경우 아이들은 자신의 이야기를 들어주고 감정과 욕구를 알아주는 것만으로도 감사해한다.

한번은 어린 동생들을 돌보며 가정에서 누나와 언니 역할에 집중하느라 자신의 학습과 학교생활에는 전혀 신경 쓰지 못하는 아이의 감정을 읽어 주는 시간을 가졌다. 처음에는 시큰둥하게 반응하며 자신은 괜찮다고 말하던 아이가, 자신의 감정과 욕구를 읽어 주기 시작하자 이내 눈물을 훔쳤다. 그러면서 자신의 감정도 소중하고, 자신의 욕구에 관심을 가져야 한다는 사실을 알게 되었다고 말했다. 물론 감정과 욕구를 읽어 준 것만으로 아이의 생활 태도가 눈에 띄게 바뀌거나 학습 능력이 향상되는 등의 큰 변화는 없었다. 하지만 아이가 자신의 마음을 읽어 주어 고맙다고 스스로 말하고 조금이라도 변하려 애쓰는 모습은 교사인 우리를 바꾸어 주었다. 아이가 변하려 노력하는 모습을 보면서 느끼는 효능감은 엄벌주의가 답이라고 말하는 교사들에게 아이의 감정과 욕구를 읽어 주는 것이 훨씬 중요하다는 사실을 깨닫게 했고, 그 효능감은 반복되는 어려움에도 다시 한번 아이들을 바라보며 앞으로 나아갈 수 있는 힘을 주었다.

그림책 『뛰어라 메뚜기』에서 메뚜기는 이후에도 계속해서 천적을 만날 것이다. 하지만 그때마다 당당하게 자신의 힘으로 뛰어오르고 날아오를 것이다. 그것만으로도 가치 있는 삶이 아닐까?

반복되는 도전과 작은 성공을 경험하고 자기 효능감을 경험한다면, 교사의 호연지기로 아이들의 삶과 동료의 생각을 바꿀 수 있다. 그리고 반복되는 실천을 통해 생각이 더 단단해지고, 실행력이 더욱 굳세질 것이다.

11

교사와의 갈등에는
어떻게 대처할까?

· 하버마스와 『핑퐁 클럽』 ·

'2025학년도 고교학점제' 운영을 위해서 2023학년도부터 교육과정에 대한 대대적 변화가 필요하다고 했다. 필수 이수 단위가 넘는 국영수 기초 교과 시수 조정이 필요한지가 논의의 중심이었다. 국영수 선생님들은 코로나19 팬데믹으로 인한 문해력 저하와 기초 교과 학업 성취률 미달 시 보충 프로그램 운영이 필요하다는 이유로 교과 시수 조정을 강하게 반대했다. 대안으로 소수 교과들의 시수 조정을 제안했다. 국영수 선생님들이 교사의 절반 이상이라 소수 교과 선생님들의 의견이 궁지에 몰리는 형세였다.

교육과정부장님은 거대한 진통을 예상한 듯, 5월부터 교육과정 협의회를 진행했다. 전 교사에게 의견을 묻고 그것들을 일목요연하게 정리해 전송하며, 교과 대표들에게 전 교사 회의 시간에 교과 의견을 발표해

나는 교사다 그러므로 생각한다

달라고 부탁했다. 그날, 교육과정부장님이 나를 다급히 찾아와 윤리 교과 입장을 들은 국어과와 영어과 선생님들이 흥분했다고 소식을 전했다. 나로서는 윤리과의 협의 내용이 기초 교과에 대한 비판이 아니라 재학생들 현실에 걸맞은 대안이라고 생각했기에, '교육 다양성을 고려한 고교학점제 취지에 부합하여 기초 교과 감축이 필요하다.'는 의견을 그대로 발표했다.

이튿날 오전, 영어과 A 선생님에게 쪽지를 받았다. 음악 시간에 잠을 자는 남학생 사진이 첨부되어 있었다. 음악 시간에 자고 있는 이 아이는 어떻게 설명할 거냐고 따져 물었다. 한 시간이 지났을까? 영어과 B 선생님이 '전 교사에게 공개 사과를 하라!'는 내용의 쪽지를 보내 왔고, 수학과 C 선생님은 쪽지로 당신의 기분이 상당히 불쾌했음을 피력했다. 하필 이 회의에 교장, 교감선생님은 물론 교무부장님도 안 계셨기에 문제를 어떻게 해결해야 할지 그저 막막하기만 했다.

말이 통하지 않을 것이 자명한 동료 교사와의 갈등을 어떻게 해결해야 할까? 해결할 수는 있을까?

주거나 받거나 놓친, 말들의 게임

『핑퐁 클럽』 박요셉 글·그림, 문학동네

탁구대가 놓여 있다. 두 명이 탁구를 친다. 다음 장으로 넘기니 엄청 큰 탁구채를 든 두 명이 탁구를 친다. 다음 장에서는 사람 크기만 한 탁구공을 치는 또 다른 두 명이 등장하고, 말에도 무게가 있는 걸 아냐고 묻는다. 이를 통해 탁구공은 '사람이 하는 말'을, 탁구채는 '사람의 입'을 비유하고 있음을 알 수 있다.

다음 장면에서는 탁구채를 여러 개 들고 탁구를 치는 두 사람이, 다음 장에선 탁구공 십수 개로 탁구를 치는 두 사람이, 이어 네트가 다섯 개 설치된 탁구대에서 탁구를 하는 두 명이 나온다. 책장을 넘기면 계속해서 사람이 커지거나 탁구채가 커지거나, 일대다로 탁구 경기를 하거나, 높은 탁구 네트를 가운데 두고 경기하는 사람들이 나온다. 탁구대 한쪽에 두 명이 함께 서 있거나, 탁구대 위에 앉아 둘의 탁구를 중재하는 듯한 사람도 보인다. 테니스 코트만큼 큰 탁구대, 화산처럼 폭발하는 탁구대, 산산이 조각난 탁구대도 등장한다. 의미심장한 그림과 나란히 쓰인 문장들은 말의 진심에 관해, 거역할 수 없는 말에 관해, 통하지 않는 대화에 관해, 상처가 되는 말에 관해, 결국 폭발하고야 마는 말에 관해 이야기한다.

이처럼 그림책은 일상에서 주고받는 말들과 그에 영향받는 인간관계에 관해 심도 깊은 생각들을 길어 올리는 그림과 문장들로 구성되어 있다. 나는 어떻게 말하고 있는지 성찰하게 되는 그림책이다.

자유롭고 평등한 소통의 조건

하버마스(Jürgen Habermas, 1929~)는 제2차 세계 대전 후에 가장 주목받고 널리 알려진 사회 이론가 중 한 사람이다. 하버마스의 연구 중 '화용론적 의미 이론', '의사소통적 합리성 이론'은 그를 '현대 담론 윤리의 창시자'라는 반열에 올려놓았다. '담론'이란 다양한 사회 문제나 주제에 관해 논의하는 것으로, 주로 갈등이나 문제 해결을 위한 토론과 심의 형태로 이루어진다.

하버마스는 '언어는 한 사람이 세계에 관하여 누군가와 무언가를 의사소통하는 도구'라는 데 동의하며, 대화의 일차적 기능은 개별 주체 간의 행위를 조정하여 갈등 없이 상호 작용이 이루어지는 것에 있다고 말한다. 즉, 대화는 상호 이해에 도달하거나 합의를 이루기 위한 행위라는 것이다. 이에 따라 그는 모든 의사소통 조건을 합리적으로 재구성하여 성공적인 대화 상황에 필연적으로 전제되는 요소들을 밝히고자 했다. 하버마스는 자유롭고 평등한 소통이 이루어지기 위해서는 다음의 조건을 만족해야 한다고 말한다.

> 첫째는 표현의 이해 가능성으로, 표현된 명제는 이해 가능성을 사실적으로 전제해야 한다(이해 가능성). 둘째, 표현하는 명제는 참된 명제여야 하며 진리에 바탕을 두어야 한다(진리성). 셋째, 제시하는 의견이 사회적·규범적 맥락에 근거하여 정당해야 한다(정당성). 넷째, 말하는 주체가 진실해야 하며 진지한 발언 태도를 지녀야 한다(진실성).*

하버마스는 이런 이상적 언어 상황이 현실에서 성취되기 힘들더라도, 우리 사회가 지향하려는 민주주의의 궁극적 지표가 되어야 하며, 그 지표에 의해 끊임없이 평가와 비판이 이루어져야 한다고 강조한다.

상호 존중의 테이블 위를 오가는 '핑'과 '퐁'

A 선생님이 보낸 쪽지를 출력해 교무부장님을 만나러 갔다. 내가 하지도 않은 말까지 언급하며 의도를 왜곡해 해석하는 상황에서, 당사자끼리의 소통은 해결에 도움이 되지 않을 거라 판단했기 때문이다. 교무부장님은 회의에 참석한 교사 중 이해관계가 얽히지 않은 교과 선생님들의 이야기를 들어보겠다고 하셨다. 이 시각 B 선생님은 국영수 선생님 전체를 소집한 상태였다. 소집 이유는 이런 다툼이 생기도록 회의를 잘못 진행한 교육과정부장님과, 국어 교사임에도 국어과 시수 감축에 동의한다고 공개 석상에서 의견을 피력한 모 선생님, 윤리 과목 시수엔 변동이 없는데도 기초 과목 시수를 줄이자는 의견을 표명한 나까지, 총 세 명에게 공개 사과를 받아야 하니 힘을 모아 달라고 요청하기 위해서였다. 이런 상황에서 소통이 가능할까? 가능성은 희박해 보였다.

결국 교장, 교감선생님에게까지 상황이 보고되었다. 교감선생님은 그분들 모두 내게 사과하도록 하겠다고 말씀했지만 거절했다. 위에서 시

---

* 「하버마스의 담화개념」(김삼룡, 한국정책학회보, 2003) 9~10쪽

나는 교사다 그러므로 생각한다

켜서 하는 억지 사과가 상황 해결에 도움될 리 만무했기 때문이다. 대신 나는 교장실에서의 대화를 제안했다. 그로부터 2주가 지나서야 A 선생님을 제외한 당사자가 모두 모였고, 한 시간가량 대화를 나눌 수 있었다.

기적은 일어나지 않았다. 결론적으로 교장실 대화는 대실패! 기초 교과 시수가 실제적으로 줄어든 데 분노한 선생님들은 하버마스가 말한 '이해 가능성'의 문을 열지 않았다. 그들은 내게 "국영수 선생님들은 수업 시간에 학생들을 재운다."라고 말하지 않았냐며, 내가 하지도 않은 말을 여전히 사실처럼 믿고 있었다. 상식적으로 모두가 듣는 앞에서 누가 그런 말을 할 수 있냐며 결코 사실이 아니라고 수십 번 설명하고 해명해도 소용없었다. 이해 가능성이나 진리성의 조건들이 충족되기 어려운 자리였다. 의미 없는 시간을 보낸 것을 허탈해하며 교장실에서 나오는데, C 선생님이 상담실에서 둘만 따로 보길 청했다. 일대일 상황이 되자 갑자기 C 선생님이 사과했다. "열심히 하는 사람에게 내가 도대체 무슨 짓을 한 건지…. 정말 미안해요." 모든 걸 떠나 오해가 풀렸다는 안도감에 난 그제야 참았던 눈물을 터뜨릴 수 있었다.

이 일을 통해 나는 많은 것을 배웠다. 주로 말할 때 내가 놓친 것들, 내가 미처 생각하지 못한 일들에 관한 것이다. 공론장에서 상호 관계성에 영향을 받는 인간은 누군가 진실된 말을 하더라도 듣지 않을 수 있다는 점, 답을 정해 둔 대화 상대에게는 아무리 공익적인 가치를 강조해도 사익을 포기하게 만들기 어렵다는 점, 유사 이익을 공유한 집단의 분노는 이성을 넘어선다는 점 등이다. 또 공론장에서 상호 존중을 바탕으로 비판과 질문을 통해 대화하지 않고 분노를 지닌 채 사적 영역으로 돌아간다면, 그 후의 시간들은 핑퐁 게임을 가장한 '폭력의 시간'이 될 수 있다는 점도 깨달았다.

소통이 중요한 이유는, 소통이 그만큼 어렵기 때문이다. 앞으로 나의 삶에 더 많은 대화 상황이 또 그만큼 더 많은 갈등이 도사리고 있을 것이 분명하다. 그래도 대화의 장에 참여하는 나는 대화 상대에 대한 이해 가능성을 열어 놓고, 언제나 진실한 태도로 진리에 바탕을 두고 정당하게 의견을 말하리라 다짐한다. 그렇더라도, 즉 내가 하버마스가 말한 이상적 대화 조건들을 갖춘다 하더라도, 대화는 둘 이상의 객체가 하는 것이므로 대화에 참여하는 상대의 태도에 따라 소통이 힘들 수 있음도 인정해야 한다. 그러니 또 다짐한다. 그림책의 마지막 장면처럼 내게 필요한 말들만 간직할 뿐 아니라, 타인이 간직할 수 있는 말들을 준비하겠다고.

나는 교사다 그러므로 생각한다

12

다른 교사와 비교하지 않고
나의 길을 갈 수 있을까?

· 장자와 『아무도 가지 않은 길』 ·

배움의공동체, 협동 학습, 회복적 생활 교육, 독서 토론 교육, 놀이로 운영하는 학급 경영, 감정 코칭, 비폭력 대화법, 메이커 교육, 프로젝트 학습, 사회 정서 학습, 하브루타, 학급 긍정 훈육법, IB 교육 등 그 외에도 수많은 교육법이 대한민국 교사들이, 아니 내가 받아 온 연수의 이름들이다. 교육 방법에도 유행이 있어 늘 최신 트렌드 교육법이 유행하고, 그것을 모르면 뒤지지 않을까 불안한 마음에 끊임없이 연수에 참여한다.

대부분의 연수는 나와 같이 교실 현장에서 아이들을 가르치는 선생님들이 강의한다. 나는 연수를 들을 때마다 강사 선생님들을 부러워한다. 어떻게 해서 저런 경지에 이르러 연수까지 하게 되었을까? 분명 교육에 노하우가 쌓이고 쌓여 전문성이 넘치니 장학사들이 강의를 제안했을 테고, 그 노하우를 여러 선생님과 널리 공유하려 지금 내 앞에 서 있을 것이다. 연수에서 열심히 배우고 오면 그 방법을 우리 반에 적용해 본다. 그렇지만 기대를 충족하는 경우는 드물다. 내심 폭발적 반응을 기대하지만 실제로는 '아이들 반응이 왜 이렇게 뜨뜻미지근하지?' 싶을 때가 더 많기 때문이다.

이유가 뭘까? 배워 온 대로 하면 잘될 줄 알았는데, 왜 잘 안 될까? 내가 설명을 제대로 못했나? 아니면, 이 활동이 우리 반 아이들과 맞지 않은 걸까? 강사 선생님은 잘하는데 나는 왜 안 될까? 그 선생님은 나와 다르게 능력자인가 보다, 하고 자괴감에 빠지곤 하던 내게 다가온 그림책이 있다.

가 보지 않으면 알 수 없는 길

『아무도 가지 않은 길』 잔니 로다리 글, 풀비오 테스타 그림, 이현경 옮김, 소금창고

이야기는 '마르티노'라는 아이가 마을의 세 갈래 길 중 '도착지 없음'이라는 이정표가 붙은 길을 궁금해하면서 시작한다. 마르티노는 사람들을 만날 때마다 그 길이 어디로 통하는지 묻지만, 사람들은 그 길은 '원래 있던 길'이라며 어디로도 갈 수 없으니 가 봐야 소용없다고 말한다. 한 번도 가 본 적이 없다면서 그걸 어떻게 아냐고 따져 묻던 마르티

노는 '고집쟁이 마르티노'라는 별명까지 얻는다. 혼자서 먼 길을 갈 수 있을 만큼 컸을 때, 마침내 마르티노는 그 길을 따라 떠난다.

잡초가 많은 길을 따라 계속 걸으니 숲이 나오고, 숲에서 마르티노는 강아지를 만난다. 강아지를 따라간 길의 끝에 큰 성이 나타난다. 마르티노는 자신을 환대해 주는 친절한 왕비님을 만나고, 마차 한가득 금은보화와 선물들을 싣고 마을로 돌아온다. 마르티노의 이야기를 들은 마을 사람들은 너나 할 것 없이 수레와 마차를 끌고 그 길을 따라가 보지만, 길은 숲 한가운데서 끝나 버리고 모두들 시무룩한 얼굴로 되돌아온다.

왕비가 마르티노에게 왜 엄청난 보물을 내주었는지, 그 이유는 둘의 대화에서 드러난다. 마르티노는 다른 사람들과는 달랐기 때문이다. 그 점을 그림책 마지막 문장은 이렇게 쓰고 있다.

'아무도 가지 않았던 새로운 길은 제일 처음 오는 사람에게만 보물을 주기 마련이지요. 고집쟁이 마르티노가 바로 그런 사람이었답니다.'

"사람이 걸어가야 도가 만들어진다."

중국 전국 시대 사상가 장자(莊子, B.C.365?~B.C.270?)는 일반 백성을 대상으로 주로 우화를 통해 자신의 사상을 알기 쉽게 설파한 사상가다. 흔히 장자와 노자(老子)는 도가 사상가로 한데 묶이지만, 장자의 철학은 강력한 실천성을 내포한 점에서 노자의 철학과 차이가 있다. 노자는 "도가 만물을 낳는다(道生萬物)."고 주장한 반면, 장자는 "우리가 걸어가야만 도가 만들어진다(道行之而成)."고 주장한다. 이 말을 되뇌어 보면 노자가 말하는 도는 '도가 먼저 있어서 사람이 걸어간다.'는 의미다. 그와 반대로 장자는 도가 있기 전에 먼저 걸어감이, 걸어감 이전에 '먼저 사람이 있어야 도가 완성된다.'고 말하는 것이다. 삶이 먼저고 도는 나중이라는 뜻이다.

이런 장자의 통찰은 현대에도 유효하다. 가수 장기하가 부른 노래 '그건 니 생각이고'에 나오는 '원래부터 내 길이 있는 게 아니라 가다 보면 어찌어찌 내 길이 되는 거야.'라는 노랫말이나, 텔레비전 교양 프로그램 '어쩌다 어른'이라는 제목에서도 엿볼 수 있다. '어쩌다 어른'에는 한 분야에서 경지에 이른 이 시대의 진정한 어른들이 나와 강의를 한다. 그런데 그들이 '어떤 어른이 되어야지.'라는 목표를 가지고 어른이 되었을까? 아닐 것이다. 자신의 분야에서 열심히 매진하다 보니, 어쩌다 보니, 이렇게 강의도 할 만큼의 경지에 이르렀을 것이다.

성공도 마찬가지다. 성공을 위해 목표와 사명을 중심에 두고 나를 채찍질하고 단련시켜 나가는 일도 중요하다. 그렇지만 그것이 오히려 내 삶을 옥죄고 주변과 불협하며 내 정신 건강을 해친다면?

물론 다른 방법도 가능하다. 커다란 목표와 사명 대신 내 삶 순간순간에 만나는 존재에 성심을 다하며 최선을 다해 하루하루 성실히 살아내고 보니 마침내 경지에 이른 자신을 발견할 수도 있는 것이다. 이 또한 하나의 방법이 될 수 있다. 원칙과 습관이 삶의 주인공이 되어 사람

나는 교사다 그러므로 생각한다

을 지배하며 그를 비범하게 만드는 것이 아니라, 매일의 삶을 성실히 걸어간 사람들의 공통적인 특성으로 원칙과 습관이 길(도)로 범주화되어 '성공하는 사람들의 ○가지 습관' 같은 책으로 정리되었을 가능성 또한 높다. 장자는 바로 이런 점을 꼬집은 게 아닐까? 다른 이의 원칙을 나에게 이식하기보다는 '지금 내 삶에서 내 질문으로부터의 실천'을 강조하는 게 아닐까?

『장자(莊子)』「양생주(養生主)」편에서는 백정 '포정' 이야기가 나온다. 포정이 왕을 위해 소를 잡는데, 손 놀리는 동작은 최고의 춤이고 쓱쓱 칼질하는 소리는 최고의 음악이었다. 왕이 탄복하며 그 비결을 묻자 포정은 이렇게 대답한다.

> "제가 귀하게 여기는 것은 기술이 아니라 도(道)입니다. 제가 처음 소를 잡을 때는 온통 소만 보였으나 3년이 지나자 온전한 소가 보이지 않게 되었습니다. 하늘이 낸 결을 따라 큰 틈바구니에 칼을 밀어 넣고 큰 구멍에 칼을 댑니다. 이렇게 진실로 그러한 바에 따를 뿐, 오직 인대나 힘줄을 베어 본 일이 없습니다. 대할 뿐 눈으로 보는 법이 없습니다. 감각을 멈추고 마음이 가는 대로 움직입니다. 제 칼은 19년이나 사용했어도 방금 숫돌에 간 것 같습니다."*

---

* 『장자 & 노자 : 道에 딴지걸기』(강신주 지음, 김영사), 70쪽

이 말을 듣고 왕은 양생(養生, 자연 그대로의 생명을 잘 보존하고 기름)의 도를 터득했다고 전한다. '포정해우(庖丁解牛)'라 불리는 이 이야기는 내가 『장자』에서 가장 좋아하는 이야기다. '도(道)'라고 하는 것은 본래 책으로 배울 수 있는 추상적 관념이 아니다. 삶을 살며, 인생의 길을 걸으며, 몸으로 체득하는 것이다. 포정의 소 잡는 모습 자체가 도의 핵심이며 진수다. 그는 '소'라는 소우주의 구조를 마음으로 꿰뚫고 그 텅 빈 공간 속으로 들어가 춤추며 노래하듯 소를 잡는다. 아무 걸림도 없어 그의 칼은 숫돌에 갈 필요조차 없다.

포정은 19년이라는 세월 동안 같은 일을 하며 자신을 단련시켰지만, 어떤 소가 와도 매번 완벽할 수는 없었다고 말한다.

> "비록 그렇게 제가 능숙하게 소를 자르게 되었다고 할지라도, 저는 매번 살과 뼈가 엉켜 있는 곳에 이르러 그 자르기 어려움에 처하게 됩니다."[*]

천하의 포정이라도 어쩌다 폭력적이고 이해 불가능한 대상과 마주치면 그동안의 노력이 물거품이 될 수도 있다. 그러므로 항상 두려워하고 긴장하면서 타자를 이해하고 유연하게 대응하는 노력을 멈춰서는 안 된다고 이야기하고 있다.

---

[*] 『장자 & 노자 : 道에 딴지걸기』(강신주 지음, 김영사), 73쪽

나는 교사다 그러므로 생각한다

누구의 것도 아닌, 내 수업 속에 답이 있다

그림책 속의 마르티노는 어릴 때부터 가진 의문을 포기하지 않았다. 끝까지 자신의 삶의 문제로 물고 늘어져 해결하려 한다. 어린 철학자다. 그는 제대로 대답하지 않는 어른들에게 분노하고 저항하기보다, 때를 기다려 직접 자신이 실천함으로써 길을 개척해 간다. 자신의 질문을 두고 기성세대와 타협하지도 포기하지도 않고 끝까지 스스로의 힘으로 답을 구한다. 마르티노가 간 길은 마르티노의 길이기에, 그 길을 다녀온 보상이나 발견 역시 그에게만 주어진다. 마을 사람들이 마르티노를 부러워한 나머지 그의 길을 따라 가 보지만 같은 보상은 주어지지 않는다.

자신이 하고 싶은 것을 해 보지 못한 사람은 자신의 한계를 발견하지 못한다. 자유로운 사람만이 자신의 길과 자신의 한계를 알고 성장한다. 자유로운 사람만이 한계와 두려움, 가로막힘 등을 직면하고도 주어진 길을 걸어간다. 마침내 되돌아봤을 때까지가 자신의 길이 된다. 즉, 정해진 길이 없기에, 자기가 나아간 곳까지가 자신이 만든 길인 것이다.

내 수업도 마찬가지다. 이미 만들어진 다른 사람의 길을 좇아가려고만 하지 않았어야 했다. 길은 걸어가야만 완성되는 법이고, 내가 해 온 수천 번의 수업이 그 길이다. 이미 있는 길을 찾아서 그 길을 걸어가려고만 한다면, 나 자신의 삶을 산다고 할 수 없다. 내가 걸어온 길을 살펴보고 내 길에 난 잡초와 숲을 헤치며 나만의 길을 개척해 가는 것이 먼저다. 그러니 유행을 따르거나 실력 있는 강사의 노하우를 모방한다고 해서 내 수업이 학생들과 진정으로 소통하는 수업이 되지 않는다. 내가 해 온 수천 번의 수업을 성찰하고 걸러 내 나만의 소통 방식을 체득한 후에야 가능한 일이다.

우리는 각자 자신만의 존재 형식으로 소통하기 때문에 수업의 질은 '수업하는 사람인 나'라는 존재 형식을 넘어서지 못한다. 그 존재 형식이란 너와 내가 바뀌지 않고서는 전수될 수 없는 성질의 것이기 때문이다. 나는 그 사실을 망각한 채 남의 방식을 열심히 배우는 것만이 수업을 잘할 수 있는 길이라 여기며 나를 소진시켰다. 연수도 물론 중요하지만 내 수업이 아닌 다른 수업을 더 많이 관찰하고 성찰한 것이 문제였다. 그들의 길에서 잠시 엿본 예쁜 꽃 그림을 내 교실에 가져와 생명력 넘치는 꽃으로 멋지게 피어날 거라고 착각하는 것은 판타지에 가깝다. 천하의 포정도 매 순간 만나는 대상이 달라 늘 조심하는 것을, 나는 너무 쉽게 꿈꾸고 쉽게 좌절했다. 이제 다른 수업을 부러워할 것이 아니라 오로지 나에게 주어진 수업의 길을 뚜벅뚜벅 걸어가야겠다.

나는 교사다 그러므로 생각한다

13

다른 직종의 친구들과 비교하며
마음이 힘들 때면?

· 맹자와 『마음여행』 ·

　교대 인기가 날로 추락한다. 지난해 3월 부산교대에 수능 평균 4등급이 합격했다는 기사가 있었다.* 쇼크가 아닐 수 없다. 상위권 아이들의 교대 기피 현상이 현실로 나타나고 있었다.

　2023년 초, 고3인 제자가 몇 날 며칠 나를 찾아와 지방 교대와 서울 내여대 중 어디를 가면 좋을지 물었다. 고2 때 담임으로 만난 그 아이는 어려서부터 꿈이 초등 교사였지만, 현실 앞에 자신의 꿈이 얼마나 초라해질 수 있는지를 말했다. 많이 아끼는 제자였고, 꿈을 향해 얼마나 치열하게 달려왔는지 봐 왔기 때문에 쉽게 대답할 수 없었다.

　내가 정말 사랑하는 교직이지만, 현실은 갈수록 열악해지고 있다. 학

---

* 　서울경제(https://www.sedaily.com/NewsView/29N8Q0JY0V/GK0107), 2023년 3월 31일자

령 인구 감소로 교원 임용문이 좁아져 높은 경쟁률을 뚫어야 할 뿐 아니라, 교사가 아이로부터 폭행이나 성희롱을 당하는 등 교권도 추락 일로다. 거기에 더해 낮은 임금, 아이와 학부모 민원 부담 등 가중되는 업무와 교육전문대학원 도입 등 교직이 해결해야 할 문제는 첩첩산중이다.

제자는 교사 관련 온라인 카페에도 자문을 구했는데, 댓글을 단 사람들은 교대를 추천하지 않았다. 제자는 교내 여러 선생님들도 만났다. 현실주의적인 선생님들은 교대를 나와 임용에 합격하지 못할 경우, 딱히 갖게 될 직업이 없다는 것을 이유로 서울 소재 대학을 추천했다. 아이가 얼마나 절박한 마음으로 교사를 꿈꾸며 달려왔는지 아는 소수의 선생님들은 무거운 마음에도 불구하고 조심스럽게 교대를 추천했다. 나 역시 마찬가지였다. 제자는 최종적으로 지방 교대를 선택해 떠났다.

내가 속한 교무실 선생님 중, 담임 한 분이 갑자기 병가를 내고 휴직에 들어갔다. 그 반 아이들이 다른 반 아이들이 모여 있는 30여 명의 단체 채팅방에서 담임에 관해 입에 담기 힘든 욕과 험담, 혐오 표현을 하며 선생님을 욕보였기 때문이다. 그 일을 주도한 아이 둘은 교권보호위원회에 회부되어 강제 학급 교체 처분을 받았다. 둘 중 더 큰 역할을 했던 아이가 우리 반에 배정되었다. 모두가 그 아이만은 받고 싶어 하지 않았는데 교장선생님과 교감선생님이 나에게 어떤 고지나 안내도 없이 그 아이를 우리 반에 배정하신 것이다.

처음으로 교직에 회의를 느꼈다. 이후 여러 상황이 복합적으로 얽혔고, 결국 내 입에서도 "교직 탈출은 지능순이다."라는 항간의 자조 섞인

나는 교사다 그러므로 생각한다

말이 나오고 말았다. 폭탄 돌리기 하듯 진행되는 주먹구구식 행정에 절망했고, 이런 대우를 받으며 교직에 있어야 하는지 회의가 들었다. 사람보다는 맡은 일에 더 집중하면서, 연봉은 더 많이 받지만 스트레스는 더 적은 친구가 부러웠다. 원하는 날 언제든 휴가를 쓸 수 있는 직업을 가진 사람들이 행복해 보이기 시작했다. 이런 나에게 지금 필요한 것은 무엇일까?

가꿈이 필요한 마음자리

『마음여행』 김유강 글·그림, 오올

어느 날 '나'는 마음을 잃어버린다. 그날 이후, 모든 마음들이 사라져 버린다. 하고 싶고 되고 싶은 마음도 모두 사라졌다. 의지를 불태우며 마음을 찾아 떠나지만, 마음여행은 녹록지 않다. 추위와 싸우고, 사자와 곰에게 쫓기고, 알 수 없는 것들을 만나 두려움에 떨고, 이상한 버섯에 중독되어 몸이 아팠다. 맨몸으로 비를 맞고 뜨거운 사막을 건너면서는 끝없는 외로움과도 싸워야 했다. 다 포기하고 싶었을 때 도착한 마음 언덕에는 주인 없는 마음이 가득 쌓여 있다. 묘한 끌림을 따라가 드디어 마음을 찾아내지만, 아뿔싸! 그 사이 마음이 쪼그라들어 내 가슴에 뻥 뚫린 마음 구멍이 메워지지 않는다.

희망으로 버텨 온 나는 결국 울음을 놓아 버린다. "으앙~." 그때 마음

요정이 나타나, 마음이 쪼그라든 게 아니라 가슴 속의 마음자리가 커졌다는 기쁜 소식을 전한다. 텅 비어 버린 마음 구멍이 아니었다. 가꿈이 필요한 마음자리였다.

두렵고 고단한 극한의 상황들을 헤쳐 나오며 조금씩 커진 마음자리. 나는 커져 버린 마음자리를 다시 채울 수 있을까? 마음자리를 채우기 위해 또 어떤 마음여행을 떠날까?

잃어버린 마음을 찾는 '구방심'

맹자(孟子)는 '맹모삼천지교(孟母三遷之教)'와 '성선설(性善說)'로 유명한 중국 전국 시대 사상가다.

맹자의 사상 중 21세기에 가장 필요한 한 가지를 꼽으라고 한다면, 단연코 '구방심(求放心)'이다. 구방심이란 잃어버린 마음을 구한다는 말로, 타고난 '선한 본성'을 되찾자는 의미다. 여기서 선한 본성은 '인의예지(仁義禮智)'를 가리킨다.

> "인(仁)하고서 그 어버이를 버리는 자는 있지 않으며, 의(義)롭고서 그 군주를 뒤에 하는 자는 있지 않습니다." 인(仁)한 자는 반드시 그 어버이를 사랑하고, 의(義)로운 자는 반드시 그 군주를 우선으로 한다.[*]

그런데 인의예지는 아주 작은 씨앗으로 존재하기 때문에, 마음을 보존하고 선한 본성을 확충하기 위해서는 공부를 통해 인성의 실마리를 발견하고 발현해 나가야 한다.

물질만능 시대에 개인적인 가치 판단을 차치하고라도 맹자의 구방심이 중요한 이유가 있다. 물질이 너무 많은 것들의 우위를 선점하고 있어 정신적 가치가 제대로 평가받지 못하기 때문이다. 또한 인공 지능(AI) 시대가 도래하면서 인간다움이 무엇인가를 고민하는 질문이 물결처럼 일어나며 지나친 물질화에 대한 반성이 제기되고 있기 때문이다.

우리는 물질 풍요의 시대를 살아가고 있다. 그러나 '풍요 속 빈곤'이라는 말처럼, 풍요의 시대에 오히려 더 많은 정신적 결핍과 피폐를 경험한다. 이는 온갖 비교에 노출될 수밖에 없는 현시대의 문화와 맞닿아 있다. 다양한 SNS를 통해 접하는 다른 이들을 삶은 내 생활에 대한 만족보다는 불만족을, 타인의 삶에 대한 응원보다는 질투와 질시를 심어 주었다. 가끔 깜짝 놀랄 만한 뉴스도 접한다. 모 기업에서 직원들에게 성과급으로 수천만 원씩을 지급했다는 배 아픈 뉴스를 말이다. 그렇다면 이들의 연봉은 도대체 얼마란 말인가?

이런 뉴스를 보면 입맛도 떨어지고 『마음여행』의 주인공처럼 의욕도 싹 사라진다. 교사로 하는 노력들은 집안일과 비슷해서, 해도 딱히 티가 안 나는 잠재적 교육과정 속에 존재하는 일이 많기 때문이다. 그래서 선생님들이 자주 말한다. "너무 열심히 하지 마. 선생님만 다쳐!" "딱 월급

---

* 『맹자집주』(성백효, 전통문화연구회), 27~28쪽

만큼만 일해. 뭘 더하려고 하는 거야?" "그렇게 해 봤자 알아주는 사람
도 없어." 물론 나도 안다. 하지만 물질적으로만 삶을 평가하다 보면, 마
음이 메말라 버린다. 삶이 거칠어지는 것이다. 맹자는 말했다.

> "인은 사람의 마음이요, 의는 사람다운 길이다. 그 길을 버리고 가지 않으며,
> 그 마음을 잃고 찾을 줄 모르니 애달프구나! 사람들이 닭과 개는 잃어버리
> 면 찾을 줄 알면서 잃어버린 마음은 찾을 줄 모르는구나. 학문의 길이란 다
> 른 게 아니라 오직 잃어버린 마음 찾기일 뿐!"*

🌙 나를 기다리는 아이들 곁으로!

학문의 길을 걸어 교사가 되었고, 가르침이라는 행위를 통해 여전히
학문의 길을 걷고 있는 우리에게 필요한 것이 바로 잃어버린 마음 찾기
가 아닐까. 마음이 메마르고 삶이 거칠어지지 않으려면, 지금 내게 필요
한 것은 '교직 탈출'이 아닌 '비교 탈출'이다. 비교 탈출을 위해 마음여
행을 떠나야 한다. 교사는 아이 개개인의 결과 값(물질)을 높이기 위해서
존재하는 것이 아니다. 그들의 사람됨(정신)을 가르치고 고양시키기 위
해 존재하는 사람들이다. 그러니 연봉으로 자신의 가치를 측정해서도
안 되며, 측정 당해서도 안 된다.

---

*   『맹자, 마음의 정치학3』(배병삼, 사계절), 88쪽

나는 교사다 그러므로 생각한다

실용성과 효율성을 중시하는 사회에서 아이들은 경쟁에서 살아남기 위해 입시를 향해 달리며 문제 풀이 기계가 되어 간다. 이런 현실에도 불구하고 교사라면 진정한 가치가 무엇인지 알려 주어야 한다. 교사도 모르는 사이에 교사의 언어와 비언어적 태도 모두 아이들에게 교육되고 있다. 이런 중에도 타인의 삶과 비교하며 교직 탈출만을 꿈꿀 것인가? 불평불만만 하기엔 순수한 마음으로 나의 가르침을 기다리는 아이들이 여전히 많다. 아무리 시대가 교사에게 불리할지라도, 그 옛날 내가 지녔던 그러나 지금은 잃어버린 교사라는 직업에 대한 마음과 정신적 가치를 찾는 것이 급선무 아닐까?

잃어버린 내 마음을 찾는 구방심 즉, 마음여행은 분명 아이들에게 빛이 되고 이정표가 될 것이다. 우리가 교육하는 까닭은 돈을 많이 버는 성공한 사람을 키우기 위함이 아니라, 놓쳐 버리기 쉬운 타고난 도덕심을 찾는 방법을 배우게 하는 데 있기 때문이다.

모두가 기피하는 아이를 배정받고 한차례 후폭풍이 지난 뒤, 나는 SNS를 켜고 타인의 삶을 살피는 대신 임용을 준비할 때 보던 교재를 꺼냈다. 당시 내가 써 놓은 다짐이 눈에 들어왔다. "나를 기다리는 아이들 곁으로~!"

'아~ 내가 방심(放心)했구나. 현실을 핑계로 방심하고 말았구나.' 하며 잃어버렸던 마음을 발견했다. 이제부터라도 방심한 마음을 하나씩 구해 보려 한다. 나를 성찰하는 마음 싹을 심고 피워 내 마음자리부터 채운 뒤, 내 앞에 있는 아이들을 마음여행으로 초대하기 위해서 말이다.

14

교사의 삶과 개인의 삶 사이 균형을 잃었다면?

· 아리스토텔레스와 『균형』 ·

    나는 친절한 교사다. 너무 친절하다. 친절하다는 건 아이들에게는 당장의 궁금증과 의문을, 학부모들에게는 아이들의 학교생활에 대한 궁금증을 즉각 해결해 주는 역할을 충실히 이행하고 있다는 뜻이다.

    교사의 친절함은 교사와 아이 간의 벽, 교사와 보호자 간의 벽을 낮추는 역할을 톡톡히 한다. 그러다 보니 누구라도 나의 '낮은 경계선'을 쉽사리 발견한다. 나의 이런 특성은 교사로서 강력한 매력 요소라고 생각했다. 동료 교사들은 "참 피곤하게 산다."며 내게 걱정 어린 타박과 조언들을 하지만, 언제 어디에 소속되어도 관계성이 최고였기에 그런 말을 새겨듣지 않았다. 그러나 모든 빛에는 그림자가 있듯, 나 스스로 장점이라고 생각한 부분들이 가진 단점은 서서히 실체를 드러냈고, 2023년 최고조에 달했다.

나는 교사다 그러므로 생각한다

처음 중학교에 자원해, 다들 부담스러워하는 중2 담임을 맡았다. 고등학교에서는 입시 준비 등으로 하기 어려웠던 학급 행사나 모임을 모두 해 보리라 마음먹었고, '도장 깨기' 하듯 다양한 행사를 만들고 실현해 나갔다. 그런데 간과한 것이 있었다. 중학교는 학생 사안으로 정말 바쁘다는 것. 즉, 하고 싶은 일의 성취보다 해내야 할 일들의 우선순위가 더 중요했다.

반 아이들은 하루가 멀다 하고 크고 작은 문제들을 만들어 냈다. 모두 내가 나서 해결해야 할 문제였다. 학부모 상담 기간에는 28명 가운데 26명의 학부모님을 상담했고, 상담 기간이 아니어도 보호자들과 통화할 일이 많았다. 퇴근길 50분도 대부분 학부모님들과의 통화로 채워졌고, 집에 도착해도 통화가 끝나지 않는 경우가 잦았다. 문제는 내가 육체적 한계를 지닌 인간이라는 점과 퇴근하면 집에 돌봐야 할 아이들이 있다는 점이었다. 그러다 보니 늘 시간 부족에 허덕였고, 우리 집 아이들은 퇴근 후에도 전화기만 붙잡고 있는 엄마가 불만스러웠다. 그렇게 몸과 마음이 소진되며 인생 첫 중학교 생활이 불만족으로 물들기 시작했다.

아슬아슬 쉽지 않은 균형 잡기

『균형』 유준재 글·그림, 문학동네

그림책 표지에는 크고 파란 둥근 공 위에 고깔모자를 쓰고 두 팔을 벌리 채 한쪽 다리로 서 있는 남자아이가 보인다. 표정이 사뭇 진지하다. 책장을 넘기니 이번엔 시소 끝이다. 입을 앙다물고 두 팔을 쫙 벌려 균형을 잡고 있다. 집중해야 하니 말은 걸지 말아 달라고 독자에게 부탁한다. 이번엔 뾰쪽한 모서리 위에 한 발로 서서 기다란 봉을 가로로 들고 있다. 그러면서 알려 준다. 균형을 잡기 위해선 많은 연습이 필요하다고.

무대에서 멋진 모습을 보여 주겠다는 아이는 높다랗게 이어진 계단을 끝도 없이 올라간다. 높은 기둥 끝에 서서 공중에 매달린 두 줄을 양손으로 꼬옥 잡는다. 그러고는 발을 떼어 허공으로 몸을 날리고, 반대편에는 같은 고깔모자를 쓴 여자아이가 줄에서 손을 떼며 아이를 향해 몸을 던진다. 아! 함께하는 서커스 공연이구나.

커다란 반원 위 양 끝에 남자아이와 여자아이가 균형을 이루며 서서 기다란 봉을 코에 올려놓고 봉 끝으로 접시를 돌린다. 다음 장면에선 커다란 공 위에서 줄 하나에 의지에 균형을 잡으며 서로 떨어지지 않도록 붙들고 있다. 실수는 곧 균형의 깨짐, 공연의 실패로 이어지니 작은 실수에도 예민할 수밖에 없다. 한 발 한 발, 또 한 발 또 한 발. 남자아이와 여자아이뿐 아니라 서커스 단원 모두가 조심스럽게 천천히 그리고 신중하게 서로가 서로의 균형이 되어주기 위해, 자신으로 인해 균형이 무너지지 않게 하기 위해 함께 노력한다. 그리고 마침내 무대 위, 너무도 황홀한 삼각 편대의 아름다운 균형을 이루어 낸다.

부족하지도 넘치지도 않게

아리스토텔레스(Aristoteles, B.C.384~B.C.322)는 플라톤과 나란히 가장 위대한 그리스 철학자로 꼽힌다. 그는 논리학·수사학·윤리학·정치학·물리학·형이상학·시학·생물학 등 다양한 주제로 엄청난 분량의 저술을 남겨 서양의 학문적 토대를 세웠다. 대표 저서인 『니코마코스 윤리학』은 '인간의 삶이 궁극적으로 추구하는 것은 무엇인가'를 묻는다. 그러고는 도덕적 행동의 습관화를 통한 도덕적 성품 고양에 관한 명쾌한 논리 전개를 보여 준다.

아리스토텔레스는 모든 사물과 행위는 저마다 추구하는 목적이 있다며, 인간 행위의 궁극적 목적은 최고선이고, 행복을 최고선으로 보았다. 행복은 덕 있는 삶을 살 때 도달할 수 있는데, 덕은 인간 고유의 기능인 이성을 탁월하게 발휘하는 '탁월성'이라고 설명한다. 즉, 탁월성이야말로 행복의 중요한 요인인 것이다.

그에 따르면 덕은 '지적 덕'과 '윤리적 덕'으로 나뉜다. 지적 덕은 주로 교육을 통해 발생하고 성장한다. 이에 비해 윤리적 덕은 습관의 결과로 발생한다. 따라서 윤리적 덕은 행위에 의해 완성되기도 하고 반대로 파괴되기도 한다. 예를 들어, 운동이 부족하거나 과하면 체력이 저하되고, 음식물 섭취가 부족하거나 지나치면 건강이 손상되는 것과 같다. 그러므로 용기, 절제 등의 윤리적 덕이 부족함이나 지나침으로 파괴되지 않도록 '중용(中庸)'을 제시한다.

중용이란 양극단을 피하고 중간을 선택하는 것인데, 이때의 중간은 산술적 중간인 균등을 의미하지 않는다. 중용은 어떤 행위가 상황에 알맞은 것으로, 그것은 끊임없는 훈련과 제자리를 찾으려는 노력에 의해 가능해진다. 그러므로 중용 달성은 원의 중심을 찾는 것만큼 쉽지 않다.

그렇다면 어떻게 중용을 달성할 수 있을까? 아리스토텔레스는 마땅한 때에, 마땅한 사람에게, 마땅한 동기에서, 마땅한 태도와 방법으로 행동해야 한다고 말한다. 지나침과 부족함이 일종의 실패라면, 중간은 칭찬받는 것이고 일종의 성공이며 이것이 덕의 특징이라는 것이다.

아리스토텔레스는 또한 말한다. 우리 자신이 쉽게 빠지는 여러 가지 일을 잘 살펴보라고 말이다. 인간은 어떤 일에 쏠리는 경향이 있는데, 자신이 느끼는 쾌락이나 고통을 통해 이것을 잘 알 수 있다고 한다. 그러므로 쏠리는 쪽의 반대 극단으로 자신을 끌고 가야 중간적인 상태에 도달할 수 있다고 알려 준다.

삶의 균형으로 행복에 다가가기

나는 타인을 돕는 데서 가장 큰 쾌락을 느낀다. 특히 아이와 학부모를 '돕는 일'이라면 열 일 제쳐 두고 실행한다. 상대의 기쁨과 만족감을 지켜보는 뿌듯함과 쾌락이 중독 현상처럼 동일한 행위 반복을 가져왔다. 뒷일을 생각하지 않고 우선 돕는 것이다.

나는 교사다 그러므로 생각한다

이런 행위의 습관화는 자연스럽게 나를 친절한 상담자, 언제나 시간을 내주는 담임으로 만들었다. 가정을 꾸리지 않았을 때는 이런 치우침에 따른 불편함이나 불만이 크게 다가오지 않았다. 육체의 노곤함은 쉼을 통해 회복하면 된다고 생각했기 때문이다. 그러나 가정을 꾸리고 엄마가 된 나의 삶은 달랐다. 어느 한 역할에만 치중할 경우, 반대급부로 다른 역할을 담당하고 있는 삶은 균형이 깨지고 균열이 생겼다. 결국 행복하지 않았다.

그래서 조금씩 균형을 잡아 보려고 노력 중이다. 전에는 퇴근 후라도 무조건 상담 요청을 받아 주었다면, 요즘은 나의 육아 상황을 우선순위로 고려해 퇴근 후 상담을 조정하고 있다. 특히 밤 8시 이후에 걸려 오는 전화는 받지 않기로 원칙을 세웠고, 내 컨디션을 고려해 적절히 응대하고 있다.

여전히 내 몸의 습관은 나를 학교에 잡아 두지만, 균형을 잡기 위해 또 중용을 달성하기 위해 노력하는 지금이 모든 부탁에 "Yes!"를 외칠 때보다 좋다. 당장 해결하지 않아도 되는 문제는 시간을 두고 더 나은 방안을 모색하면서 나의 경계선을 조금씩 쌓아 올리고 있다. 이런 노력 덕에 조금씩 학교와 가정의 삶이 균형을 잡아 가는 지금이, 모두에게 한없이 친절할 때보다 훨씬 행복하다.

15

물질적인 욕심이
나를 힘들게 할 때면?

• 에피쿠로스와 『최고의 차』 •

영국 철학자 밀은 "배부른 돼지보다 배고픈 소크라테스가 낫다."고 말했다. 나 역시 물질적 풍요를 즐기기보다 정신적으로 더 풍족한 삶을 살고 싶다고 생각하지만, 물질의 욕구에서 벗어나기가 쉽지 않다.

소형차를 10년 넘게 타고 있다. 오래된 소형차를 타는 것이 크게 불편하지는 않다. 그런데도 종종 초라한 느낌을 받곤 한다. 학교 주차장에 있는 자동차들이 내 차보다 좋아 보인다. 가격이 꽤 나가는 차도 여럿이다. 젊은 선생님이 그런 차에서 내리는 모습을 보면 '난 그동안 뭐 했나.' 하는 자괴감도 든다.

선생님들과 휴식 시간에 대화하면서도 그런 순간을 맞닥뜨린다. 이번 방학에 해외여행을 갈 계획이라거나, 지난번에 다녀온 여행 이야기를 할 때가 그렇다. 나는 외벌이로 빠듯하게 경제생활을 하고 있어서 다

나는 교사다 그러므로 생각한다

른 교사들처럼 해외여행을 다녀 보지 못했다. 동료 교사들의 여행 이야기를 들을 때면 가족들에게 미안한 마음이 들면서, 나도 동료들처럼 물질적으로 여유 있게 살고 싶은 욕구가 커진다.

'최고' 다음은 '더 최고'

『**최고의 차**』다비드 칼리 글, 세바스티앙 무랭 그림, 바람숲아이 옮김, 봄개울

그림책 『최고의 차』 주인공 '자끄 아저씨'는 오랫동안 같은 자동차를 타고 있다. 빠르지도 않고 크지도 않은 자동차지만, 주차하기 쉽고 타는 데도 불편함이 없다. 그런데 최고의 자동차라고 홍보하는 '비너스' 광고판을 볼 때마다 마음이 요동친다. 자신의 자동차가 한없이 초라해 보이고, 비너스를 타고 싶어진다. 꿈에까지 비너스 자동차가 등장할 정도다. 하지만 자끄 아저씨 월급으로는 비너스를 살 수가 없다. 단숨에 큰 돈을 버는 방법을 궁리해 봐도 마땅한 답이 없다. 그러던 어느 날, 우연히 광고를 본 아저씨는 작은 조각들을 조립해 자동차를 완성하는 부업을 시작한다. 자동차 한 대를 조립하면 1땡그랑을 벌 수 있다.

처음에 아저씨는 여유 시간에 조금씩 자동차를 조립했지만, 점점 자동차 조립에 들이는 시간이 늘어난다. 심지어 회사에는 아파서 출근하지 못한다고 거짓말하고 조립에만 몰두한다. 그렇게 쉬지 않고 조립한 끝에 99,999땡그랑 가격의 비너스 자동차를 산다.

자끄 아저씨는 비너스를 타고 세상을 다 가진 기분으로 운전을 즐긴다. 그런데 그때 아저씨 눈에 새로운 자동차 광고가 들어온다. '더 아름다운 차! 더 빠른 차! 아프로디테!' 자끄 아저씨는 어떻게 될까?

진정한 쾌락은 고통이 없는 상태

에피쿠로스(Epicouros, B.C.341~B.C.270)는 많은 오해를 받는 철학자 가운데 하나다. 그가 주창한 '쾌락주의' 때문이다. 전쟁과 질병이 횡행한 시대를 살던 에피쿠로스는 마음의 평화와 행복한 삶의 중요성을 강조했다. 그러면서 인간이 추구해야 할 최고선으로 '쾌락'을 꼽았다.

그는 아테네 교외 정원에서 공동체 생활을 하면서 자신의 이런 철학을 설파했다. 당시 영혼을 중시하며 인간 정신을 강조하던 아테네인들은 에피쿠로스의 철학을 비난하고, 그의 공동체를 저급하고 음란한 단체라고 손가락질했다. 그러나 그의 공동체는 수도원처럼 경건하게 생활하는 곳이었다.

에피쿠로스가 인간 최고선으로 꼽은 쾌락은 일시적이거나 육체적인 즐거움을 방탕하게 추구하는 것이 아니다. 그가 말한 쾌락은 고통이 없는 상태, 즉 마음의 혼란으로부터 자유로운 상태를 의미한다. 그는 또한 진정한 쾌락은 '금욕'을 통해 이룰 수 있다고 강조했다. 여기서 금욕이란 모든 욕구를 제거하는 것이 아니다. 고통을 제거하기 위해 욕구의 양

나는 교사다 그러므로 생각한다

을 줄여야 한다는 의미다. 예를 들어 배가 고플 때 음식을 먹으면 쾌락을 느낀다. 그러나 충분히 배가 부른데도 음식을 먹는 것은 더 이상 쾌락이 아니며, 오히려 먹을수록 고통을 초래한다. 이런 원리에 의해 욕구를 줄여 나갈 때 쾌락은 극대화되고 꾸준히 지속될 수 있다는 것이다.

에피쿠로스는 인간의 욕구를 세 가지로 분류한다. 첫째, 자연적이고 필수적인 욕구다. 둘째, 자연적이지만 필수적이지 않은 욕구다. 셋째, 자연스럽지 않고 필수적이지도 않은 욕구이다. 이 가운데 특히 세 번째 욕구가 우리를 힘들게 한다. 대부분의 사람은 불필요한 욕구를 필요한 욕구로 여기고, 욕구를 달성하기 위해 노력한다. 이런 욕구들은 끝이 없어 만족시키기도 어렵고, 설령 달성한다고 해도 또 다른 욕구를 불러일으켜 진정한 행복을 느끼기 어렵다.

교사에게 가장 자연스럽고 필수적인 욕구

『최고의 차』에서 자끄 아저씨가 더 좋은 자동차를 갖고 싶은 것은 자연스럽지도 않고 필수적이지도 않은 욕구다. 자끄 아저씨에게 비너스나 아프로디테 자동차는 꼭 필요한 물건이 아니다. 게다가 자끄 아저씨가 비너스 자동차를 타고 행복했던 순간은 잠시뿐이다. 아프로디테 자동차 광고를 본 자끄 아저씨는 어떻게 될까? 비너스 자동차에 만족하면서 살아갈까? 아프로디테 자동차를 갖고 싶어 다시금 부업에 몰두하며 힘든 나날을 보내게 되지 않을까? 만약 자끄 아저씨가 아프로디테 자동차를 산다면 더 행복해질까? 분명 아프로디테보다 더 좋은 자동차가 갖고 싶어질 테고, 현재는 불행하다고 느낄 것이다.

나 역시 자끄 아저씨와 별반 다르지 않다. 얼마 전 운 좋게 저렴한 가격으로 중고 자동차를 구입했다. 전에 타던 차에 비하면 훨씬 좋은 차였고, 차를 타고 출근하는 길이 즐거웠다. 주차장에서 다른 차들을 보면서 위축되지도 않았다. 그런데 즐거움은 잠시였다. 하루 이틀 지나니 출근하는 길, 학교 주차장에서 내 차보다 더 좋은 차들에 눈길이 갔다. 내 월급으로는 도저히 살 수 없는 걸 알면서도 갖고 싶은 욕구가 생겼다. 그 결과 다시 고통이 찾아왔다.

교사 생활을 하면서 물질적 욕심으로 고통이 찾아오면 괴롭다. 아이들 가르치는 일에 더 집중해야 하는데, 자동차나 해외여행 같은 자연스럽지도 필수적이지도 않은 욕구로 다른 교사를 부러워하고 나 자신을 초라하게 느끼는 내가 싫다. '좋은 자동차가 아니어도 괜찮아. 출근하는 데 아무런 지장이 없잖아. 남들이 간다고 꼭 해외여행을 가야 하는 건 아니잖아.' 이렇게 생각하며 살고 싶다. 물질적 욕구를 줄이며 살아가고 싶다. 대신 아이들을 사랑으로 가르치고픈 욕구를 충족시키며 살아가고 싶다. 교사로서 아이들을 사랑으로 가르치는 일은 자연적이고 필수적인 욕구 아닐까?

에피쿠로스의 '원자론'에 따르면 우리 삶은 '기적'이다. 세상의 모든 존재는 궁극적 물질 성분인 원자로 구성된다. 원자들은 일정하게 직선 하강 운동을 하는데, 우연한 이탈로 원자 충돌이 일어나고 이들이 결합해 물질을 형성한다는 것이다.

　인간도 마찬가지로 원자들의 결합체라고 한다. 이처럼 예정되어 있지 않은 우연한 일탈로 생긴 기적 같은 삶을 자연적이지도 않고 필수적이지도 않은 욕구에 끌려다니며 낭비하고 싶지 않다. 더 많은 것을 가지려 하기보다 현재 가진 것을 즐기는 삶을 살고 싶다. 기적처럼 주어진 내 삶을 행복하게 살고 싶다.

16

충분한 숙고 없이
교육 활동을 하고 있다면?

・ 아렌트와 『아무도 지나가지 마!』 ・

교사들이 직무를 수행할 때, 그것이 미치는 영향이나 의미 등에 관해 얼마나 생각해 볼까? 학년 말에는 차기 연도 교육 계획을 수립하기 위해 워크숍을 열고 여러 가지 설문과 의견 수렴을 진행한다. 그 설문이나 결정이 차기 연도와 교육 전반에 어떤 영향을 미칠지 깊이 생각해 볼까? 너무 거창한 질문일까?

어느 해 학교에서 연구 학교 신청을 한다고 발표했다. 연구 학교로 선정되어 과제를 수행하고 연구하는 것은 의미 있고 좋은 일이다. 연구 학교로 선정되면 교사 인사이동과 승진 등에 필요한 점수도 부과되기에, 이 신청을 주도하거나 제안하는 이는 주로 관리자나 이를 통해 얻을 점수가 필요한 사람이다. 아무튼 학교는 소속 교원을 대상으로 찬반 투표

나는 교사다 그러므로 생각한다

를 실시해 찬성 비율이 80%를 넘으면 연구 학교를 신청할 수 있다. 그런데 연구 학교를 신청할 때 연구 주제에 관해서는 얼마나 치열하게 고민하는지 한번 생각해 볼 문제다.

연구 학교로 선정되면 제출한 연구 주제와 관련한 업무를 진행해야 한다. 그런데 연구를 통해 성과를 내고 의미 있는 결과를 도출해야 한다는 생각에, 지금 하고 있는 일이 아이들의 학업과 교육과정 운영에, 또 교육 구성원들에게 어떤 영향을 미칠지에 관한 사유를 놓치는 경우가 있다. 일정에 쫓기고 목적을 잊은 채 무작정 업무를 진행하고 보고서 작성에만 몰두하고 있지는 않은지 점검해야 한다.

'성실'과 '대의'라는 말로 다수의 결정에 무조건 따르고 있지는 않은지 돌아보아야 한다. 교사로서 내린 결정이 구성원들에게 어떤 영향을 미칠지 생각하지 않고 무조건 지시만 따른다면 책임감을 갖기 힘들다. '그저 하라는 대로 열심히 할 뿐'이라는 말은 결과가 나쁘거나 문제가 발생했을 때 면죄부를 받고 책임을 지지 않으려는 것과 다르지 않다.

교사는 한 해의 교육 계획을 수립하고, 교사이기에 해야 하는 수많은 결정과 선택을 하고 그에 따라 업무를 수행한다. 이때 이 결정이 어떤 영향을 미치고, 어떻게 전개되고 있는지 생각해 보기보다, 관행을 좇아 하던 대로 자동적으로 하는 경우가 있지는 않나?

돌이켜보면 학교 회의에서 결정된 업무 전달과 지시 사항을 그저 일로만 받아와 무작정 열심히 하던 나를 발견할 수 있다. 이 일이 어떤 영향을 미치고 어떻게 전개될지를 생각해 의견을 내면 회의가 길어지고 피곤해지니, 질문하거나 의견을 내는 것은 시간 낭비라고 생각할 때도 있다. 다수가 동의하는 사안에 다른 의견을 냈다가 부정당할까 봐 두렵기도 하다. 관행을 따르는 것이 습관이 되면 무비판적으로 했던 선택과 행동이 문제를 일으켰을 때 그에 대한 책임과 피해 회복은 이루어지지 않을 것이다. 사유를 생략한 채 지시만 따르는 행위에 관해 한번쯤 생각해 보게 하는 그림책이 있다.

명령에 무조건 복종하라고?

『아무도 지나가지 마!』
이자벨 미뇨스 마르틴스 글, 베르나르두 카르발류 그림, 민찬기 옮김, 그림책공작소

책 표지를 보면 몹시 화가 난 듯한 장군이 화가 난 말을 타고 "아무도 지나가지 마!"라고 외친다. 앞 면지에는 이 책에 나오는 수많은 등장인물과 이름이 소개된다. 이어 속 표지에서 장군은 부하 군인에게 명령한다. "너는 꼼짝 말고 아무도 못 지나가게 지켜!" 본문으로 들어가자 이제 군인은 바짝 언 표정과 똑바로 선 자세로 책 펼침 면의 경계에 붙어 꼼짝하지 않고 명령을 받들고 있다.

그런데 책장 왼쪽 끝에서 강아지가 등장하고, 이어 한 남자가 나타난다. 군인이 멈추라고 외치며 누구도 오른쪽으로 지나갈 수 없다고 엄포를 놓자, 남자는 전쟁이라도 났냐고 묻는다. 군인은 장군이 언제든 이

나는 교사다 그러므로 생각한다

이야기의 주인공이 될 수 있도록 오른쪽을 비워두라고 했다고 답한다. 그러는 동안 다른 등장인물들이 하나둘 모여들고 그들은 저마다의 사정으로 오른쪽 면으로 넘어가려고 하지만, 군인은 '명령을 따를 뿐'이라며 그들을 막아선다.

이유도 모른 채 금지 명령에 발이 묶인 사람들이 웅성거리던 때, 아이들이 가지고 놀던 공이 통통통 튀어 오른쪽 책장으로 넘어간다. 군인은 마지못해 아이들에게 '한 번만'이라며 선을 넘도록 허용하고, 경계선은 순식간에 모두에게 열려 버린다.

그때 장군이 나타나 화를 내며 명령을 어긴 군인을 잡으라고 소리친다. 등장인물들은 "우리도 주인공이야."라며 장군을 비난하고 군인을 비호한다. 장군을 따라온 군인들도 "만세!"를 외치며 총을 버리고 군중 속으로 들어간다. 자신의 선택과 의지, 사고에 따른 행동이다. 이제 군중이 모두 흩어지고 홀로 남은 책장에서 장군은 중얼거린다. "이 이야기의 주인공은 도대체 누구란 말이냐?"

뒤 면지 역시 앞 면지처럼 책의 등장인물과 그들의 이름을 나열해 놓았다. 사람도, 개도, 말도, 유령도, 외계인까지, 모두에 이름을 붙인 데는 하나하나가 모두 주인공이라는 의미를 담고 있다. '주인공, 주인, 주체'라는 단어를 떠올리며 스스로의 선택과 책임에 관해 생각해 보게 된다.

사유 없는 행동이 불러온 끔찍한 역사

제2차 세계 대전 중 독일 나치 정권은 유대인 대학살을 저질렀다. 전쟁이 끝나고, 나치 정권 아래 유대인 600만 명을 학살한 시스템 구축에 앞장선 아이히만(Adolf Eichmann)의 재판이 예루살렘에서 열렸다.

독일 태생의 유대인이자 정치 철학자인 아렌트(Hannah Arendt, 1906~1975)는 이 재판을 참관하며 몹시 놀랐다. 아이히만의 외모가 대량 학살에 가담한 '희대의 살인마'라는 이름에 어울리지 않게 지극히 평범했기 때문이다. 몸집은 왜소하고, 정신도 정상이었으며, 거리에서 흔히 만나는 중년 남성 그 이상도 그 이하도 아니었다. 그렇지만 그가 한 일들은 끔찍했다. 유대인을 강제 수용소로 보내는 열차 수송의 최종 책임자로 대량 학살에 앞장섰다. 재판 결과는 사형, 죄목은 '인류와 유대 민족에 씻을 수 없는 범죄를 저질렀다.'였다.

아렌트는 아이히만의 재판 과정을 지켜본 뒤 『예루살렘의 아이히만』이라는 보고서를 작성하고, '악의 평범성에 관한 보고서'라는 부제를 덧붙였다. 아렌트는 책에서 인류와 역사에 씻을 수 없는 죄를 저지른 중범죄자의 특이점에 주목했다. 아이히만은 지극히 일반적인 삶을 살아온 사람이었고, 가족을 사랑하는 가장이었으며, 탁월한 행정 능력을 보여 준 공무원이었다. 심지어 그의 상사는 '아이히만같이 충직하고 성실한 사람이 있었다면 독일이 패망하지 않았을 것'이라고 증언했다. 그는 재판 내내 자신에게 잘못이 있다면 그저 공무원으로서 주어진 업무에

나는 교사다 그러므로 생각한다

최선을 다한 것뿐이라고 했다. 그 업무가 죄 없는 수많은 사람을 죽음으로 내몬 것이라 할지라도 말이다.

이를 지켜본 아렌트는 '악의 평범성'이라는 말을 탄생시켰다. 악이 비정상적인 특정인에 의해 행해지는 것이 아니며, 현상을 판단하지 않고 그저 주어진 일에 충실하기만 할 때 악이 자행될 수 있다는 것이다. 아이히만의 주장대로라면 그는 기계와 다름없는 삶을 살았다. 나치가 정한 법과 명령을 아무런 문제의식 없이 받아들이고 수행한 '살인 기계'였던 것이다. 뛰어난 성과를 거두어 인정받고 싶었고, 그 성과를 통해 더 높은 자리에 오르고 싶었다. 그는 희생자들의 상황과 처지를 생각하지 않았고, 자신에게 주어진 일의 잘잘못도 따지지 않았다. 개인의 무사유(無思惟)가 대학살, 살인, 범죄를 가능하게 한 것이다.

우리는 '악'을 '선과 대치되는 것' 혹은 '비정상적이고 비상식적인 행동을 일삼는 소수의 전유물'로 생각하곤 한다. 그래서 악은 나와 관계없다고 여긴다. 하지만 아렌트는 악은 누구에 의해서든 자행될 수 있는 평범한 일이라고 말한다. 사유하지 않고 행동하는 것만으로 말이다. 아이히만이 자신의 일을 사유하지 않음으로써 살인마가 된 것처럼.

지금의 선택이 가져올 미래를 잊지 않기

그림책에서 군인은 장군의 명령에 따라 "아무도 지나가지 마!"라고 한다. 그런데 왼쪽 페이지에 모여든 사람 중에는 아이를 가진 임신부도 있다. 생각해 보자. 만약 병원이 오른쪽에 있고 아이가 지금 막 나오려고 한다면 어떻게 될까? 군인은 어떻게 해야 할까? 또 외계인은 교신을 위해 오른쪽으로 넘어가야 한다는데, 그 교신이 가로막혀 인류와 지구에 치명적인 해를 입히면 어떻게 될까? 스스로 판단하지 않고 끝까지 장군의 명령에 충실하며 자신의 임무를 다한 군인의 행위는 죄가 될까? 그저 명령을 따른 것뿐이니 책임으로부터 자유로울까?

이제 학교로 돌아가 아렌트의 관점에서 우리를 살펴보자. 연구 학교 지정을 선택할 때, 이 선택이 우리 아이들에게 어떤 영향을 미치며 어떤 교육적 의미가 있는지 충분히 숙고해야 한다. 그저 대의를 따르겠다거나, 무엇이라도 연구하고 적용해 보는 경험은 도움이 될 거라는 식의 막연한 의욕은 위험하다. 사유가 빠진 자동적 판단에 의한 암묵적 동의가 어떤 결과를 가져올지 생각해야 한다. 지금 학교에서 이루어지는 교육, 교사로서 하는 말과 행동, 선택이 가지는 교육적 의미에 대한 사유가 필요하다. 당연하다고 받아들이거나 의례적으로 하던 것에서 벗어나, 낯설게 보고 비판적으로 사고해야 한다. 이런 교육적 사유가 있어야 교육 혁신이 일어날 수 있다.

오늘도 우리는 교사로서 맡은 업무를 성실히 수행하고 있다. 내게 주어진 일과 지시를 따르겠지만, 지금 자리에서 내가 내린 선택과 결정이 가져올 미래를 잊어서는 안 된다. 그러니 한 번 더 생각하고, 신중히 행동하며, 책임을 다하는 교사가 되자고 오늘도 결심해 본다.

나는 교사다 그러므로 생각한다

17

부장 교사에게
필요한 리더십은?

· 노자와 『곰이 강을 따라갔을 때』 ·

    교사는 일정한 연차가 되면 학교에서 부장 역할을 맡는다. 교무, 연구, 학생부장처럼 업무나 역할이 업무 분장표에 명확하게 제시된 경우도 있지만, 다른 부장 교사의 경우는 업무 분장표에 기록되지 않은 다양한 일을 처리해야 하는 상황들이 발생한다. 대부분의 담임이 아이들에게 사랑받으면서도 말에 권위가 서길 바라듯, 부장 교사도 교사들과 친밀하면서도 그들로부터 신뢰와 존중을 받고 싶어 한다.

    교사 입장에선 어떨까. 개인의 성향에 따라 다르겠지만, 작은 부분까지 세심하고 꼼꼼하게 살피는 부장 교사를 선호하기도 하고, 조금 투박해도 전체적인 비전을 제시하면서 각자의 빛깔대로 학급과 업무를 운영하도록 독려하는 부장을 선호할 수도 있다. 아니, 선호도보다는 때에 따라 전자가 필요한 경우와 후자가 필요한 경우가 있는 것도 같다.

새로 옮긴 학교에서 부장 교사를 맡아 달라는 부탁을 받았다. 젊은 교사가 많다 보니 내가 중간층 역할을 해 주길 바란 듯했다. 새로운 학교급과 아이들, 새로운 구성원들 사이에서 한 번도 해 보지 않은 역할을 감당하기가 쉽지는 않겠다고 생각했으나 고민 끝에 수락했다. 다행히 내가 맡은 부는 흔히 '메이저'로 꼽는 교무, 연구, 학생 쪽이 아니었기에 부서원도 많지 않고, 교무 조직이 업무 부서 위주가 아니라 학년부 체제로 구성되어 있어 나의 존재감이 드러날 일도 거의 없었다.

　한 부서의 장이 되어 부서원들과 함께 지내는 경험은 특별했다. 머리를 맞대고 업무와 수업을 논의했고, 다과를 함께하며 고민을 나누기도 했다. 그렇게 묵묵히 함께하는 시간이 쌓이자 신뢰가 두터워지고 서로를 이해하는 폭이 넓어졌다. 초기에 업무를 분장할 때는 상대 영역을 침범할까 봐 또는 내 일이 늘고 상대방 업무는 줄어들까 봐 걱정하며 은근히 신경전을 벌이는 모습이었는데, 서로 업무를 돕고 병가나 조퇴로 빈자리가 생기면 내 일인 듯 나서는 관계로 발전한 것이다.

한배를 타고 떠나는 미지의 여정

『곰이 강을 따라갔을 때』 리처드 T. 모리스 글, 르웬 팜 그림, 이상희 옮김, 소원나무

　그림책 『곰이 강을 따라갔을 때』는 서로를 모른 채 살던 숲속 동물들이 어쩌다 함께 통나무배를 타고 강을 따라 모험을 떠나는 이야기다.

밤에도 흐르고, 낮에도 흐르는, 어디로 가는지 아무도 모르는 강을 호기심 많은 곰이 따라간다. 그러다 첨벙 강에 빠진 곰은 통나무를 타고 개구리, 거북이, 비버, 너구리, 오리 등을 차례로 만나면서 계속해서 강을 따라 흐른다. 뜻밖의 인연들이 함께하는 모험 가득한 여행은 강물이 곤두박질치는 폭포를 만나 위기를 맞는다. 절벽 아래로 떨어지는 그들. 곰이 개구리를 붙들고, 개구리는 거북이를 붙잡고, 거북이는 비버를, 비버는 너구리를, 너구리는 오리를 꽉 붙들자, 폭포는 한바탕 놀이터가 된다. 곰과 친구들은 폭포 아래 잔잔한 물웅덩이에서 즐겁게 뛰어논다.

뒤 면지를 보니 앞 면지를 가득 채우던 회색빛 숲이 알록달록 각양각색의 찬란한 숲으로 물들어 있다. 각자의 회색빛 숲을 살던 동물들이 서로의 삶에 동참하자, 새로운 경험이 일어나고 새로운 세상이 펼쳐진 것이다. 살아가는 동안 다양한 존재를 만나고 전혀 예상치 못한 일을 맞닥뜨리기도 하는 우리네 인생을 비춰 주는 것 같다.

그림책에서는 때로는 곰과 친구들이 때로는 강물이 그들의 모험을 이끈다. 그리고 그 모험은 밤에도 낮에도 한결같이 흘러가던 강물과 함께하기를 선택한 친구들이 만났을 때 비로소 시작되었다.

학교 현장에도 곰과 친구들 같은 부장 교사와 부서원들이 있고, 강물처럼 묵묵히 흘러가는 학사 일정이 존재한다. 이 학사 일정이라는 강물에 부장 교사와 부서원들이 함께 몸을 내던질 때, 학교 공동체가 지향하는 목적지를 향한 신나는 모험이 가능해지지 않을까? 그렇다면 이를 위해 부장 교사는 어떤 리더십을 갖추어야 할까?

만물을 이롭게 하는 물처럼

중국 춘추 시대 사상가 노자(老子, ?~?)는 억지로 하려 함 없이 스스로 그러하게 놔두라는 '무위자연(無爲自然)'의 마음가짐을 강조했다. 그는 특히 물을 들어 무위자연의 속성을 설명했는데, 그가 쓴 『도덕경(道德經)』에는 물의 속성에 관해 '선하고 만물을 이롭게 하며, 사람들이 싫어하는 낮은 곳에도 기꺼이 자리한다.'고 말하고 있다.

> 가장 착한 것은 물과 같다. 물은 우주 만유의 모든 생명을 이롭게 하면서도 다투질 않는다. 뭇사람들이 싫어하는 곳에서도 지낸다. 그러므로 '도(道)' 그 자체라 할 수 있다.
>
> 땅에 머물러 살며, 마음씀은 연못같이 깊고, 널리 어짊으로 주고, 말은 믿음으로 하고, 올곧게 다스리고, 일은 다 이룸에 능하고, 때에 맞추어 움직이어, 그저 오로지 다투질 않으니, 그래서 허물이 없음이라.*

물은 다투는 법이 없다. 산이 가로막으면 멀리 돌아서 가고, 바위를 만나면 몸을 나누어 비켜 간다. 가파른 계곡에서는 쏜살같이 내달리고, 깊은 소(沼)를 만나면 소를 채운 다음 비로소 나아간다. 노자가 물을 최고의 선과 같다고 하는 까닭은 만물을 이롭게 하기 때문이며, 다투지 않

---

* 上善若水 水善利萬物而不爭 處衆人之所惡 故幾於道 居善地 心善淵 與善仁 言善信 政善治 事善能 動善時 夫唯不爭 故無尤, 『도덕경(道德經)』「제8장(第八章)」

기 때문이며, 사람들이 싫어하는 곳에 임하기 때문이다.

역할도 소통도 물 흐르듯이

지금 시대에 과연 남들이 싫어하는 곳을 기꺼이 택하고 만물을 이롭게 하면서도 다투지 않는 특성이 집단의 리더에게 요구되는 필수 자질인지는 모르겠다.

한 부서의 장을 맡으면 그 부서의 이익을 위해 목소리를 내는 것과, 타 부서와 조율하고 협업하며 원활한 학사 운영을 해 나가는 것 사이에서 고민해야 할 때가 있다. 관리자들과 부서 선생님들 사이에서 때로는 관리자들의 생각을 부서 선생님들에게 전달하며 부서원들의 원망을 사고, 반대로 부서원들의 입장을 대변하다가 관리자들로부터 인기 관리하냐는 핀잔을 듣기도 한다. 만물을 이롭게 하는 것도 좋지만, 타 부서의 이익이 우리 부서의 이익을 침해하지 않도록 치열하게 다투는 것이 더 중요한 가치처럼 느껴지기도 한다. 이럴 때 노자의 '물'을 떠올린다.

얼마 전 다른 부서장과 대화할 때였다. 우리 부서와 역할이 맞물리는 지점이 많아서 우리 쪽이 역할을 더 가져가면 상대적으로 해당 부서가 편해지는 상황이었다. 부장 교사가 처음인 데다 연차도 나이도 적은 내가 일을 많이 받는 편이 좋겠다 싶었고, 일을 맡아 힘든 내색 없이 묵묵히 수행했다. 그러자 해당 부서장은 내가 일을 자발적으로 가져간 데 감사하며 업무에 막힘이 없도록 적극 협조했고, 그 덕분에 수월하게 진행된 일이 많았다.

  처음 내가 만난 교무실의 느낌은 그림책 『곰이 강을 따라갔을 때』의 앞 면지처럼 회색빛이었다. 모두가 업무 분장에 따라 자신이 맡은 역할과 교과, 아이들에만 신경을 집중했다. 나 역시 부장 교사가 아닐 때는 내가 맡은 일에 충실하느라 주위를 살피지 않았다. 내가 바란 교무실은 회색빛이 아니라 그림책 뒤 면지처럼 푸른 숲이 우거지고 각양각생의 생명력이 넘치는 곳이었지만, 소통 없이 역할에만 충실하다 보니 그런 바람은 나중 일이 되었다.
  각자 역할을 구분하고 자신이 맡은 일을 성실히 수행해 조직이 잘 돌아가는 구조를 만드는 일은 중요하다. 또 그 시스템 안에 있는 사람들이 강물처럼 흐르며 자신의 일을 누리는 환경을 만드는 일도 못지않게 중요하다. 시스템과 사람, 그 사이에서 강물이 잘 흐를 수 있게 하는 것이 부장 교사의 역할임을 잊지 말자고 되뇌어 본다.

나는 교사다 그러므로 생각한다

18

미래에 교사는
인공 지능으로 대체될까?

· 레비나스와 『나 진짜 궁금해!』 ·

코로나19 팬데믹 이후 가르치고 배우는 방식이 많이 바뀌었다. 교실 수업은 많은 부분 디지털 기기를 활용한 온라인 수업으로 전환되었고, 에듀테크를 활용한 수업이 교실에서 차지하는 비중이 많이 높아졌다. 코로나 시대에 아이들은 교실에서 교사와 함께 직접 수업하지 못하고, EBS 방송이나 다양한 콘텐츠를 활용한 프로그램을 청취하는 방식으로 학습하고 디지털 기술을 활용한 수업을 받았다. 그리고 이제 인공 지능 교사가 등장하기에 이르렀다.

'챗GPT'로 대표되는 인공 지능 디지털 기술은 교사에게 배우거나 질문하지 않아도 지식을 습득할 수 있게 했다. 질문(주문)만 하면 뚝딱 답을 내준다. 우주든, 양자 물리학이든, 로봇이든, 우리가 모르는 것을 알려 주고, 나아가 소설도 창작해 주고 그림도 그려 준다. 더 이상 학교에서 인간 교사에게 배울 이유가 없어진 것도 같다.

교육 분야는 1950년 맞춤형 학습에서 시작해 1960~1970년대 컴퓨터 보조 수업으로 이어지다가, 1980년대 지능형 튜터링 시스템 개발을 계기로 개인 지도에 보다 적합한 형태로 발전했다. 2010년 이후에는 가르치는 인공 지능이 개발되어 학습자 맞춤형 수업을 진행하는 방안이 연구*되고 있다.

이처럼 인공 지능 교사의 등장은 인간 교사의 역할과 필요성에 의문을 제기했다. '미래에 교사는 인공 지능으로 대체될 것인가?' 라는 결과론적 질문부터, '인공 지능 교사를 어떻게 활용할 것인가?' 라는 방법론적 질문, '인공 지능 교사가 풍부한 자료를 토대로 개개인의 눈높이에 맞추어 더욱 친절한 태도로 교과 지식을 설명할 수 있다면, 인간 교사의 설 자리는 어디인가?' 라는 질문에까지 이른다. 이 질문에는 '가르치는 일' 을 '미리 설정된 내용을 교사가 아이에게 잘 설명하는 것' 으로 보는 전제에서 시작된다. 미리 설정된 지식을 아이들에게 전달하는 일은 인간 교사보다 인공 지능 교사가 월등히 우수할 것이 자명하다. 그렇다면 '기계에 대체되지 않기 위해 인간 교사의 역할은 어떻게 차별화할 수 있을까?' 하는 물음이 생긴다. 인류 역사에서 늘 행해 온 가르치는 일이 무엇이고, 가르치는 일에 있어 교사는 어떤 역할을 해야 하는지, 인간 교사로 미래에 어떻게 존재할 것인지 존립의 문제도 생각해 보자.

---

* 「인공지능 시대, 가르치는 일의 의미 재탐색: 레비나스 철학을 바탕으로」 이상은, 2021. 「교육철학 연구」 제43권 제1호

비유와 사유 그리고 질문하는 힘

『나 진짜 궁금해!』 미카 아처 글·그림, 김난령 옮김, 나무의말

창밖으로 파도가 넘실대는 바다가 보이고 동생으로 보이는 남자아이가 소파를 뒹굴며 심심해한다. 책을 보던 누나가 산책을 제안하자 동생이 흔쾌히 따라나선다.

먼저 밖으로 나온 누나가 해를 보며 묻는다. '해는 세상의 전등일까?' 그 물음은 아직 집 앞 계단에 머물러 있는 동생에게 가 닿지 않는다. 이후로도 둘은 함께 자연을 탐색하며 질문인지 독백인지 모를 물음을 이어 간다. '물안개는 강의 이불일까?' '숲은 산의 옷일까?' 답을 듣기 위해 질문하는 것도 아닌 듯하고, 질문이 꽤 비유적이라 정답이 있을 것 같지도 않지만, 남매는 여전히 자신의 관심을 좇아 질문하고 상대가 응답하지 않아도 괘념치 않는다. 해가 중천에 있을 때 시작된 둘의 산책과 질문은 관심이 이끄는 대로 강과 들로, 나무와 흙과 조개와 바람과 비로 옮겨 다니다 해가 지고 달이 뜬 밤까지 이어진다. 그러고 둘은 말한다. "나 진짜 궁금해." "나도!"

그림책 속 물음들이 서로에게 하는 질문인지, 자신에게 하는 질문인지, 아니면 독자에게 하는 질문인지 알 수 없지만, 질문을 읽는 순간 나도 답을 생각해 보게 된다. 자연물에 대한 나만의 비유를 떠올려 보고, 내가 관심 있어 하는 다른 대상에도 질문과 비유를 던져 보게 된다.

이렇듯 그림책은 스스로 질문을 만들고, 그 답을 찾아 가게 한다. 그 질문은 아마도 자연이 인간에게 주었을 테고, 그에 대한 답은 개개인이 가진 고유한 것일 테다. 획일화되고 보편화된 질문과 답이 인공 지능의 정형화된 데이터라면, 책 속 아이들이 가진 자유롭고 열린 질문과 답은 인간이 가진 고유성이 아닐까.

개별성에 맞춤해 가르치는 일

프랑스 현대 철학자 레비나스(Emmanuel Levinas, 1906~1995)의 사상을 '타자 철학'이라고 한다. 레비나스는 타자성, 즉 '다름'을 인정하는 윤리를 강조하면서, 타자성이 가장 잘 드러나는 삶의 모습을 '가르치는 일'이라고 강조한다. 그는 자신의 책 『전체성과 무한』에서 "가르치는 일은 정해진 지식을 학습자에게 동일하고 획일적으로 전달하는 것이 아닌, 타자성(다름)을 존중하는 방식으로 이루어져야 한다."고 말한다. 이렇게 할 때, 가르치는 일은 끝이 없는 무한성을 지닌다고도 한다.

레비나스는 인간의 사유 방식을 두 가지로 대비시켜 설명한다. 하나는 '동일성을 추구하는 전체성의 속성'이고 다른 하나는 '타자성을 추구하는 무한성의 특성'으로, 우리가 추구해야 하는 사유 방식으로 후자를 꼽는다.

레비나스의 두 가지 사유 방식을 지금의 인공 지능 교사와 인간 교사

나는 교사다 그러므로 생각한다

에 대입해 볼 수 있다. 교육에서 '교사-학생-교육 내용'은 어느 하나 빠질 수 없는 요소다. 이 세 요소 가운데 교사가 학생과 교육 내용을 어떻게 보느냐에 따라 교사의 역할을 다르게 해석할 수 있다. 인공 지능 교사는 아는 것, 곧 지식에 관해서는 인간 교사를 능가한다. 빅데이터를 기반으로 교과 내용, 교수 학습 방법, 개별 학생의 특성 등 모든 자료를 분석해 적용할 수 있기 때문이다. 따라서 교과 내용 지식, 교수 학습 방법, 개별 학생의 특성에 대한 지식에 기반해 개별 맞춤형 교육을 제공하는 것을 유능한 교사의 전형으로 설정한다면, 인간 교사는 인공 지능 교사를 따라갈 수 없다. 이것이 바로 '동일성을 추구하는 전체성의 속성'으로 사유하는 방식이다.

마치 레시피대로 정량과 순서를 지켜 일관된 맛을 내는 요리를 잘 만드는 일과 같다. 인공 지능은 데이터를 평균에 수렴시키며 평균에서 멀리 떨어진 특이한 것 또는 생소한 특징이나 정량화할 수 없는 지식은 소거해 버린다. 레시피대로 요리할 수 있지만, '어머니 손맛' 같이 설명하기 힘든 감성과 정성과 사랑, 돌봄의 의미가 담긴 맛을 낼 수는 없는 것이다. 인공 지능은 획일적이고 동일한 데이터를 적용해 똑같은 인간을 기르는 교육을 한다. 이것이 인간 교사와 인공 지능 교사가 구분되는 지점이다. 낯설고 정량화할 수 없는 특성, 개별적 다름을 다루는 일은 인간 교사가 더 잘할 수 있다.

레비나스가 가르치는 일과 함께 강조한 개념이 있다. '노출'이다. 레비나스는 '타자성의 노출로서의 가르침'에 관해 말한다. 타자와의 만남이 이루어지는 가장 대표적인 장면이 가르치는 일이며, 교사가 미지의 타자에 노출되는 경험이 가르침의 핵심이라는 것이다.

교사가 가르치면서 노출되는 경험은 크게 세 가지가 있다. 첫째, 교육 내용을 통해 타자에 노출된다. 교사는 새로운 교육 내용과 그것을 대하는 사유 방식의 변화에 노출되며, 학생들과 교과라는 타자성을 연결하는 중간 매개자 역할을 해야 한다. 둘째, 학생과의 관계에 노출된다. 학생을 자신과 동일한 자아를 확대하는 방식이 아닌 자신과 근본적으로 다르고 그 내면을 알 수 없는 '낯선 존재'로 인식하고, 한 개인의 실존적 유일성을 최대한 보전하며, 학생 개인을 판단하기를 중단하고, 근원적으로 비교 불가능한 존재로 인식하는 경험에 노출되는 것이다. 셋째, 자기 자신과의 관계에 노출된다. 교사는 가르치는 과정에서 이전의 자신에서 달라진 자신으로 바뀌는 가능성에 노출된다. 즉, 현재 위치에서 더 나은 존재가 되어 가는 경험이다. 진정한 가르침은 교사가 달라지는 것이다. 이미 알고 있는 지식과 개념을 설명하는 역할을 넘어, 교사 자신이 다른 존재가 되어 가는 변화의 과정에 노출되어야 한다.

이를 위해 교사는 자신이 다루는 교과 내용과 아이들을 호소하는 타자로 보고, 그들의 호소에 응답하는 책임자의 관점으로 변화할 필요가 있다. 또한 인류의 대화에 노출된 존재로서 새로운 가능성을 찾으려는 열정과 애정을 가지고 이 대화에 아이들을 초대하는 역할을 해야 한다. 끝이 열려 있는 무한한 대화를 아이들과 함께 만들어 가는 것은 인공 지능 교사가 대체할 수 없는 교사의 역할이다. 교사가 무한한 세계에 노

나는 교사다 그러므로 생각한다

출되어 타자로서 아이를 진심으로 환대할 때, 교사 자신이 명사적 존재로 고정되지 않고 동사적 존재로서 깨어 있을 때, 그 가르침은 예술이 될 수 있고 타자성을 수용하는 인간 교사로서 존재 가치를 키워 갈 수 있다.

질문과 사고를 촉진하는 열린 교사로

인공 지능 시대 교사의 가르치는 일은 정해진 결과로 가는 닫힌 대화가 아닌, 사고하게 만드는 열린 대화를 통해 이루어져야 한다. 논리적이고 이성적인 대화가 아니라, 교사 자신이 교과를 대하는 태도, 교과 내용의 가치, 관심, 중요성 같은 '감성적인 측면' 을 중요하게 여기고 아이들에게 온전히 전할 수 있어야 한다. 그림책 『나 진짜 궁금해!』 속 아이들의 질문처럼, 계속 사고하게 만들고 아이들 각자의 감성을 자극하는 비유를 적극 활용해 아이마다의 특이성을 존중하는 교사여야 한다.

또 아이 개개인의 질문에 정해진 답이나 이성적 답을 던져 주기보다, 먼저 아이들의 이야기를 경청해야 한다. 레비나스는 "말하기는 듣기로부터 시작된다."고 했다. 교사에게는 아이의 이야기와 질문에 귀 기울이는 듣기가 말하기보다 더 중요하다. 아이의 말을 경청하고, 대화가 끝없이 이어지는 무한적 말하기를 가능하게 하는 열려 있는 교사가 되어야 한다.

3부

기본으로 돌아가다

_교사가 알아야 할 철학적 개념들

1

안다는 건 무엇일까?

— '앎'에 관해

· 플라톤과 『이게 정말 사과일까?』 ·
· 게티어와 『근데 그 얘기 들었어?』 ·
· 공자와 『달빛을 따라 집으로』 ·

교실 바닥에 휴지가 떨어져 있다.

"○○아, 거기 휴지 좀 주워 줄래요?"

"내가 버린 게 아닌데요."

"네가 버린 게 아니라도 제일 가까이 있으니 주우면 안 되나요?"

입술을 삐쭉인다. 하기 싫다는 의미겠지. 그냥 두고 볼까, 다시 말해야할까? ○○은 도덕 시험지에 '바닥에 떨어진 휴지를 보면 어떻게 할까요?'라는 문제가 나왔다면 '줍는다.'고 답을 쓸 아이다. 종이에 적힌 문제는 답을 찾아내면서, 실제 생활에서는 그와 분리된 삶을 사는 ○○의 모습을 본다. 교사로서 나는 ○○이 '바닥에 떨어진 휴지는 줍는다.'는 지식을 알고 있다고 봐야 할까, 아닐까?

수많은 지식을 습득하면서도 지식을 책 속의 글줄로만 받아들이는 아이들. 나는 아이들에게 지식을 전하는 전달자에 지나지 않는 걸까? 아니, 지식을 '제대로' 전달하고는 있을까? '앎'이야말로 교사의 철학이 가장 필요한 영역이다. 교사는 앎을 매개로 아이들과 만난다. 앎에 대한 아무런 철학 없이 아이들을 만난다면 가르치는 기계와 무엇이 다를까?

'참'으로 입증할 수 있어야 지식이다

지식에 대한 정의는 철학자들의 오랜 논쟁거리다. 지식 또는 앎에 대한 학문이 따로 있을 정도다. 앎의 철학, 곧 인식론은 '분별되고 깨달아져 알게 되는 것'에 대한 학문이다. 인식론에서는 앎은 어디에서 오는지, 어떻게 알게 되는 것인지, 앎의 한계는 없는지 등을 고민한다. 그래서 직관적으로 알게 되는 것이냐, 경험으로 알게 되는 것이냐를 두고 다른 갈래의 학문이 되기도 한다. 물론 지식과 인식은 다르다. 우리가 알고 있는 지식은 '교육이나 경험, 또는 연구를 통해 얻은 체계화된 인식의 총체, 사물이나 상황에 대한 정보, 인식에 의하여 얻어진 성과'* 등으로 정리할 수 있다. 따라서 지식은 인식의 총체 또는 인식의 결과로 얻어진 것으로, 인식보다 넓은 의미라 할 수 있다.

---

*   Daum 국어사전

플라톤은 "감각 지각에만 의존하면 참된 지식은 있을 수 없다."고 한 소피스트들의 주장에 찬성했다. '지식'이라고 부를 만한 지식은 감각에서 유래하지 않으며, 감각 지각은 사물의 참된 실재성을 보여 주지 않는다는 것이다. 그에게 있어 진정한 지식은 '개념적 지식'이다. 예컨대 우리에게 '사자'에 대한 관념이나 개념이 없다면 사자를 만나더라도 이것이 사자인지 아닌지 말할 수 없다. 그런데 이 사자에 대한 개념은 경험에서 기원하지 않는다. 인간의 영혼 안에 사자에 대한 보편적 개념이 암시적으로 존재하고, 감각에 의한 경험은 인간의 영혼에 간직된 사자에 대한 보편적 개념을 분명하게 만드는 수단에 불과하다.

그렇다면 '안다'는 것은 무엇인가? 플라톤은 앎이란 '정당화된 참된 믿음'이라고 했다. 앎이 이루어지려면 앎의 대상인 명제가 참이어야 하고(진리 조건), 인식의 주체가 명제를 믿어야 하며(믿음 조건), 인식의 주체가 자신이 참이라고 믿는 명제의 참을 입증할 수 있어야 한다(정당화 조건). 예컨대 '지구는 둥글다.'는 명제는 참이다. 나는 이 명제를 믿는다. 하지만 이것만으로 지식이 될 수는 없다. 지구가 둥글다는 것을 합리적으로 설명하여 참을 입증해야 하는 것이다. 즉, 과학적 증거와 수학적 계산으로 '지구는 둥글다.'가 입증되어야 지식이 될 수 있다.

『이게 정말 사과일까?』 요시타케 신스케 글·그림, 고향옥 옮김, 주니어김영사

그림책 『이게 정말 사과일까?』에서 꼬마 아이는 식탁 위에 놓인 사과

나는 교사다 그러므로 생각한다

한 알을 보며 어마어마한 상상을 한다. 저것이 뭔지 알아보기 위해, 먼저 사과가 아닐지도 모른다는 의심을 하고, 커다란 체리일지 빨간 물고기일지, 안쪽이 기계로 되어 있을지 생각한다. 또 꼬마가 직접 경험한 감각 세계의 사과와 꼬마가 가진 사과의 개념을 비교하기도 한다. 둥근 모양, 빨간 색깔을 가진 사과를 배나 야구공과 견주어 보고 아니라고 판단하고는, 사과가 왜 여기 있는지 또 어떻게 될지 스스로 묻기도 한다. 또 한편으로는 색깔도 보통이고, 움직이지 않고, 소리가 없는 사과를 평범한 사과로 받아들이기 위해 만져도 보고 냄새도 맡는다.

플라톤처럼 말하자면, 꼬마의 마음속에는 이미 사과에 대한 관념이 있다. 그래서 사과를 만났을 때, 자신이 생각하는 사과와 견주어 본 것이다. '이것은 사과다.'는 '참'이고, 꼬마는 이 명제를 참이라고 정당화하기 위해 의심하고 또 의심하여 마침내 먹어 보고 사과임을 입증하고 받아들인다. 꼬마에게 사과에 대한 개념이 없었다면, 먹어 보고도 사과임을 알지 못했을 것이다.

잘못된 믿음에서 출발한 '참'도 '참'일까?

그런데 '이것은 사과다.'라는 명제 자체가 참이 아니라면 어떨까?

미국 철학자 게티어(Edmund Lee Gettier, 1927~ 2021)는 1963년 「Is Justified True Belief Knowledge?(정당한 믿음은 지식인가?)」라는 소논문에서 이를 다른 관점에서 바라보게 했다. 플라톤은 "인식의 주체가 어떤 명제를 옳다고 믿고 그 명제가 실제로 옳으며 그것이 정당화되면, 그는 그 명제를 안다."고 했지만, 게티어는 정당화된 참된 믿음만으로는 앎이 성립되지 않는다고 보았다.

그래서 질문한다. 과연 앎은 정당화된 참된 믿음으로 모두 설명할 수 있는가? 만약 처음부터 믿음 자체가 잘못된 것이라면 아무리 체계적인 논리라도 정당화될 수 없다. 예컨대 '지구는 우주의 중심이다.'는 명제는 참이며, 나는 이를 옳다고 믿고 있다. 또한 그 당시 수많은 천문학자들과 수학자들이 계산에 의해 지구를 중심으로 우주가 움직이고 있음을 증명하여 정당화되었다. 이것은 지식인가?

또, 사람의 믿음이 정당화되고 참이 되더라도, 지식으로 인정하기 애매한 상황도 있다. 어느 날 친구가 수풀에 흔들리는 얼룩무늬 끈을 보고 뱀이라 믿고, 내게 수풀에 뱀이 산다는 앎(지식)을 전달했다. 나는 뱀이 위험해서 잡기로 하고 그곳에 가서 뱀을 잡았다. 그런데 이미 뱀을 잡았는데도 여전히 멀리서 움직이는 뱀이 보여 자세히 살피니 친구가 본 얼룩무늬 끈이다. 수풀에 뱀이 있다는 것은 지식인가? 우연의 산물인가? '수풀에 뱀이 있다.'는 명제는 참이다. 나는 그 명제를 믿었다. 내가 실제 뱀을 잡았기에 그 명제는 정당화되었다. 분명 논리적으로 완벽한 흐름인데, 뭔가 빠진 것 같다.

　　　　　　　　　나는 교사다 그러므로 생각한다

그림책 『근데 그 얘기 들었어?』는 동물 마을에 새로 이사 오는 개미의 이야기다. 개미는 이삿짐을 들고 처음 만난 이웃인 두더지에게 인사한 다. 두더지는 '네모난 몸, 둥근 얼굴에 뾰족한 뿔이 난' 누군가 이사 온 걸로 알고, 자기 눈으로 직접 본 사실을 무당벌레에게 전한다. 버스 정 류장에 간 무당벌레는 자기 귀로 직접 들어 알게 된 사실을 '네모난 몸, 둥근 얼굴에 가시가 뾰족 돋은' 누군가 이사 왔다고 다람쥐에게 전달한 다. '누군가 이사 왔다.'는 사실은 곰에게, 돼지에게, 코끼리에게, 개구 리에게 전달되는 동안 듣는 이나 말하는 이 모두에게 '참'이다. 마침내, 두루미는 '뾰족한 이빨로 산을 우걱우걱 씹어 먹는' 누군가를 '괴물'이 라 생각하고 비명을 지른다. "괴물이 마을에 이사 왔다. 다 도망가!"

'누군가 우리 마을로 이사 왔다.'는 명제는 참이다. 두더지는, 무당벌 레는, 다람쥐는 그 명제를 믿었다. 두더지는, 무당벌레는, 다람쥐는 그 명제가 참이라는 것을 직접 보거나 들어서 정당화했다. 물론 감각 세계 의 지식을 어떻게 받아들이고 증명하느냐고 반문한다면 문제가 복잡해 지겠지만 말이다. 중요한 것이 믿음이라면, 그들의 믿음은 정당하다. 괴 물이 이사 온 것이 맞다. 하지만 처음부터 잘못된 믿음을 가지고 있고, 잘못된 믿음을 아무리 증명한들 진짜 앎이 되지 못한다.

개미가 이삿짐을 내려놓고 자신은 괴물이 아니라 개미라고 소리친 뒤 돌아갔지만, 정류장을 방문한 거미의 "근데 그 얘기 들었어?"로 시작 되는 새로운 소문에 다른 동물들은 다시 귀가 솔깃해진다. 뭔가를 제대로 아는 것은 쉽지 않다.

자신을 성찰하고, 알게 된 것은 실천하라

다시 나의 교실로 돌아와 ○○을 바라본다. 어느 날, ○○은 봉사 점수를 얻기 위해 '바닥에 떨어진 휴지를 줍자.'는 캠페인 활동에 참여할 기회를 얻었다. ○○은 남들보다 일찍 등교해 캠페인 문구를 작성해 피켓을 만들고, 등교 시간에 피켓을 들고 캠페인 문구를 외쳤다. '바닥에 떨어진 휴지는 줍는다.'고 답할 수 있고, 실제 휴지를 줍지는 않지만, 친구들에게 휴지를 줍자고 주장할 수 있는 ○○은 어디까지 알고 있는 걸까?

유학(儒學)의 앎에서 답을 구해 본다. 앎 곧 '知'는 유학이 중시하는 개념이자 덕목이다. 공자는 '아는 것을 안다고 하고 모르는 것을 모른다고 하는 것이 참된 앎'이라 했다. 진정한 앎이란 자신의 상태를 성찰하여 속이지 않고 정확하게 진단하는 데서 출발한다. 모르고도 안다며 거짓으로 아는 척하는 것은 앎의 기회를 스스로 포기하는 것이다. 모른다는 것을 인정할 때 앎으로 성장할 기회가 주어지고, 자신에게 부족한 부분을 알아야 그것을 채울 지식을 만날 수 있다. 여기서 공자가 말하는 앎은 과학적 지식, 도구적 지식이 아니다. 소크라테스가 말한 무지의 자각, 자기 자신의 성찰적 앎과 연결된다.

공자는 또 "무슨 일이든 알고서도 행하지 않으면 모르는 것만 못하

다.”고 했다. 아는 것은 곧바로 실천에 옮겨야 진정한 앎이라 할 수 있다
는 뜻이다. 진정한 앎이란 실천으로 연결될 때 의미가 있으며, 이론적으
로만 아는 것은 큰 의미가 없다. 모르고 있다는 것을 깨달았다면 알기
위해 노력해야 하고, 알게 되었다면 행동으로 옮겨야 한다.

『달빛을 따라 집으로』

필리프 쿠스토·데버라 홉킨슨 글, 메일로 소 그림, 장혜진 옮김, 청어람아이

그림책 『달빛을 따라 집으로』의 주인공 ‘비비언’은 ‘우리 반 프로젝
트: 지역 사회 활동’의 해결해야 할 문제를 찾기 위해 자전거를 타고 온
동네를 돌아다니지만, 길을 잃기만 한다. 어느 날 바닷가에서 엉뚱한 길
로 가는 새끼 거북을 발견하고 왜 그런지 알아보기로 한다. 밤에 다시
엄마와 함께 찾은 바닷가는 해변을 따라 밝은 불빛이 켜져 있고, 새끼
거북이 바다가 아니라 그 빛을 따라 엉뚱한 길로 가게 된 사실을 알게
된다. 비비언의 궁금증은 충족된다.

하지만 비비언은 여기서 멈추지 않는다. 새끼 거북을 구하고 싶다. 바
닷가 집들의 불빛이 문제라면 마을 전체의 도움을 받아야 한다. 그래서
프로젝트 문제로 가져오고, 교실은 ‘붉은바다거북연구소’가 된다. 정
보를 모으고, 책도 읽고, 바다거북병원도 방문한다. 모두 머리를 맞대고
해결책을 내고, 포스터를 만들어 온 동네에 배달하고, 안내장을 만들어
바닷가 집들에 돌린다. 아이들의 활동을 돕기 위해 어른들은 물품을 기

부하고, 인쇄소는 인쇄비를 할인해 주고, 지역 신문은 비비언의 기사를 실어 준다. 아이들의 작은 움직임이 모두를 움직이게 만든 동력이 된 것이다. 여름학교의 마지막 밤, 바다거북 순찰을 나간 아이들 눈에 바닷가의 불빛이 하나둘 꺼지는 것이 보인다. 새끼 바다거북들은 '집으로' 돌아갔을까?

비비언은 알게 된 데 멈추지 않고, 다른 아이들과 함께 알게 된 것을 실천하기 위해 나선다. 알게 된 것을 실천하는 데에도 자기만의 방식이 있고 나름의 속도가 있을 것이다. 먼저 알게 된 비비언이 뒤늦게 알게 된 아이들에게 문제를 제안하고 함께 행동하자고 권하는 것처럼 말이다.

교사는 '앎'의 장을 열어 주는 인생 가이드

대상을 관찰하고 분석해서 알게 되는 '과학적 지식', 과학적 지식을 응용해 실생활에 유용한 도구를 만드는 '기술적 지식', 일상을 살아가며 체득해 가는 '실천적 지혜'도 모두 앎이라 할 수 있다.

한때 "연애를 책으로 배웠다."는 말이 유행했다. 친구 사귀기는 어떨까? 친구를 잘 관찰하고 분석해서 친구에 관해 알 수 있다. 이를 바탕으로 누군가 '이런 성향의 친구를 사귀고 싶다면 이렇게 하시오.' 하는 책을 쓰고, 그 책을 통해 친구 사귀는 방법을 배워서 알 수도 있다. 교실에서 직접 이 친구 저 친구에게 말을 걸어 친구 사귀는 방법을 알 수도 있다. 나아가 친구 사귀는 방법을 아는 것으로 만족할지, 새로운 친구를 사귀는 데 사용해 볼지 또한 지식을 가진 자의 선택의 문제다.

여기에 교사인 내가 할 수 있는 일이 있다. 플라톤처럼 '쓰레기는 주워야 한다.'는 명제가 참이라는 사실을 아이들에게 알려 주어야 한다. 또 게티어처럼 '쓰레기를 주워야 한다.'가 왜 참인지, 알고 있는 명제를 의심해 보게 만든다. 나아가 ○○이 알고 있는 쓰레기를 줍는 방법이 진짜인지도 되묻는다. 그리하여 ○○의 방법이 틀렸다고 말하기 전에 교사인 내가 알고 있는 쓰레기 줍는 방법과 비교해 보고, 공자가 강조한 대로 직접 허리를 굽혀 쓰레기 줍는 행동을 보여 주기도 하는 것이다.

○○이 알게 된 사실을 머리로, 몸으로 다양하게 적용해 볼 수 있도록 '장'을 펼쳐 주는 것이 교사인 나의 몫이다. 신영복 교수의 말처럼 '머리에서 가슴으로, 그리고 가슴에서 다시 발까지의 여행'은 멀고도 길다. 먼저 알게 된 나는 그 여행을 함께할 아이들의 가이드다.

2

이게 정말 나일까?
— '자아'에 관해

- 데카르트와 『'생각'으로 무엇을 할 수 있을까?』 -
- 흄과 『이게 정말 나일까?』 -
- 칸트와 『착해야 하나요?』 -

　몇 해 전 『선생님 사용 설명서』(차승민 글, 주미 그림, 고래가숨쉬는도서관)를 읽고 나도 해 봐야지 생각하다가, 1학년 말에 교육과정을 마무리하면서 아이들과 함께 시도해 보았다. 모둠별로 둥글게 모여서 내년에 1학년으로 입학할 후배들을 위해 '라니쌤 사용 설명서'를 만들기로 한 것이다. 아이들은 선생님의 특징, 자주 하는 말, 좋아하는 것, 싫어하는 것 등을 서로 의논하고, 마무리 작업으로 '1학년을 행복하게 보낼 수 있는 꿀팁'까지 정리해서 발표했다. 아이들의 발표를 들으며 '내가 저런 말을 했어?', '내 표정이 저렇다고?' 하며 속으로 적잖이 놀랐고, 아이들의 눈에 비친 '나'의 모습에 즐겁기도 당황스럽기도 했다.

　우리는 살아가는 동안 다양한 일로 자기소개서를 쓴다. '라니쌤 사용 설명서'처럼 남들이 써 주는 소개서도 있지만, 대부분 스스로 자기소개서를 쓴다. 그 다양한 순간의 '나'는 타인에게 잘 보이려고 나를 꾸미기도 하고, 남과 잘 지내기 위해 솔직하게 나를 드러내 보이기도 한다. 그런데 거기 담긴 나는 진짜 나일까?

'나'는 단순히 자신을 가리키는 말만은 아니다. 남이 아닌 자기 자신으로, '대상 세계와 구별된 개인의 작용, 반응, 체험, 사고, 감정, 의지, 의욕 따위의 인식의 주관자로서, 이러한 여러 작용을 수반하며 통일하는 주체이며 행위의 주체'*이다. 자아(自我), 자기(自己), 'I', 'self', 'ego'이다. 나는 교사고, 현수의 엄마고, 대한민국 국민이자 진주 시민이고, MBTI 중에는 'ENFP' 형이고, 에니어그램 7유형에 8번 날개를 쓴다. 이처럼 수많은 내가 있다. 나이기도 하면서 내가 아니기도 한 나. 아니, 애초에 나라는 존재가 실재하기는 한가?

사고하는 주체로서 '실재하는 나'

프랑스 철학자 데카르트(René Descartes, 1596~1650)는 '나'는 실재한다고 주장했다. 그는 "나는 생각한다, 고로 나는 존재한다."는 말로 나라는 존재가 실재함을 확신했다.

데카르트는 변하지 않는 참된 이치, 즉 진리를 찾기 위해 모든 것을

---

*   Daum 국어사전

의심한 철학자다. 모든 것을 의심하는 '방법적 회의'로도 의심할 수 없는 존재가 있는데, 그것이 바로 '의심하고 있는 나'의 존재다. 손을 들어 직접 만질 수 있고, 눈으로 확인할 수 있는 감각적 나는 변하기도 하고 거짓 정보를 주기도 하지만, 의심하고 있는 '정신' 그 자체는 부정할 수 없는 분명한 존재인 것이다.

또한 나는 신에 의해 존재하는 것이 아니라, 스스로의 사유에 의해 존재하는 독립적인 주체다. 실재하는 나는 나 이외의 다른 대상을 인식하고, 이로 인해 모든 것을 알게 된다. 따라서 나는 진리의 출발점이기도 하다. 데카르트에게 있어서 나란 사고하는 주체이며, '생각하는 인간의 정신'이 곧 인간의 자아이고 진정한 나인 것이다.

『'생각'으로 무엇을 할 수 있을까?』 코비 야마다 글, 매 베솜 그림, 이진경 옮김, 상상의힘

그림책『'생각'으로 무엇을 할 수 있을까?』 속 소년은 어느 날 자신을 찾아온 '생각'을 보며 어디서 왔는지, 왜 여기 있는지 궁금해한다. 처음에는 낯설기도 하고 생각으로 무엇을 할 수 있을지 알지 못해 저만치 밀쳐 두고 외면한다. 하지만 졸래졸래 따라 오는 생각을 보면서 사람들이 어떻게 생각할지, 자신의 생각을 두고 뭐라 말할지 마음이 쓰인다. 그래서 깊숙한 곳에 숨겨 두고 생각이 없을 때와 똑같아 보이려고 노력하지만, 곧 생각이 곁에 있어 행복해진 사실을 인정한다. 그래서 '조금 자라난 생각'을 내보였더니, 사람들은 생각이 쓸모없는 거라고 한다. 사람

나는 교사다 그러므로 생각한다

들의 말에 소년은 생각을 포기할까 고민하다가 '내 생각'을 지켜 내기로 결심한다. 따뜻한 관심을 기울이자 생각은 무럭무럭 자란다. 생각은 소년을 활기차게 살아가게 하고, 소년이 생각을 펼칠 수 있게 용기를 준다. 그러던 어느 날, 생각은 변신하여 세상 모두의 것이 된다. 세상을 바꾼 것이다.

소년은 어느 날 찾아온 생각 때문에 자신을 알게 되고, 세상을 알게 되고, 세상을 바꿀 수 있음을 알게 되었다. 생각이 세상을 알고 진리를 찾는 출발점이 된 것이다. 생각한다는 건 참 멋진 일이다. '소년의 생각'이 바로 소년이 자신답게 존재할 수 있게 만드는 '나'이다.

'어제의 나'와 다른 '오늘의 나'

데카르트가 말한 의심할 수 없이 확실한 존재인 '나'에게 "글쎄, 과연 어제의 나와 오늘의 내가 같은 나일까?" 하고 반문한 철학자가 있다. 바로 영국의 철학자 흄(David Hume, 1711~1776)이다.

흄은 태어나서 죽을 때까지 동일한 자아 따위는 존재하지 않는다고 말한다. '나'란 자아는 다양한 지각이 나타났다가 사라지는 것에 불과하며, '감각의 총체' 또는 '지각의 다발'에 지나지 않는다는 것이다. 감각 세계는 날마다 달라지고 단편적이고 연속적이지 않으며, 감각 세계 속의 나는 다양한 경험을 하고 경험 속에서 지각하여 사물의 인상으로 그 사물의 '관념'을 떠올린다고 한다.

흄에 따르면, 경험하지 않은 그 어떤 것도 존재를 확신할 수 없으므로, 오늘의 나가 내일 나의 존재를 증명하지도 못한다. 단지 수많은 어제의 나를 반복해서 경험한 결과, 내일 나의 존재를 미루어 짐작할 뿐이다. 흄에게 변함없는 나란 허구다. 한마디로 실체가 없다는 것이다.

실제 행동하고 생각하는 나라는 존재가 있기에 존재 자체를 부정할 수는 없지만, 자아가 일생을 통해 동일한 것으로 지속되지는 않는다니, 이 알쏭달쏭한 주장이야말로 흄다운 회의론적 결론이다.

『이게 정말 나일까?』 요시타케 신스케 글·그림, 김소연 옮김, 주니어김영사

그림책 『이게 정말 나일까?』에서는 하기 싫은 일들에 지쳐 버린 '지후'가 용돈으로 도우미 로봇을 사서 '가짜 나'를 만드는 이야기가 펼쳐진다. 지후는 로봇에게 가짜 나라는 것을 들키지 않기 위해 나와 똑같이 행동하기를 주문하고, 로봇은 그렇게 할 수 있도록 지후에게 자신에 관해 자세히 알려 달라고 요청한다.

지후는 이름과 가족이 있고, 겉으로 보이는 여러 모습이 있다. 예컨대, 흥분하면 콧구멍이 넓어진다든가 손바닥이 끈적끈적한 것 같은 감각적인 모습이다. 또 좋아하는 것과 싫어하는 것이 있고, 할 수 있는 일과 할 수 없는 일이 있다. 지후는 옛날부터 나였는데, 조금씩 자라면서 여러 추억을 가진 지금의 나가 되었고, 어렸을 때부터 좋아하던 것을 지금도 좋아하므로 내면에는 아기 때부터의 나가 모두 들어 있다. 또한 지후는

나는 교사다 그러므로 생각한다

시시각각 변하는데, 바뀌는 여러 모습도 역시 지후다. 주변 사람들의 머릿속에도 그 사람이 생각하는 각각 다른 모습의 지후가 있고, 있는 곳에 따라 맡은 역할이 다른 지후가 있다.

지후의 여러 모습은 감각의 총체로 나타난 나이다. 다른 사람이 지각하는 지후의 모습이나 겉으로 드러난 여러 모습은 지각의 다발로 나타난 나이다. 시시각각 변하지만 여전히 지후고, 미래는 어떻게 될지 모르지만 옛날의 나는 분명 있다. 그 모든 것을 알려 주었으니, 오늘부터 가짜 나는 완벽한 지후 로봇이 되는 데 성공했을까?

흄이 나이면서도 나 아닌 나와, 수많은 나에 대해 알쏭달쏭하게 말했다고 해서 나를 실재하지 않는다고 할 수 있을까? 그렇다면 이렇게 생생하게 느껴지는 나는 무엇일까? 나를 구성하고 있고 나에게 속한 수많은 것을 모두 부정해야 할까? 아니면 그 모든 것을 나로 받아들여야 할까?

'자연적 나'와 '도덕적 나'가 모순된 '나'

이런 궁금증에 독일 철학자 칸트는 '나'를 모순된 인식 주체로 받아들이라고 말한다. 우리가 가진 지식은 경험을 초월할 수 없지만, 지식의 일부분은 선험적 또는 직관적이라 경험에서 도출되지 않는다. 경험하지 않으면 지식을 얻을 수 없지만, 경험하지 않고도 알 수 있는 것이 있다는 뜻이다.

칸트에 따르면 '나'는 지식을 받아들이거나 깨닫는 존재로서, 감각 세계에서 경험을 통해 대상을 인식하고 이를 실천하는 능력을 가진 인식 주체다. 인간의 인식은 감성과 오성으로 이루어지는데, 감성은 우리 정신이 감각을 통해서 대상을 받아들이는 능력이고, 오성은 감성을 통해 받아들인 내용을 정리해 개념을 만들어 내는 능력이다. 즉, 감성이 감각 기관의 경험을 통해 대상을 받아들이고, 그 받아들인 내용에 오성이 사고를 통해 개념을 적용한다.

또 칸트는 인식 주체로서 나는 이성적인 의지를 가지고 있으며, 자기 안에서 도덕 법칙과 자연적 충동이 투쟁한다고 말한다. 자연적 자아가 행복을 위해 모든 충동을 만족시키려 할 때, 도덕적 자아는 충동을 억제하고 도덕 법칙에 일치시키려 한다는 것이다. 자연적 충동이나 욕망을 이성과 도덕 법칙으로 조절할 수 있을 때, 도덕적 힘이 성장한다. 하지만 현실의 나는 자연과의 투쟁에서 이기기도 하고 지기도 하며 진실과 거짓, 선과 악이 혼재하는 '모순'된 존재다.

『착해야 하나요?』 로렌 차일드 글·그림, 장미란 옮김, 책읽는곰

『착해야 하나요?』는 모순된 '나'의 모습을 잘 보여 준다. '유진'은 어른들 말을 잘 듣는 '착한 아이'다. 시키지 않아도 싫어하는 채소를 먹고 손도 잘 씻는다. 잘 시간이 되면 잠자리에 들고, 토끼장 청소도 꼬박꼬

박 한다. 유진에게는 브로콜리도 먹지 않고 토끼장 청소도 하지 않는 동생 '제시'가 있다. 어느 날 유진은 늦게까지 자지 않고 텔레비전을 보는 제시를 보며 '착한 아이가 되는 게 좋은 걸까?'라고 혼자 생각한다. 다음날부터 유진은 손도 씻지 않고, 브로콜리도 먹지 않고, 토끼장 청소도 하지 않는다. 제시처럼 나쁜 아이가 될 거라고 당당히 말하는 유진을 보니, 자연의 충동에 따라 하고 싶은 대로 하고 사는 '나'가 더 우세해진 느낌이다.

제시가 생일 파티에 간 사이 유진은 토끼를 보러 갔다가 지저분한 토끼장을 청소한다. 파티에서 돌아온 제시가 토끼장을 청소해 주어 고맙다고 인사하자, 착하다는 말을 듣고 싶어서가 아니라 토끼가 뛰어놀 수 있게 하려고 청소를 했다고 답한다.

유진의 내면은 욕구대로 행동하고 싶은 충동을 지닌 자연적인 나와 충동을 억제하여 착한 선택을 하게 만드는 도덕적인 나가 함께 있다. 유진은 한때 착한 아이라는 이름 아래 먹기 싫은 브로콜리도 먹었지만, 이제는 정말 싫으면 안 먹을 수 있다는 의지를 갖게 된다. 유진은 자연과의 투쟁에서 이기기도 하고 지기도 하는, '착할 때도 있고 덜 착할 때도 있고 안 착할 때도 있는' 모순된 존재다. 제시 역시 못되게 굴기도 하지만 착해지려 애쓰기도 하는 모순된 나를 가진 존재다.

'이런 나'도 '저런 나'도 모두가 '나'

생각하는 내가 진짜 나로 실재할 수도 있고, 감각으로 만난 경험의 총합이 나일 수도 있다. 수많은 욕구를 이겨 내고 도덕적 나로 실재하기 위해 선악의 모순을 안고 살아가는 나의 모습도 거짓이라 말할 수는 없다. 내 교실 속 아이들이 보여 주는 수많은 모습도 그 아이의 본래 모습일 수도 있고, 교사에게 보여 주고 싶어 꾸민 모습일 수도 있다. 아니, 어쩌면 그것은 아이들의 모습이 아니라, 교사인 내가 나의 감각으로 이해하고 나의 오성으로 만든 모습일 수도 있다.

이듬해 다시 새로운 1학년과 만난 첫 주에 이전 학년 아이들이 만들어 준 '1학년을 행복하게 보낼 수 있는 꿀팁'을 공개하고 '라니쌤 사용 설명서'를 알려 준 다음, 각자 자신만의 '○○ 사용 설명서'를 만들어 보았다. 간단하게 자신을 소개하고, 내가 즐거워하는 순간, 힘들어하는 순간, '나를 이렇게 대해 주세요.' 부탁하는 말을 적었다. 1학년이라 그림과 키워드 중심으로 풀어 갔다. 아이들은 작성을 마친 뒤 친구들과 일대일로 만나 자기소개를 이어 갔다.

지금의 사용 설명서가 나를 설명하는 전부는 아니지만 나를 알기 위한 첫 번째 발걸음이기에, 자기 소개 시간은 각자의 나에게 집중할 수 있게 한다. 그리고 각자의 나에게 최대한 많은 질문을 던지게 한다. 그게 정말, 진짜, 나일까를 묻는 질문 말이다.

나는 교사다 그러므로 생각한다

3

자유분방하다는 건 무슨 뜻일까?
– '자유'에 관해

· 스토아학파와 『바본가』 ·
· 밀과 『가고 싶은 대로』 ·
· 벌린과 『완벽해』 ·

기다란 복도가 100미터 트랙이라도 되는 것처럼 질주하는 아이와 마주쳤다. "워워, 걷는 법 알지요? 여기서부터, 뛰기 시작한 저기까지 걸어보세요." 아이는 잠시 주춤하더니 못 들은 척하고 계단을 뛰어 올라가 버린다. 순간 따라가야 하나 그냥 두어야 하나 망설인다. 뛰고 싶겠지, 뛰고 싶을 거야.

자유롭게 복도를 뛰어다니는 아이들에게 잔소리를 하지 않고 뛰지 않게 하는 방법이 없을까 고심하다, 반 아이들과 함께 우리 반 복도 정중앙에 젠가로 나무 탑을 쌓았다. '탑이 무너지지 않게 조심해요.' 작은 포스터도 붙었다. 확실히 아이들이 덜 뛴다. 그런데 문득 드는 생각. 아이들은 자유 의지로 걸어 다니는 걸까?

두 아이가 교실 안을 걷다가 부딪쳤다. 둘에게 조심하라고 주의를 주었는데, 한 아이가 야단맞는다고 생각해 울음을 멈추지 않았다. 이와 관련해 저녁에 학부모로부터 전화를 받았다.

"선생님, 아이들이 자유분방한 것 같습니다. 부딪치지 않도록 교실 안에서도 우측통행을 지도해 주세요."

"네?"

"교실 안에 움직이는 방향이 정해져 있으면 아이들이 부딪쳐 다치는 일이 없을 것 같습니다."

"그런가요? 복도처럼 다니는 길은 우측통행하도록 지도하고 있지만, 교실에서까지 그러고 싶지 않습니다. 지나치게 촘촘한 규율은 아이들의 자유를 억압한다고 봅니다. 저는 아이들과 교실에서 잘 지낼 수 있는 약속을 함께 정했고, 교실 안에서 자유로운 만큼 책임도 따른다는 것을 같이 배우고 있습니다."

대답해 놓고서도 마음이 여러 갈래였다. 규칙은 또는 질서는 자유를 억압하나? 내가 하는 말이, 의지가, 철학이 맞는 걸까? 자유가 뭐길래. 어렵다.

자연의 이치와 우주의 질서에 순응하는 것

자유는 '남에게 구속을 받거나 무엇에 얽매이지 않고 자기 뜻에 따라 행동하는 것'이다. 소극적으로는 외부의 모든 구속으로부터 벗어나는

나는 교사다 그러므로 생각한다

것을 뜻하고, 적극적으로 자기의 본성을 좇아서 목적을 실현할 수 있는 가능성을 뜻한다.*

기원전 3세기에 시작된 스토아학파는 우주에 관한 결정론과 운명을 믿었으며, 자연과 우주의 질서 아래 인간의 자유가 가능하다고 생각했다. 세상의 운명은 결정되어 있고 그 질서에 따라 움직이는데 자유가 가능하다니, 모순적이지 않은가. 스토아학파는 자유를 다르게 해석하며 모순을 해결한다. 이런 논리다.

> 사람은 자연 안에서 존재하고 자연을 넘어서지 못한다. 자연은 합리적 원리에 따라 변화되고 지배되며, 자연 안의 모든 사물은 있는 그대로 자기만의 모습을 가지고 있다. 사람은 자연의 흐름을 바꿀 수 없으며, 무언가 이루고자 하는 열망에서 자유로워지면 행복해진다. 기쁨과 슬픔, 고통과 환희에 무심하고, 삶의 변화에 유연하게 대처하며 자연에 순응하면 스스로의 의지로 통제 불가능한 욕구에서 자유로워진다.

우주와 자연의 질서를 자기 안의 질서와 일치시켜 받아들이는 것이 자유라는 말이다. 주어진 운명이 있다 해도 그 운명을 찾고 받아들이는 것은 개인의 자유며, 이것이 곧 인간의 '이성'이다. 즉, 자유는 이성에 따라 행위하는 인간의 내적 독립성이다.

---

*   Daum 국어사전

  그림책 『바본가』 속의 인간은 스스로 세상을 지배하고 운명을 개척하는 존재라고 생각한다. 수억만 년이 지나도 거미의 일상은 반복될 뿐이지만, 자유롭게 생각하고 의지대로 행동하는 인간만은 특별한 세계를 창조할 수 있다고 말한다. 그러다 "나를 먹는 사람은 똥을 쌀 것"이라고 말하는 작은 알뿌리를 만나고, 그걸 먹어도 똥을 싸지 않을 거라고 장담하며 알뿌리를 먹는다. 똥을 싸든지 싸지 않든지 결정하는 것은 인간이기에 뭐든지 자신이 원할 때 할 수 있다는 그의 '자신감'은 어떻게 되었을까?

  금방 방귀를 뀌게 된 인간은 똥을 싸지 않으려 온갖 저항을 하지만, 똥을 싸는 운명에서 벗어나지는 못한다. 그리고 자신이 싼 똥더미를 헤치고 나온 인간은 어떻게 자유로워지는 건지 스스로 묻는다.

  먹으면 똥을 싼다는 세상의 운명은 결정되어 있다. 결정되어 있는 자연의 이치와 질서를 자기 안에 겸허하게 받아들이는 것이 필요하다. 스토아학파에서 말하는 인간의 자유는 뭔가 먹으면 똥을 싼다는 운명을 거스를 수는 없지만, 알뿌리를 먹을지에 대한 선택은 할 수 있다는 것이다. 만물의 영장으로 자연을 지배한다는 착각이 아니라, 자연의 흐름을 바꿀 수 없음을 인정하고 더 많이 더 화려하게 이루고자 하는 욕심에서 자유로워지는 것이다. 우리가 많은 선택의 순간에 세상의 정해진 운명과 자연의 이치를 따라 선택하고 움직인다면, 세상과 조화로운 삶을 살 수 있지 않을까.

자신이 원하는 바를 하는 절대 권리

우주의 질서를 받아들이고 순응하는 것이 진정한 자유일까? 영국 철학자 밀(John Stuart Mill, 1806~1873)은 다르게 생각한다. 밀은 자신의 책『자유론』에서 개인의 자유를 강력하게 옹호하며, 발언의 자유와 언론의 자유를 중요하게 보고 대중과 여론의 횡포에 대항한다.

밀이 말하는 자유는 '자기가 원하는 바를 하는 것', 즉 자신의 방식대로 살 수 있는 절대 권리다. 또한 국가 권력으로부터의 자유이기도 하다. 밀은 다수의 횡포를 경계하며, 집단의 생각이나 의사가 일정한 한계를 넘어 개인의 독립성에 함부로 관여하거나 간섭해서는 안 된다고 강조한다. 개인의 자유가 제한되는 경우는 오직 남에게 해를 끼치는 때뿐이며, 그 외에는 어떤 이유로도 침해될 수 없다. 부당한 침해가 일어나지 않도록 하는 것이 인간다운 삶을 유지하는 데 필수적이며, 이 때문에 이로운 일이라도 이를 강제하거나 받아들이도록 위협을 가할 수 없다.

밀은 자유의 세 영역에 관해 말한다. 첫째, '의식의 내면적 자유'다. 양심의 자유, 사상과 감정의 자유, 과학·도덕·종교의 실제적 또는 사색적인 모든 문제에 관한 의견과, 감각의 절대적 자유가 여기에 해당한다. 둘째, '취향과 탐구의 자유'다. 자신의 삶을 자기 성격에 맞도록 계획하고 그 결과를 감수하며 하고 싶은 대로 행동하는 자유와, 다른 사람이 내 행동을 어리석고 편협하여 틀렸다고 지적해도 내가 그에게 해를 끼치지 않는 한 방해받지 않을 자유를 말한다. 셋째, 남에게 해를 끼치지 않는 한 같은 목적으로 모여 '단결하는 자유'다. 그런데 남에게 해를 끼치지 않으면 무얼 해도 괜찮다는 건가? 마음으로, 행동으로, 함께 모이면 맘껏 자유로워도 된다는 말인가? 물음표가 생긴다.

『가고 싶은 대로』 장 이브 카스테르만 글·그림, 하리라 옮김, 파랑서재

그림책 『가고 싶은 대로』 속 소녀는 자유롭다. 어느 멋진 날, 킥보드를 탄 소녀는 바람에 몸을 맡기고 자유롭게 달린다. 소녀는 자신이 갈 수 있는 많은 길을 떠올리며 사람들이 걷는 반대쪽 길을 달리기도 하고, 물구나무서서 킥보드를 타기도 한다. 다른 사람들이 어떻게 생각하든 상관없으니까. 담벼락 위를 달리고, 막다른 곳에서는 다리를 놓아 달리기도 한다. 천천히 가기도 하고, 강물을 따라가기도 하며 마음껏 달린다.

소녀의 행동이 아슬아슬해 보이지만, 아무도 소녀에게 거꾸로 가는 것은 위험하다고 말하지 않고, 담벼락 아래를 걷는 소년도 담벼락 위의 소녀를 간섭하지 않는다.

물론 소녀 역시 다른 사람들의 자유를 간섭하지 않는다. 모두가 안전하다고 생각하는 방향을 강요받지 않는 소녀는 '집단의 생각이나 의

나는 교사다 그러므로 생각한다

사'에서 벗어나, 자기가 원하는 바를 자신의 방식대로 살아가는 완벽한 권리로서의 자유를 누리는 것이다. 그야말로 '가고 싶은 대로' 가는 소녀는 스스로는 조금 위험한 선택을 하지만 남에게 해를 끼치지 않으므로 진정한 자유를 누린다고 생각할 것이다.

그런데 개인과 개인이 서로 자유롭기 위해 갈등을 일으키는 경우는 어떡해야 할까? 누구나 나의 자유가 너의 자유보다 중요하다고 생각하는데, 절충안이 있기는 할까? '우리'의 자유는 어디서 찾아야 하는 걸까?

스스로 욕구를 조절하며 자신을 만족시키는 일

영국의 정치 사상가이자 철학자인 벌린(Isaiah Berlin, 1909~1997)은 자유의 두 개념에 관해 말한다. 하나는 외부의 간섭이나 방해가 없는 '소극적 의미의 자유(~로부터의 자유)' 고, 다른 하나는 자신이 주체가 되어 자신의 주인으로서 가치를 추구하고 성취하는 '적극적 의미의 자유(~를 향한 자유)' 다.

예컨대 복도에서 뛰는 아이는 아무도 그것을 방해하지 않는다면 소극적 의미에서는 자유롭다. 아무도 뛰는 아이를 간섭하지 않기 때문이다. 그러나 궁극적으로 아이 내면에는 안전의 욕구가 있는데 그 자신이 안전의 욕구에 반하는 행동을 하면 아이는 적극적 의미에서 자유롭지 못하다. 제대로 된 자유를 누리려면 자기 안의 욕구를 만족시키고 내면의 여러 욕구를 자기 마음대로 조절할 수 있어야 하는데, 이를 '자유'롭게 조절하지 못하는 것이다. 따라서 안전의 욕구를 만족시키기 위해서는 자신의 소극적 자유를 스스로 제한하거나 다른 사람의 도움을 받아야 한다. 즉, 자유를 성취하기 위해 소극적 자유를 희생하는 '간섭'이 필요한 것이다. 이를 통해 얻어지는 것이 적극적인 자유다.

벌린이 말한 자유의 두 개념은 자유를 바라보는 두 가지 해석이 아니라, 서로 다른 인간관과 가치관에 근거한 상반된 개념이다. 소극적 자유는 침해받을 수 없는 사적 영역을 확보해야 하는 개인주의적 인간관을 바탕으로 한다. 따라서 이때의 자유는 각자의 다양한 이해와 취향을 추구하는 가치관으로 연결되며, 간섭이나 방해할 우려가 있는 권위를 통제한다. 반면 적극적 자유는 공적 영역의 구성원으로서 공적 행위와 윤리를 실천해야 하는 공동체주의적 인간관을 가진다. 이는 이성을 기반으로 이상 세계 건설을 추구하는 가치관과 연결되며, 공동체에의 적극적인 참여를 통한 권위의 장악을 지향한다. 그래서 벌린은 정치에 참여하는 적극적 의미의 자유가 자유에 기여하는 가치가 있다면, 개인의 소극적 의미의 자유를 보호하는 수단이 된다는 점이라고 주장한다.

『완벽해』 맥스 아마토 글·그림, 이순영 옮김, 북극곰

그림책 『완벽해』의 연필과 지우개는 자유롭다. 연필은 연필대로 마음

껏 구불구불한 선도 그리고 나선으로 휘감기는 회오리바람도 그린다. 지우개는 지우개대로 깨끗하고 완벽한 세계를 유지하기 위해 지우고 지우고 또 지운다. 연필의 자유는 그리는 것이고, 지우개의 자유는 지우는 것이다. 둘에게는 '외부의 간섭이나 방해 없이' 그리고 싶으면 그리고 지우고 싶으면 지우는 소극적 자유가 주어져 있다. 깨끗한 곳에 있고자 하는 지우개의 세계에 연필의 그림이 방해되는 것 아니냐고 묻는다면, 지우는 행위 자체를 방해받은 것이 아니기에 간섭이나 방해가 아니라고 말할 수 있다.

하지만 각자의 자유는 상대의 자유와 갈등을 일으킨다. 채우고 싶은 연필이 무언가 그리고 채울 때마다 지우개가 나타나 지워 버린다. 깨끗하고 싶은 지우개가 흰 종이에 만족하고 있을 때는 연필이 나타나 그리고 채워 버린다. 지우개가 지우고 돌아서면 연필이 뭔가를 다시 그리고, 연필이 그려 놓으면 지우개는 지워 버린다.

서로 쫓고 쫓기는 갈등이 이어지던 중, 지우개는 까맣게 채워진 연필 자국들을 지우는 대신 지우개질로 태양도 그리고 별도 그리고 로켓도 그려 본다. 그러다가 연필 자국이 없는 깨끗한 종이 위에 홀로 남겨진다. 연필을 이겼다는 성취감에 웃다 말고 우울해진 지우개에게는 어떤 완벽함이 있을까?

지우개는 사라진 연필을 다시 불러들여 함께 있는 쪽을 선택한다. 함께 즐겁기 위해, 자신의 자유를 희생하는 연필의 간섭을 받아들이는 것이다. 지우개가 '함께' 하고자 하는 공동체적인 가치는 적극적 자유의 영역이다. 연필과 지우개는 조금씩 불편하지만, 공존하면서 완벽해진다. 물론 적극적 의미의 자유가 지나치게 강조되면, 앞서 밀이 말한 다수의 횡포가 되기도 한다.

나의 자유와 너의 자유가 조화로운 교실

사람은 누구나 자신이 하고 싶은 대로 하면서 살기를 바란다. 우주라는 커다란 질서 속에서 선택 가능한 자유를 누리는 것일 수도 있다. 보다 더 자유롭기 위해 개인의 자유를 간섭하는 규범과 질서를 만들기도 한다. 그러다 규범과 질서가 다수의 횡포가 되어 버리면 이에 저항하며 자유를 부르짖기도 한다. 나의 자유만 강조하다 보면 남의 자유를 침해할 수 있으니 자유를 제한할 원칙이 필요해지고, 가치를 추구하고 성취하는 자유를 강조하다 보면 나 자신을 위한다는 명분으로 또 우리 모두를 위한다는 명분으로 나의 자유가 제한되기도 한다. 나를 위한 나의 양보는 먼 미래 나의 자유를 성취하기 위해서, 모두를 위한 나의 양보는 공동체의 가치를 실현하기 위해서라고 말하면서.

다수의 위압에 맞서 다양한 개별성을 살리기 위한 자유도 필요하고, 모두의 자유를 위해 나의 자유를 간섭받도록 선택하는 자유도 필요하다. 이런 자유가 나의 삶 속에서 아슬아슬한 경계로 조화를 찾고 있는 곳, 그곳이 나의 교실인 것 같다. 조화로운 경계를 찾는 작업이 아웅다웅 교실살이로 펼쳐지고 있으니 말이다.

4

진정한 아름다움이란 뭘까?

─ '아름다움'에 관해

· 플라톤과 『진정한 아름다움』 ·
· 벤야민과 『슈만의 특별한 구두』 ·
· 듀이와 『여섯 번째 바이올린』 ·

멋진 풍경을 찍은 사진을 보면 "그림같이 아름답다."고 말한다. 풍경을 사실적으로 잘 그린 그림을 보고는 "사진처럼 아름답다."고도 한다. 무엇이 진짜 아름다운 것일까? 어떤 이는 아름다움은 정해진 관념이라고 생각하고, 어떤 이는 움직이고 변화하는 것이라고 한다. 또 어떤 이는 진짜 아름다움이 있다고 믿으며, 다른 이는 아름다운 것은 없다고 말한다.

'아름다움'을 사전에서 찾아보면 '1.모양이나 색깔, 소리 따위가 마음에 들어 만족스럽고 좋은 느낌 2.하는 일이나 마음씨 따위가 훌륭하고 갸륵함'으로 설명한다.* 마음에 들어 만족스럽고 좋은 느낌, 즉 아름

---

* Daum 국어사전

다움은 미학적 감정이다. 아름답다는 것은 즐거움과 기쁨을 주는 것이다. 아름다움에는 감정적 만족, 충만함이 있다. 아름다움이 감정이라는 것이 마음에 든다.

어렸을 때 나는 아름다움은 정(情)의 깊이에 비례한다고 생각했다. 내가 사랑하는 만큼 예뻐 보이는 이치, 남들 눈에 어떻든 내 눈에 예뻐 보이는 것. 어쩌면 아름다움이야말로 가장 주관적인 감정이어서 그런 건 아닐까. 그래서 나는 사랑하는 것만 예뻐하며 살았다. 나를 둘러싼 것들 중 내가 사랑하고 아끼는 것만 편애하며 살던 나는, 자라면서 사랑하는 건 아닌데 예뻐 보이는 것이 있다는 사실을 알게 되었다. 꽃을 지극히 사랑하는 것도 아닌데 꽃이 아름답고, 하늘을 사랑하는 것도 아닌데 하늘을 한 번 더 돌아보게 되었다. 그리고 나는 교사가 되었다, 사랑하는 것만 예뻐해서는 안 되는.

교실에 들어서는 순간 교사와 눈맞춤을 하고 함박웃음으로 달려오는 아이, 수업 시간 내내 교사의 동선을 따라 눈을 움직이고 교사의 한 마디 한 마디를 놓치지 않으려 귀 기울이는 아이. 생각만 해도 아름답지 않은가? 반면 정해진 규칙을 잘 지키지도 않고 주변은 너저분하며 교사에게 전혀 동조해 주지 않는 아이도 있다. 그런 아이는 밉다고 쳐다보지 않을 것인가?

교사로서 아이를 바라보는 시선을 잠깐 내려놓고, 가르친다는 관점에서 보면 또 어떤가? 아름다움이 주관적 감정이라고 믿고, 내가 아끼

나는 교사다 그러므로 생각한다

고 사랑하는 것만 편애할 수도 있다. 세상의 많은 사람이 그렇게 살고 있다. 그런데 많은 사람이 그렇게 산다고 교사도 그렇게 사는 게 옳을까? 자신을 둘러싸고 있는 모든 것을 스펀지처럼 받아들이는 아이들에게 "세상은 다 그런 거야. 아름다움은 네 속에 있어."라고만 가르칠 수 있을까?

물론 그렇게 가르치기도 한다. 하지만 아이들을 가르치는 교사는 그렇게 말하기 전에 그 자신이 아름다움에 대해 제대로 알고 있어야 한다. 아름다움에 대한 나의 시선에서 멈출 것이 아니라, 교사의 시선으로 확장시켜 아이들을 만나야 한다. 그렇게 되었을 때 아이들을 제대로 만날 수 있고, 아름다움을 제대로 가르칠 수 있다.

내 교실에서 아름답지 않은 아이라고 해서 모든 순간 모든 곳에서 그렇지는 않다. 내가 아름답다고 느끼는 것을 다른 사람은 그렇지 않다고 느낄 수 있다. 내가 추하다고 생각하는 것을 누군가는 아름답다고 여길 수도 있다. 아름다움은 사람에 따라 기준이 다르다.

그렇다면 대다수가 아름답다고 말하는 것들은 어떨까? 그 기준은 같을까, 다를까? 나는 꽃을 지극히 사랑하지는 않지만 꽃이 아름답다고 느낀다. 하늘을 사랑하지 않아도 맑은 가을 하늘을 올려다보는 일이 많다. 이처럼 자연의 멋진 풍경은 거의 모든 사람이 아름답다고 말한다. 때로는 사랑하기 때문에 아름답다고 느끼는 것이 아니라, 아름다워서 사랑하게 된다. 과연 아름다움에 '절대적인 것'이 있을까?

현실의 미는 이데아의 절대 미를 모방한 것

그리스 철학자 플라톤은 아름다움에도 절대적인 것이 있다고 믿었다. 하지만 그 절대적인 아름다움은 현실에는 존재하지 않는다. 단지 절대적인 아름다움의 본질을 나누어 가져 아름답게 보일 뿐이다.

그는 여느 그리스 철학자들과 같이 물질 자체가 아닌 그 속에 내재된 본질, 즉 보편적이고 전체적인 지식을 다루는 형이상학을 탐구했다. 변화하는 자연 뒤에는 영원불멸한 본질이 있고, 그 본질이 사물이 존재하는 근거라고 보았다. 이것이 '형이상학적 존재론'이며, 플라톤은 이를 바탕으로 현실에 존재하는 수많은 아름다운 사물들에서 공통적으로 나타나는 하나의 미(美), 즉 '아름다움 그 자체'가 존재한다고 여겼다.

예컨대 구름에 관해서는 사람마다 떠올리는 구름이 다르다. 이렇게 제각각인 구름 중 진짜 구름이 있을까? 사람들이 수많은 구름을 떠올릴 때 공통적으로 나타나는 구름에 관한 생각, 그것이 구름 그 자체인 것이다. 모든 구름은 구름의 본질을 가지고 있기에 구름이라 불리는 것처럼, 모든 미적 대상은 미의 본질을 나누어 가짐으로써 비로소 아름답다는 주장이다. 다시 말해, 아름다움은 이것들의 원인이 되는 아름다움의 원형이 이데아계에 존재하고, 이를 모방해 개별 대상의 아름다움으로 나타난다는 것이다. 따라서 현실에 존재하는 모든 미적 대상이 공통적으로 가지고 있는 성질, 변하지 않는 아름다움이 있으며, 그것은 절대적이라는 의미다.

또 플라톤은 아름다운 사물들이 지닌 속성에 관해 "적당한 척도와 비

나는 교사다 그러므로 생각한다

례를 유지하는 대상은 항상 아름다우며, 그것이 결여되면 추하다."고 했다. 균형, 절제, 조화 등이 미의 원리라는 것이다. 플라톤이 생각한 질서 있고 비례가 맞는 관념적 아름다움은 '형식의 완전성'을 근본으로 한다. 물론 앞서 말했듯이 절대적 아름다움은 현실 세계에서는 있을 수 없다. 그저 절대적인 아름다움을 모방한 것일 뿐이다.

그래서 플라톤은 예술가를 쓸데없는 일을 하는 사람들로 보았다. 현실 세상은 이데아의 모방인데, 예술은 현실 세상을 다시 모방하는 것이므로 의미가 없다는 것이다. 꽃은 이미 꽃의 본질을 나누어 가져 꽃이며, 아름다움은 아름다움의 본질을 나누어 가져 아름다운 것인데, 아름다움을 표현하는 것이 무슨 의미가 있냐는 말이다.

『진정한 아름다움』 버지니아 브라운 글, 발렌티나 에체베리아 그림, 한성희 옮김, 키즈엠

그림책 『진정한 아름다움』 속 동물들은 생김새가 달라도 모두 아름답다. 각자 나름의 특징을 가지고 있다. 어떤 동물은 키가 크고, 어떤 동물은 다리가 짧다. 머리에 뿔이 있거나 입이 길쭉한 동물도 있지만, 모두들 지금보다 아름다워지기 위해 노력한다. 하마는 아름다워지기 위해 거품 목욕을 하고, 젖소는 화려하게 화장을 한다. 기린은 다리가 길어 보이기 위해 높은 신발을 신고, 거북이는 빨리 달리기 위해 운동을 한다. 하지만 그들은 이미 아름답다. 아름다워지기 위해 거품 목욕을 하는 하마에게 진짜 필요한 것은 진흙 목욕이고, 화려하게 화장하는 젖소가

가장 아름다운 순간은 맨얼굴이라는 말은 진정한 아름다움이 무엇인지 생각하게 한다.

세상의 모든 아름다운 것들은 이미 아름다움의 본질을 나누어 가지고 있다. 빨리 달리기 위해 운동을 하고 누구보다 빠른 다리를 갖고 싶어 하는 거북이는 '튼튼한 다리'가 멋지다. 거북이의 본질은 튼튼한 다리에 있는데, 달리기 연습을 하는 것은 자신이 가진 아름다움을 알아채지 못하고 의미 없는 일을 하는 것과 같다. 플라톤의 주장대로라면, 예술가가 아름다움을 표현하려 할수록 쓸데없는 일을 하는 것과 같다.

우리는 아름다움을 나누어 가진 존재이기 때문에 아름다움에 관해 잘못 알 수도 있다. 그렇다고 진짜 아름다움이 없다고 말할 수 있는가? 거북이가 빠른 다리를 아름다운 것으로 잘못 알고 있다고 해도, 거북이의 튼튼한 다리가 가진 아름다움이 사라지지는 않는다. 진짜 아름다움은 관념 속에 있다 해도, 분명히 존재한다. 우리 반 ○○가 서툰 화장으로 얼굴이 울긋불긋할지라도 ○○는 예쁘다. 그 서툰 화장 속에 숨겨진 진짜 아름다움을 찾아내는 것은 누구의 몫일까?

아우라에 본질을 둔 아름다움이어야 '진품'

교실에서 아이들의 진짜 아름다움을 찾아내는 것이 나의 몫이라면, 그것을 어떻게 찾아야 할까? 화장으로 꾸민 ○○의 얼굴이 진짜 아름다

나는 교사다 그러므로 생각한다

움인지 만들어진 아름다움인지도 알 수 없다. 텔레비전 프로그램 '진품 명품'에 때로 등장하는 가품처럼, 아름다움에도 가짜가 있을까? 20세기 철학자 벤야민(Walter Benjamin, 1892~1940)은 아름다움의 본질을 '아우라(aura)'에서 찾고, 이것을 진품성으로 보았다.

아우라는 고대 그리스어의 '숨결'을 어원으로 하며, 신비로운 기운, 신성한 빛, 육체의 주위를 맴도는 빛의 너울 등 종교적 의미를 지닌다. 중세 종교화 속 천사의 머리 뒤에 있는 둥근 원을 떠올리면 된다. 근대 이전에는 종교적 의미로 보던 아우라를 벤야민은 예술적, 미학적 의미로 확장했다. 벤야민은 자신의 저서 『기술 복제 시대의 예술 작품』에서 아우라를 예술 작품의 원작을 바라볼 때 느끼는 일종의 경외감이라고 설명한다. 예술 작품의 유일성을 구성하는 분위기이며, 예술 작품의 원작이 가지는 원본성, 일회성, 진품성이 바로 아우라라는 것이다.

유물론자인 벤야민은 하부 구조의 변화가 상부 구조의 변화에 영향을 미치는 것처럼, 기술적인 토대가 문화 변동을 일으킨다고 생각했다. 즉, 새로운 미디어 기술이 예술의 형식도 변하게 만들었다는 것이다. 대량 생산에 따른 기술적 복제품이 전통적인 예술 작품을 대체하면서 다양한 예술적 이미지를 가져왔지만, 원작이 가지는 영원성과 신비성은 파괴되었다. 기술 복제 시대의 예술 작품에 일어난 결정적 변화는 바로 이 같은 '아우라의 붕괴'다.

아름다움은 아우라를 통해 나타났는데, 아우라의 붕괴로 말미암아 아름다움이 사라졌을까?

무엇이 진품인지 알지 못할 정도의 복제가 일어났다. 진품 '모나리자'를 베낀 미술관의 수많은 모작들처럼, 사진과 영화는 한 장의 필름으로 수천 장의 모나리자를 복제해 갔다. 유일한 원작은 지금 여기 존재함으로써 진품성을 가지며, 지금 여기 있어도 저 멀리 있는 것과 같은 신비로움이 있었다. 발달된 기술로 아무리 복제해도 예술 작품의 원작이 지나온 시간과 그때 그 장소에 있었다는 존재감은 담을 수 없다. 필름 속 모나리자는 진품 모나리자가 가진 시간과 공간 속에 존재하지 않는 것이다.

벤야민이 말한 아우라는 '원본성'과 '유일성'이라는 객관적 특성과, '일회성'과 '교감성'이라는 주관적 특성을 동시에 가진다. 벤야민은 아우라를 몰락해야 하는 것으로 봤지만, 아우라의 효과나 아우라적 경험 자체를 부정하지는 않았다. 오히려 아우라의 붕괴가 예술의 발전을 가져온다고 생각했는데, 복제 속의 다양한 시도와 새로운 예술 작품의 탄생이 바로 그것이다. 이는 다양한 방식의 예술과 새로운 아우라의 등장을 인정하는 것과 같다.

『슈만의 특별한 구두』존 데이날리스 글, 스텔라 데이날리스 그림, 백원영 옮김, 여유당

그림책 『슈만의 특별한 구두』에는 구두장이 '슈만'이 등장한다. 슈만은 오랜 시간 정성 들여 마치 예술 작품과도 같은 구두를 만든다. 구름같이 가볍고 오래 신을 수 있기까지 하다. 손님들의 사랑을 듬뿍 받던

나는 교사다 그러므로 생각한다

슈만은 어느 날 마을에 새로 생긴 신발 공장 때문에 위기를 맞는다. 오직 한가지 모양에 살색뿐이고 한 철밖에 못 신는 공장 신발에 슈만의 구두가 밀려 버린 것이다. 손님들의 발길이 끊어져 쓸쓸해진 슈만은 자전거를 타고 마을을 떠난다.

하지만 이야기는 거기서 끝나지 않는다. 슈만은 숲속에 이층집을 짓고 동물 친구들에게 공들여 만든 특별한 신발을 선물한다. 토끼, 코끼리, 플라밍고, 지네의 발에 꼭 맞아 든 신발은 얼마나 감동적인가.

이처럼 전통 작품이 가진 아우라는 기술 복제에 의해 붕괴되지만, 이로 인해 새로운 아우라가 만들어진다. 슈만의 구두는 예술 작품 같다. 한 켤레도 똑같은 것이 없고, 한 사람만을 위해 만들어진 진품이다. 그러나 새로 생긴 신발 공장은 똑같은 모양의 살색 신발을 내놓았고, 사람들은 값싼 신발을 선택한다. 기계를 통한 생산으로 진짜 구두가 가진 아름다움이 무너진 것이다. 하지만 이 아우라의 몰락은 새로운 구두를 만드는 발전을 가져왔다. 손님이 찾아오지 않자 절망한 슈만이 구두 만들기를 포기해 버렸다면 숲속 동물들의 위한 구두는 탄생하지 않았을 것이다. 진품이 가진 아름다움을 간직한 슈만의 구두는 여전히 유효하다. 진품이 파괴되어 더 이상 아름다움이 존재하지 않는 세계가 된 것이 아니라, 오히려 다양한 아름다움의 세계가 열린 것이다.

이처럼 특별한 하나의 진품만 존재하지 않듯, 교실은 각각의 아름다움을 간직한 진품으로 가득 차 있다. 이제 학생 한 사람 한 사람의 진품성을 믿고 싶어지지 않은가?

일상의 경험을 통해 만들어 가는 아름다움

그런데 아름다움은 여기서 그치지 않는다. 미국의 교육 사상가이자 철학자 듀이는 아름다움을 일상생활의 경험에서 찾는다. 그에 따르면 경험은 사람이 환경의 자극에 반응하고 적응하면서 환경을 문화로 재구성하는 모든 과정이며, 최고의 경험은 사람과 대상이 연결된 상호 작용이 일어날 때 가능하다.

듀이는 이미 완성된 절대적인 아름다움을 말하지 않는다. 일상을 살아가며 경험 속에서 만들어지는 아름다움을 말한다. 아름다움이란 일상의 삶과 관련 없는 고급스러운 것이나 삶을 초월한 그 무엇이 아니라, 일상적인 과정을 거쳐 만들어지는 것이라고 한다. 즉, 아름다움은 우리 삶의 연장선에 있다는 것이다. 예술 작품도 마찬가지다. 어느 날 갑자기 완성된 형태로 뚝 떨어지는 것이 아니라, 예술가가 수없이 많은 경험을 통해 자신을 둘러싼 세상과 소통하고 자신의 방식으로 이해하여 만들어 내는 것이다. 그런 예술 작품을 바라볼 때도 작품에 관한 지식 습득이 아니라, 지식과 내가 직접 경험하는 상호 작용이 중요하다.

『여섯 번째 바이올린』 치에리 우에가키 글, 친 렁 그림, 김희정 옮김, 청어람아이

그림책『여섯 번째 바이올린』속 '하나'는 할아버지의 바이올린 연주를 좋아하다가 할아버지를 따라 바이올린을 배우기로 한다. 하나의 할

아버지는 맑고 명랑한 소리로 바이올린을 연주하고, 하나는 할아버지가 연주하는 노래를 들을 때마다 다양한 감정을 경험한다. 할아버지는 바이올린으로 클래식과 동요뿐 아니라, 여치 날개 비비는 소리와 빗방울 소리도 들려준다.

하나가 바이올린 레슨을 세 번 정도 받고 학예회에 나가기로 하자, 오빠들은 음표 몇 개를 간신히 켜는 수준이라며 하나를 비웃는다. 하지만 하나는 설거지하는 부모님 앞에서, 키우는 개 앞에서, 할아버지의 옛날 사진 앞에서 매일매일 바이올린을 연습한다. 학예회 날, 하나는 여섯 번째로 바이올린을 연주한다. 무대 위에 서자 숨어 버리고 싶었지만, 할아버지의 다정한 목소리를 떠올리며 온 힘을 다해 열심히 연주한다. 엄마 까마귀가 아기 까마귀를 부르는 소리, 종이 우산 위 빗소리, 개구리 소리 등으로 자신만의 연주를 완성한다.

집으로 돌아온 하나에게 오빠들은 한 번 더 연주해 달라고 요청하고, 하나는 기쁜 마음으로 바이올린을 연주한다. 내년쯤이면 할아버지가 좋아하는 작품 중 한 곡을 근사하게 연주할 수 있을 거라고 믿으며.

서툴지만 창의적인 바이올린 연주를 통해 나답게 성장하는 하나의 모습은 듀이가 말한 아름다움에 부합한다. 하나가 바이올린을 배우고 싶었던 것은 할아버지의 연주를 들은 경험 덕분이었고, 그 경험 속에서 자신의 방식으로 바이올린을 이해하고 성장해 나가는 모습 또한 하나의 일상 속에 있었다.

일상의 여러 경험들, 가볍게는 밥 먹는 경험, 학교에 가는 경험, 운동하는 경험, 공부하는 경험, 책 읽는 경험, 노래하는 경험 들도 모두 예술이 될 수 있다. 일상의 경험들은 빛나는 순간에만 있지 않고, 힘들고 피곤하고 지친 순간에도 있다. 힘들고 짜증 나는 순간을 이겨 내지 못하고 포기해 버리면 아름다움에 도달하지 못한다. 일상적 경험 속에서 고통과 역경을 딛고 이겨 나가며 완성을 성취하는 것, 그것에 아름다움이 있다. 완성된 교향곡을 감상하는 것보다 수많은 연습을 통해 나만의 바이올린을 연주하는 것, 그것이 아름다운 것이다.

아이들 저마다의 진짜 아름다움을 직시해야

교실에서 나는 어때야 할까? '아름다움은 정(情)의 깊이에 비례한다.'며 내 규칙을 따르는 아이만 아름답게 볼 것인가?

질서 잡힌 교실, 규칙이 살아 있는 교실이 아름다울 수 있다. 이는 내 교실이 가진 형식이며, 당연히 형식적 아름다움도 존재한다. 하지만 그 형식을 채우는 것은 아이들이다. 진흙 속에 있어도 보석이라는 사실은 변함없으니, 그 아이가 가진 진짜 아름다움이 있다고 믿고 아름다움을 나누어 가진 아이들을 직시할 수 있으면 좋겠다.

모두를 일정한 규격의 인간으로 자라게 똑같은 틀 속에 넣어 복제하려는 어설픈 시도는 버리고 싶다. 각자가 가진 아름다움이 제대로 자라날 수 있도록 수많은 일상의 경험을 제공하는 교사이고 싶다. 그렇게 하려면 미우나 고우나 아름답게 봐야겠지.

나는 교사다 그러므로 생각한다

5

행복은 어디에 있을까?
— '행복'에 관해

• 스미스와 『고라니 텃밭』 •
• 쇼펜하우어와 『난 네가 부러워』 •
• 석가모니와 『너도 갖고 싶니?』 •

해마다 새 학년을 시작할 때면 아이들과 적응 활동으로 '첫 만남 프로젝트'를 운영한다. 부제와 내용은 그해 맡은 학년에 따라 조금씩 다르지만, 빠뜨리지 않는 활동이 있다. 둥글게 둘러앉아 '학교란 무엇인가?', '공부란 뭘까?', '공부를 왜 할까?', '어떤 공부를 하고 싶은가?' 등의 질문을 주고받으며, 한해살이의 기초와 목표를 생각해 보는 것이다. 아이들은 공부를 왜 하냐는 질문에 "좋은 중고등학교에 가서 좋은 대학에 가고, 좋은 곳에 취직하기 위해서"라고 답한다. 그러면 나는 다시 묻는다.

"왜 좋은 곳에 취직하고 싶어?"

"돈 많이 벌고 싶어서요."

"돈 많이 벌면 뭐가 좋은데?"

"행복해지잖아요."

"돈 많이 벌면 행복해지는 거야?"

"돈 없는 것보다 행복하지 않겠어요?"

"지금은 행복해?"

"…."

내 눈에 아이들은 '지금' 행복해 보이지 않는다. '나중에' 돈이 많아지면 행복해질까? 돈으로 대표되는 물질적 풍요로움은 행복과 어떤 관계가 있을까? 아이들은 돈이 많으면 행복해진다고 믿고 있고, 어쩌면 그렇게 살아갈지도 모른다. 교사로서 나는 아이들에게 "돈이 많으면 행복한 것이 맞아."라며 그들 말에 수긍해야 할까?

"더불어 잘 살아야 행복할 수 있다."

영국의 경제학자이자 철학자 스미스(Adam Smith, 1723~1790)라면 아이들의 생각에 공감해 줄지도 모르겠다. 그는 저서 『도덕 감정론』에서 인간이 아무리 이기적인 존재라 해도 그가 가진 천성으로 인해 타인의 운명에 관심을 가지고 타인의 행복을 필요로 한다고 말한다.

인간은 자신과 아무런 이해관계가 없어도 타인의 감정과 행위에 관심을 가지며, 이는 역으로 자신의 감정과 행위 역시 타인에 노출되는 것을 의식한다는 사실을 의미한다. 그래서 자신의 행위에 다른 사람이 공

나는 교사다 그러므로 생각한다

감하는 것을 중요하게 여기고, 여기서 행복을 느낀다. 이런 인간의 본성이 사회 질서와 사회 번영(부와 인구의 증대)을 이끌어 내는 것이다.

그렇다. 사람들은 슬픔보다 기쁨에 더 많이 공감하며, 부를 과시하고 빈궁을 숨기려는 경향이 있다. 따라서 내가 부를 추구하는 것도, 남이 부를 추구하는 것에도 공감하며 행복해한다. 내가 식탁에서 따뜻한 음식을 먹고 행복해하는 것 역시, 부를 추구하는 빵집 주인의 건강한 이기심에 기인한다는 것이다.

그렇다면 스미스가 강조하는 진정한 행복은 무엇일까? 그는 행복은 마음의 평정과 향유에 있다고 말한다. 건강하고, 빚이 없으며, 양심에 거리낌이 없다면 마음이 평온할 것이며, 추가적인 재산은 쓸데없다고도 한다. 이 말은 지나친 부와 지위를 추구하는 일은 가치가 없다는 의미이기도 하지만, 달리 보면 최저 수준의 부는 필요하다는 뜻이기도 하다.

다른 한편으로, 행복이 '공감'에서 온다는 그의 주장은 행복의 기준이 타인에게서 오는 것처럼 느껴지게 한다. 타인에게 공감하고 타인의 행복에 공감해야 자신도 행복해진다면, '너도 잘 살고 나도 잘 살아야 한다.'는 말 같다. 이런 생각은 『국부론』에서 더불어 잘 사는 세상으로서 '기본적인 의식주가 부족함이 없는 가운데 모두가 행복을 누리는 사회'를 꿈꾸게 한다.

그림책『고라니 텃밭』의 주인공인 화가 '김씨 아저씨'는 숲속 작업실 앞에 텃밭을 만들고, 딸들이 좋아하는 옥수수와 감자, 아내가 좋아하는 채소들을 심어 정성껏 가꾼다. 어느 날 아침, 누군가 쑥갓과 상추를 몽땅 먹어 치우는 바람에 다시 모종을 심었는데, 다음날엔 아욱과 치커리까지 없어진다. 허수아비도 소용없어 밤새 불침번을 서던 날, 아저씨는 텃밭의 약탈자 고라니와 마주치고 온 산을 누비며 쫓아다니지만 고라니를 잡지 못한다. 아저씨는 텃밭에 다시 모종을 심고 울타리를 세운다. 그러나 평화는 오래가지 않고 텃밭은 다시 엉망이 된다.

처음 텃밭을 만들 때 아저씨는 행복했다. 건강하고, 아마 빚도 없었을 테고, 양심에 거리낌 없이 마음이 평온한 가운데 있었으니까. 아저씨의 행복은 고라니의 침입으로 무너지고, 행복을 다시 찾기 위해 고군분투하는 아저씨의 모습은 '내 것을 지키기 위해 아찔한 다툼'을 하는 교실 속 아이들의 모습과 닮았다. 행복하기 위해 돈을 벌고 싶고, 돈을 많이 벌기 위해 교실 안에서 공부하고 경쟁하며 지금은 '덜' 행복한 아이들의 모습을 닮았다.

새총을 만들어 고라니에게 쏘고 텃밭을 지켜 다시 행복해지려던 아저씨의 시도는 어떻게 되었을까? 다시 텃밭에 나타난 고라니를 따라온 아기 고라니들의 커다란 눈을 마주한 아저씨는 생각하고 생각하고 또 생각한 뒤 텃밭의 반에만 울타리를 친다. 아저씨 텃밭의 반은 이제 고라니 텃밭이다.

내가 만든 텃밭이지만, 내가 먹을 만큼만 소유하고 그 이상의 욕심을 버린 것이다. 그리하여 아저씨는 고라니에게 공감하고, 건강하고, 아마도 빚이 없으며, 양심에 거리낌 없이 평온한 마음이 되었다. 새총을 쏘았다면 양심에 거리낌이 생기지 않았을까. 더불어 잘 사는 것을 선택한 아저씨는 비로소 마음이 평온해졌다.

하지만 또 생각해 본다. 텃밭을 일구고 내 것의 울타리를 가지고 싶은 아저씨의 마음에 무슨 잘못이 있겠는가. 만약 텃밭이 아니라 생계를 위해 꾸리는 밭이었다면, 내가 먹을 것도 없는 상황이었다면, 고라니에게 텃밭 한 자락 내어주기가 쉬웠을까?

돈을 벌고 싶어 하는 아이들 마음에 무슨 거짓이 있을까? 최소한의 부가 바탕이 되어야 한다는 것은 먹고사는 문제는 해결되어야 한다는 것과 같은데 말이다. 지나치게 집착하는 것만 경계하면 될 일이 아닌가. 그렇게 된다면 결국 아이들도 아저씨처럼 텃밭의 한 자락을 내줄 것이다. 그렇게 할 수 있도록 가르치고 배우고 있으니 말이다.

행복의 기준은 밖이 아닌 내 안에 있어야

그런데 독일 철학자 쇼펜하우어는 행복에 관해 다른 견해를 밝힌다.

그는 '세계는 고통과 행복이 공존하지만, 행복은 잠시뿐이고 대부분은 고통이다.'라는 우울한 명제를 던진다. 행복과 불행은 모두 자신 안에 내재되어 있으며, 각 개인은 똑같은 환경에 속해 있어도 각기 다른 세상에 산다. 다른 세상에 살게 하는 것, 그것이 '삶의 의지'다. 충족되지 않는 욕망 때문에 늘 고통에 가득 찬 삶을 살지만, 욕망에 무작정 따라가지 않고 고통으로 가득 찬 삶을 똑바로 응시하고 절제하면 바다와 같이 고요한 영혼의 행복에 도달할 수 있다는 것이다.

어떤 사람인가(인격), 무엇을 가졌는가(재산과 소유물), 어떻게 보이는가(지위나 명성)에 따라 삶의 모습이 다르지만, 행복은 내가 가진 것과 남에게 보이는 것에 따라 결정되지 않는다. 있는 그대로의 모습에 달려 있다. 있는 그대로의 모습이란, 내가 나 자신을 위해 가지고 있으면서 나를 나이게 하는 것, 철저하게 나 홀로 있는 순간에도 나와 함께하는 것, 아무도 나에게 줄 수 없고 내게서 빼앗아 갈 수도 없는 것이다. 이것이 내가 소유한 재산이나 남의 눈에 비친 나의 모습보다 훨씬 본질적이다.

행복을 다른 사람의 눈에 비친 자신의 모습에서 찾는다면 행복할 수 없다. 행복의 기준이 다른 사람에게 있다면 어떻게 행복하겠는가. 불행해지지 않으려면 '너무' 행복해지려고 욕망하지 않아야 한다. 행복하려고 욕망할수록 욕구가 충족되지 않아 고통스럽다면 이것이야말로 진짜 불행한 일일 테니까.

나는 교사다 그러므로 생각한다

그림책 『난 네가 부러워』에는 다른 친구를 부러워하는 아이들이 등장한다. 곱슬머리 친구는 매끈한 머리를 가진 친구를 부러워하고, 매끈한 머릿결을 가진 친구는 이야기를 잘 쓰는 친구를 부러워한다. 이야기를 잘 쓰는 친구는 꿋꿋한 친구를 부러워하고, 꿋꿋한 친구는 눈물 많은 친구를 부러워한다. 모두들 친구가 가진 장점을 말하며 부러움을 드러낸다.

우리 교실의 아이들 같다. 오로지 '공부 잘하는' 기준에 몰입해 친구를 부러워한다. 공부를 잘하는 친구는 다른 아이들의 눈에 비친 공부 잘하는 기준에 자신을 구겨 넣고, 자신만의 행복이 무엇인지 찾지 않는다. 자신에게 없는 것을 가진 친구를 부러워할 뿐이다.

친구들 눈에 비친 자신의 장점이 스스로에게는 단점처럼 느껴진다. 여자 같다고 놀림 받는 친구는 친절하고 상냥해서 여자 친구들에게 인기가 많은데 정작 자신은 그걸 모른다. 자신의 장점을 알아채지 못하니 자신을 만족스럽게 바라보지 못하고 다른 사람을 부러워할 뿐이다. 다른 사람 눈에 비친 자신의 모습이 아무리 좋아도, 다른 사람이 자신을 칭찬해도, 와 닿지 않는다.

삶의 기준이 자신 안에 있지 않고, 다른 사람과 견주어 보는 데 있다면 행복할 수 없다. 자신을 만족스럽게 바라보고, 있는 그대로의 모습에 행복이 있다는 사실을 깨달아야 행복해진다. 타인을 부러워하고, 타인을 닮기 위해 에너지를 쓰고, 남이 가진 것을 욕망하는 데 자신의 행복이 있지 않다. 그것을 가지지 못한 불행만 있을 뿐이다.

그림책 속 곱슬머리 친구는 어떻게 됐을까? 다행히 아이는 매끈한 머릿결을 향한 충족되지 않는 욕망을 따라가지 않는다. 대신 자신이 가진 복슬복슬 꼬불꼬불한 머리카락을 똑바로 응시하여 영혼의 행복에 도달하고는 비로소 웃는다. 그리고 우리에게 묻는다. "너는 어때?"

집착을 버리고 있는 그대로 바라보기

삶을 '고통'이라고 보는 불교에서 말하는 행복은 무엇일까? 행복을 괴로움이 없는 상태로 규정하면, 불교적 해석에서는 괴로움으로 대변되는 윤회를 벗어나는 것이 행복이어야 하기에 현상 세계에서는 이루기 어렵다. 윤회를 벗어나는 열반은 모든 세속의 조건들로부터 벗어날 뿐 아니라, 모든 감각 기관의 인지적 요인과 정신적 요인을 넘어선 대자유를 향유하면서 느끼는 궁극적 행복이다. 그렇다면 불교에서 추구하는 행복은 일상의 삶을 고려하지 않는 것일까?

석가모니는 '인간의 행복', '천상의 행복', '열반의 행복' 등 38가지 덕목으로 행복을 말하며, 궁극적인 행복은 열반이지만 현재 삶에서 얻을 수 있는 유익과 행복에 관해서도 언급한다. 이는 여러 경전에서 행복의 가르침을 '세간적 행복(불자들이 일상에서 경험하는 즐거움과 행복감)'과

나는 교사다 그러므로 생각한다

'출세간적 행복(수행자가 체득하는 열반의 삶)'으로 구분하는 것과도 연결된다. 세간에서의 행복은 결핍에서 벗어나기 위해 스스로 근면하게 노력하여 소유하고, 정당하게 소유한 것을 향유하고 공덕을 베풀며, 신체적·언어적·정신적으로 어떤 허물도 없이 자유로울 때 누릴 수 있다. 자신과 가정을 위하고 올바른 삶을 살아가기 위한 의무와 역할을 다할 때 행복이 주어진다는 것이다.

나아가 세간과 출세간이 둘이 아니라는 '불이(不二)'의 경지를 체득하면 세간의 행복이 곧 출세간 행복의 토대임도 알게 된다. 일상의 삶에서 번뇌를 끊고 일체의 얽매임에서 벗어나 마음의 고요함과 편안함을 누리면 이 또한 행복이라는 것이다.

행복은 이곳 속세에서, 있는 그대로의 세상에서, 자신의 가장 내밀한 곳, 마음에서 실현된다. 행복을 방해하는 장애물은 그것을 보는 마음에 있으므로, 깊이 있는 행복에 도달하려면 집착을 버려 문제의 근본을 없애면 된다. 믿기 어렵겠지만, 돈을 많이 가지면 행복해진다는 마음을 버려야 행복에 이른다는 뜻이다.

『너도 갖고 싶니?』 앤서니 브라운 글·그림, 허은미 옮김, 웅진주니어

그림책 『너도 갖고 싶니?』에는 두 소년이 나온다. 고요한 '샘'과 가진 것이 많으나 나누지 않는 '제레미'다. 산책을 나선 샘 앞에 자전거를 가

진 제레미가 나타나 "너도 갖고 싶지?"라고 묻는다. 정말 나누려는 마음으로 묻는 것이 아니라, 자신이 가진 것을 과시하기 위한 물음이다. 하지만 새로 산 공도, 커다란 봉지에 가득 담긴 막대사탕도, 샘의 고요한 마음을 흔들지 못한다. 샘은 무던한 얼굴로 대꾸조차 없다.

샘의 일상은 가지고 싶은 욕구, 하고 싶은 욕구를 벗어난 것 같다. 누군가를 부러워하는 마음도 없고, 자신이 가지지 못한 것에 대한 욕심도 없다. 샘의 마음이 가진 고요함과 편안함이 불교에서 말하는 세간의 행복 같다.

물론 불교에서는 더 나아간 행복에 관해서도 말한다. 그것은 보살행(菩薩行)을 실천하는 행복으로, 정해져 있는 고정불변의 마음이 아니라 스스로 실천하면서 얻어 가는 만족감과 그 속에서 느끼는 고요함과 편안함이다. 불교식으로 말해 보자면, 그림책 속 샘이 홀로 고요하고 편안함에서 한 발 더 나아가 제레미까지 고요함으로 이끌었다면 어땠을까? 발고여락(拔苦與樂), 즉 중생의 고통을 뽑아내고 즐거움을 주는 보살행의 실천으로 샘은 더 행복할 것이다.

아이들 스스로 행복을 찾을 수 있게

내 교실의 아이들도 행복하면 좋겠다. 『고라니 텃밭』의 김씨 아저씨처럼 자신이 가진 최소한의 것에 만족해 더 가지려 하지 않고, 『난 네가 부러워』의 곱슬머리 친구처럼 다른 사람이 아니라 자신이 가진 것에 더

나는 교사다 그러므로 생각한다

집중하여 평온함에 이르렀으면 좋겠다. 『너도 갖고 싶니?』의 샘처럼 마음의 고요함과 편안함으로 행복을 얻으면 좋겠다.

나 역시 마찬가지다. "돈 없는 것보다 행복하지 않겠어요?"라는 아이의 말에 마음이 흔들려 지금은 행복하냐고 되물음으로써 '사실 너는 지금 행복하지 않잖아.' 하고 내 기준으로 판단하지 말자. 있는 그대로의 아이들을 응시하는 것부터 시작하자. 그들은 그들의 행복을 스스로 찾을 것이다. 나는 단지 그들이 스스로 행복을 찾을 수 있도록, 그들 주변의 괴로운 것들을 조금씩 치워 줄 뿐이다. 이것이 나의 보살행, 발고여락의 첫걸음이다.

6

삶과 죽음은 별개일까?
– '죽음'에 관해

· 장자와 『바람이 멈출 때』·
· 불교와 『철사 코끼리』·
· 하이데거와 『내가 함께 있을게』·

즐겨 보는 텔레비전 프로그램에서 주인공 '펭수'가 임종(臨終) 체험하는 장면이 나왔다. 펭수는 자신의 죽음에 관해 잠시 생각한 뒤 유언장을 쓰고 관에 들어가 보는, 말 그대로 죽음을 미리 경험하고 있었다.

우리는 살아 있는 동안 자신의 죽음을 경험할 수 없다. 주변 누군가를 떠나보내면서, 또는 이런 임종 체험을 통해 막연히 생각하고 느낄 뿐이다. 그렇다고 죽음이 멀리 있는 것도 아니다. 죽음은 내가 태어난 순간부터 늘 나와 함께하고 있음을 우리는 이미 알고 있다. 그럼에도 불구하고 사회 통념상 죽음이라는 단어를 꺼내기가 꺼려진다. 우리에게 죽음이란 '산다'는 것의 반대말로, 그야말로 삶의 끝이라는 부정적 의미로 다가오기 때문이다.

교실에서 죽음을 이야기하기는 더더욱 쉽지 않다. 그러나 태어난 이

나는 교사다 그러므로 생각한다

상 죽음은 피해 갈 수 없는 문제기에 마냥 회피할 수도 없다. 교과서에서도 삶과 죽음의 문제를 다루는데, 다양한 형태의 죽음을 살펴보면서 나의 삶을 되돌아보고 생명의 소중함을 깨닫는 계기가 되기도 한다.

한 학생이 등교 후 계속 울고 있었다. 얼마나 울었는지 거의 탈진 상태였다. 부모님께 자초지종을 물으니, 새벽에 반려견을 떠나보냈다면서 조퇴를 부탁했다. 며칠 전부터 반려견이 아프다며 힘들어하기는 했지만 '과연 이게 조퇴 사유가 될까?' 하고 고민하던 중, 교무실 선생님들 모두가 적극 권해 아이를 집으로 보냈다. 그때 많은 생각을 했다. 그게 무엇이든 '죽음은 너무나 슬프고 힘든 일이구나.' 하고 말이다.

그런데 왜 우리는 누군가 죽으면 슬퍼할까? 왜 슬픈 감정을 느끼는 것일까? 어째서 모두가 죽음을 비통해하고 슬퍼할까?

죽음은 계절의 흐름처럼 자연스러운 것

고대 그리스 철학자 소크라테스의 죽음은 너무나 유명하다. 소크라테스는 신을 믿지 않고 젊은이들을 타락시켰다는 죄목으로 사형을 당했는데, 그가 독배를 마시는 순간 주변에 모인 제자들은 모두 비통해했다. 하지만 정작 소크라테스 자신은 죽음은 육체를 떠나 영혼 그 자체의 순수함으로 돌아가는 과정일 뿐이므로 두려워하거나 슬퍼하지 않았다. 독배를 든 그는 마지막으로 이렇게 말했다.

"때가 되었으니 이제 각자의 길을 가자. 나는 죽기 위해, 당신들은 살기 위해. 어느 편이 더 좋은지는 오직 신만이 알 뿐이다."

서양의 소크라테스가 죽음을 두려워하지 않았던 것처럼 동양에도 죽음을 그저 봄이 가면 여름이 오고 여름이 가면 가을이 오듯, 사계절의 흐름처럼 자연스러운 것으로 받아들여야 한다고 말한 사상가가 있다. 바로 장자다.

장자는 중국 전국 시대의 인물로, 당시 사회 혼란을 인(仁), 의(義), 예(禮) 같은 도덕성으로 바로잡으려 한 유가(儒家)와 달리, 모든 것을 자연의 법칙에 따르라고 강조했다. 그는 인간이 인위적으로 무언가 하지 않아도 세상 모든 것은 자연의 흐름에 따라 저절로 그렇게 된다는 '무위자연(無爲自然)'을 강조한 노자의 사상을 이어받아, 자연의 관점으로 세상을 바라볼 것을 역설했다.

그에 따르면 자연의 관점이 아닌 인간의 관점으로 세상을 바라보는 데서 차별과 편견이 생기고, 이 차별과 편견이 사회를 어지럽힌다. 즉, 선과 악, 아름다움과 추함, 긴 것과 짧은 것 등은 사람마다 다르게 생각하는 상대적 기준일 뿐인데도, 사람들은 이것을 절대적 기준으로 삼고 옳다 그르다를 말해 혼란이 생긴다는 것이다. 장자는 이것을 '제물(齊物)'이라 불렀다. 같은 사물이라도 누가 어떻게 보느냐에 따라 달라지기에, 시비와 대립을 초월한 세계에서 사물을 바라볼 때 비로소 사물의 참된 모습을 볼 수 있으며, 이때는 일체의 사물이 모두 동등한 가치를 지닌다.

나는 교사다 그러므로 생각한다

제물의 관점에서 본다면 삶과 죽음도 같은 것이다. 『장자(莊子)』에는 다음의 일화가 나온다.

> 장자의 아내가 죽자 친구인 혜시(惠施)가 조문을 왔는데, 장자가 다리를 뻗고 앉아 동이를 두드리며 노래를 부르고 있었다. 혜시가 탄식하며 말했다. "늙도록 함께한 아내가 죽었는데 곡을 하지 않는 것도 모자라, 동이를 두드리며 노래까지 하다니 너무 심하지 않은가!" 그러자 장자가 대꾸했다. "아내가 죽었을 때 난들 슬프지 않았겠는가. 그런데 그 삶의 살펴보니 본래 생명이 없었고, 생명이 없었을 뿐 아니라 형체도 없고, 형체가 없었을 뿐 아니라 기(氣)조차 없었네. 모호하고 황홀한 가운데 기가 생겨나고, 기가 형체가 되고, 형체가 생명이 되었다가, 다시 또 죽음으로 바뀌었으니, 이것은 사계절이 운행되는 이치와 같네. 저 사람이 대자연의 집에서 편히 쉬고 있는데, 내가 시끄럽게 울어 댄다면 스스로 천명(天命)을 알지 못하는 것이니 울기를 멈추었다네."

이처럼 장자는 삶과 죽음의 문제는 단지 기가 뭉치고 흩어지는 자연의 필연적 과정이기에, 기뻐할 일도 슬퍼할 일도 아니라는 것이다.

『바람이 멈출 때』샬롯 졸로토 글, 스테파노 비탈레 그림, 김경연 옮김, 풀빛

그림책 『바람이 멈출 때』는 이런 자연의 흐름에 관해 말한다. 날이 저

물면 더 이상 놀 수 없기에, 아이는 엄마에게 왜 낮이 끝나야 하냐고 묻는다. 엄마는 낮이 끝나야 밤이 올 수 있기 때문이라고 말해 준다. 그러자 아이는 또 질문한다. 낮이 끝나면 해는 어디로 가냐고. 엄마는 대답한다. 낮은 끝나는 것이 아니며, 이곳에서 밤이 시작되면 어딘가에서는 해가 뜨고 다시 낮이 시작된다고.

아이의 질문은 계속 이어진다. 바람이 그치면 바람은 어디로 가는지, 파도가 부서지면 어떻게 되는지, 구름은 흘러 어디로 가는지 등등. 그럴 때마다 엄마는 대답해 준다. 이 세상에 완전히 끝나는 것은 없다고 말이다.

단풍이 들고 나뭇잎이 떨어져도 나뭇잎은 사라지는 것이 아니라 또 다른 잎을 피우기 위한 영양분이 됨을 우리는 알고 있다. 죽음 역시 이런 관점에서 본다면 삶의 끝이 아닌 또 다른 생의 시작점이기에, 조금은 덤덤하게 받아들일 수 있지 않을까?

생로병사의 집착에서 벗어나야

반면 죽음을 고통으로 보고, 죽음을 반복하지 않아야 한다는 사상도 있다. 불교의 가르침이 그것이다. 불교에서는 우리의 인생 즉, 태어나고 늙고 병들고 죽는 '생로병사(生老病死)'의 과정을 고통으로 보고, 그 고통의 원인은 인간의 무지(無智), 무명(無明), 애욕(愛慾) 그리고 집착 때문이라고 한다.

불교의 관점에서 이 세상에 고정되어 불변하는 실체는 없다. 따라서 모든 인간이 집착하는 '나'라는 존재 또한 없다. 하지만 사람들은 그것을 잘 알지 못하고 이 세상에 존재하는 모든 것이 영원할 것처럼 생각해서 집착하고 소유하려 하기에, 그것으로 인해 괴로움이 생길 수밖에 없다는 것이다. 이에 관해 법정 스님의 유명한 일화가 있다.

스님이 난초 두 분을 선물 받았다. 스님은 그들을 잘 키우기 위해 관련된 책을 읽고, 여름과 겨울에는 적당한 온도를 유지해 주며 정성을 쏟았다. 어느 더운 여름날, 스님은 볼 일을 보러 외출했다가 난초를 뜰에 내놓고 왔다는 사실을 떠올렸다. 강렬한 햇빛에 맥을 못 추고 늘어질 난초가 눈에 어른거린 스님은 허둥지둥 산사로 돌아오고 말았다.

이때 스님은 온몸으로, 마음으로 절절히 느꼈다. 집착이 괴로움이라는 사실을 말이다. 그리고 그동안 난초에 너무 집착했다며, 집착에서 벗어나야겠다고 결심했다.

이처럼 집착은 고통을 만들어 낸다. 불교에서는 고통에서 벗어나려면 집착으로부터 벗어나야 한다고 가르친다. 세상 모든 것은 원인과 조건으로 말미암아 생겨나므로, 깨달음을 통해 고통의 원인이 되는 애욕과 집착을 버리면 무지와 무명에서 벗어날 수 있다고 한다. 깨달음을 얻어 고통에서 벗어나면 비로소 해탈하고 부처가 될 수 있지만, 깨닫지 못하면 끊임없이 생로병사의 고통을 반복해야 한다. 바로 윤회(輪廻)다.

『철사 코끼리』 고정순 글·그림, 만만한책방

그림책 『철사 코끼리』는 사랑하는 것에 대한 집착이 괴로움의 원인이며, 집착에서 벗어났을 때 괴로움도 사라진다고 말한다. 어느 날 '데헷'과 늘 함께하던 코끼리 '얌얌'이 죽는다. 얌얌의 죽음을 받아들일 수 없던 데헷은 철사로 얌얌을 닮은 코끼리를 만들어 그가 살아 있을 때처럼 어디든 함께 다닌다. 하지만 철사 코끼리는 얌얌처럼 울지도 따뜻하지도 않다.

사람들은 철사 코끼리가 지나갈 때마다 불편함을 호소하고, 데헷 자신도 철사에 찔려 상처를 입지만 모두를 외면한 채 여전히 철사 코끼리와 함께 지낸다. 시간이 흐르고 그 누구도 데헷의 곁에 오지 않자 그제야 데헷은 철사 코끼리를 다시 본다. 그러고는 알게 된다. 철사 코끼리는 얌얌이 아니라는 것을. 대장장이 삼촌을 찾아간 데헷은 철사 코끼리를 용광로에 밀어 넣고, 삼촌은 그것으로 작은 종을 만들어 준다. 그 후 데헷은 종소리가 들려올 때마다 얌얌이 함께 있다고 믿고 일상을 살아간다.

데헷이 죽은 얌얌을 떠나보내지 못하고 철사로 만들어서라도 함께하려 한 것은 분명 집착이다. 하지만 데헷은 결국 이런 집착이 고통과 괴로움의 원인임을 깨닫고, 얌얌과 진짜로 이별하는 과정을 통해 괴로움을 끊어 낼 수 있었다.

"죽음에 대한 불안과 공포를 직시하라."

한편, 늘 죽음을 직시하고 살아야 한다는 사상가도 있다. 독일 철학자 하이데거(Martin Heidegger, 1889~1976)는 시간의 흐름 속에서 인간을 이해해야 한다고 주장했다.

그는 지금 여기에 실존하는 인간을 '현존재'라 칭하고, 현존재는 죽음을 향해 나아가는 존재라고 말한다. 그는 인간을 사물과 구분하고자 이 용어를 만들었다. 사물은 본래 그런 모습으로 정해져 있어 바뀌지 않기 때문에, '본질' 혹은 '그런 존재'일 뿐이다. 그러나 인간은 늘 변화하고 선택하는 능력이 있기 때문에, 현재가 강조되는 현존재라는 것이다.

하이데거에 따르면 현존재는 자기의 존재를 문제로 삼는 특별한 존재로, 죽음에 대한 불안과 공포를 늘 안고 살아간다. 하지만 그는 이런 불안과 공포를 부정적으로만 보지 않고 존재의 본질을 경험하기 위한 필수 요소로 보았다. 즉, 현존재가 자신이 죽음을 향해 나아가고 있다는 사실을 받아들이고 삶의 유한성과 일회성을 깨달음으로써 일상적이고 획일화된 삶의 방식에서 벗어나고자 할 때, 자신이 누구인지 스스로 묻고 답함으로써 자신의 진정한 실존을 성찰하게 된다는 것이다.

그림책 『내가 함께 있을게』 역시 죽음이 늘 곁에 있음을 직시하자고 이야기한다.

주인공 오리는 어느 날 이상한 느낌이 들어 뒤를 돌아보고, 죽음이라는 것이 항상 자신의 뒤에 있다는 사실을 알게 된다. 그럼에도 오리는 죽음에서 벗어나려 발버둥 치거나 죽음을 떼어 놓으려 애쓰지 않는다. 심지어 죽음을 무서워하지도 않는다. 오히려 죽음과 친구가 되어 일상을 함께 보내며, 아직 죽지 않은 자신을 확인하고 죽으면 어떨까를 생각한다. 그 생각은 우리가 일반적으로 하는 것과 별반 다르지 않다. 죽으면 천사가 된다거나, 땅속에는 지옥이 있을 거라는 등 누구도 확인해 줄 수 없는 막연한 생각들이다. 그러고는 어느 날 조용히 숨을 거둔다. 죽음은 그런 오리를 안고 강으로 가 조심스레 물 위에 띄워 보낸다. 그리곤 또 죽음을 맞을 다른 동물 곁으로 간다.

이런 일련의 과정을 작가는 조금도 특별하게 그리지 않는다. 그저 한마디 툭 던진다. '그것이 삶'이라고.

죽음보다는 현실의 삶에 집중하기를

죽음을 정의하기는 어렵다. 하지만 누구나 죽음을 떠올리면 무섭고 두려운 감정을 느낀다. 그러나 동서양의 많은 철학자와 사상가는 죽음을 두려워할 필요가 없다고 말한다. 인간이 태어나서 죽는 것은 자연의 흐름처럼 너무나 당연한 일이기 때문이다.

그렇기에 공자는 아예 죽음을 궁금해하지도 않았다. 제자가 죽음이 뭐냐고 묻자 "삶도 알지 못하는데 죽음을 어찌 알겠느냐."며, 잘 알지도 못하는 귀신이나 죽음을 신경 쓰지 말고 그 시간에 현실의 삶에 충실하는 편이 더 낫다고 충고했다.

죽음은 늘 삶과 함께한다. 그렇기에 죽음을 직시함으로써 오히려 오늘의 삶에 더 충실할 수 있음을 배우게 된다.

참고 자료

1부. 배움과 가르침을 고민하다_교육의 본질에 관해

1. 교사의 역할은 무엇일까? : 플라톤과 『빨간 벽』

   『철학의 멘토, 멘토의 철학』 박승찬·노성숙 지음, 가톨릭대학교출판부

   『러셀 서양철학사』 버트런드 러셀 지음, 서상복 옮김, 을유문화사

2. 배운다는 건 뭘까? : 소크라테스와 『배운다는 건 뭘까?』

   『소크라테스 스타일』 김용규 지음, 김영사

   『소크라테스 대화법의 이론과 실제』 박해용 지음, 한국학술정보

3. 어떤 교사가 되어야 할까? : 불교와 『나는 지하철입니다』

   『무소유』 법정 지음, 범우사

   『오두막 편지』 법정 지음, 이레

   『철학 콘서트』 황광우 지음, 웅진지식하우스

   『윤리와 사상 2』 문종길 지음, 책과나무

   『젊으면 그만이지』 김주완 지음, 피플파워

4. 친절한 교사란 어떤 모습일까? : 공자와 『친절한 행동』

   『공자와 맹자의 도덕철학』 최영갑 지음, 한국학술정보

   『박물관에서 꺼내 온 철학 이야기』 이현구 외 지음, 우리교육

   『윤리와 사상 2』 문종길 지음, 책과나무

5. 아이들을 어떻게 사랑해야 할까? : 묵자와 『우리는요?』

   『묵자』 묵자 지음, 최환 옮김, 을유문화사

   『배우고 익히는 논어』 성백효 지음, 한국인문고전연구소

   『나의 동양고전 독법_강의』 신영복 지음, 돌베개

나는 교사다 그러므로 생각한다

7. 아이들과 한마음으로 소통하고 싶다면? : 원효와 『마음먹기』

『철학이 필요한 시간』 강신주 지음, 사계절

8. 선입견으로 아이들을 바라본다면? : 베이컨과 『누가 사자의 방에 들어왔지?』

『21세기 웅진학습백과사전2 - 종교·철학』 웅진씽크빅

9. 아이를 있는 그대로 사랑하려면? : 들뢰즈와 『세상의 많고 많은 초록들』

『차이와 반복』 질 들뢰즈 지음, 김상환 옮김, 민음사

『5분 뚝딱 철학 2』 김필영 지음, 스마트북스

10. 함께 나눈 대화가 의미 있으려면? : 립맨과 『뷰티풀 : 말해 봐, 네가 찾은 아름다움을』

『고차적 사고력 교육』 매튜 립맨 지음, 박진환 옮김, 인간사랑

『경험으로서의 예술 1,2』 존 듀이 지음, 박철홍 옮김, 나남

11. 아이들의 성장은 어떻게 이뤄질까? : 헤겔과 『어느 멋진 날』

『21세기 웅진학습백과사전2 - 종교·철학』 웅진씽크빅

12. 아이의 성장을 돕는 좋은 교육 환경이란? : 듀이와 『할머니 집 가는 길』

『21세기 웅진학습백과사전2 - 종교·철학』 웅진씽크빅

13. 성장에 불안이 왜 필요할까? : 키르케고르와 『나의 작은 인형 상자』

『21세기 웅진학습백과사전2 - 종교·철학』 웅진씽크빅

14. 아이들이 진짜 원하는 꿈을 찾을 수 있을까? : 라캉과 『진짜 내 소원』

『자크 라캉이 들려주는 욕망 이야기』 양해림 지음, 자음과모음

『미치게 친절한 철학』 안상헌 지음, 행성B

15. 아이들은 어떤 씨앗을 가지고 있을까? : 피코와 『너는 어떤 씨앗이니?』

『피코 델라 미란돌라 - 인간존엄성에 관한 연설』 피코 델라 미란돌라 지음, 성염 옮김, 경

세원

16. 아이들은 양심적 존재일까? : 칸트와 『빨간 매미』

　「칸트에 있어서 '양심'의 의미」이인숙, 고려대학교 철학연구소 『철학연구』 28집

17. 학생 생활 교육은 어떻게 해야 할까? : 벤담과 『고슴도치 엑스』

　『파놉티콘 : 제러미 벤담』 제러미 벤담 지음, 신건수 옮김, 책세상

　『벤담과 밀의 공리주의』 제러미 벤담·존 스튜어트 밀 지음, 정홍섭 옮김, 좁쌀한알

18. 학교 공동체란 무엇일까? : 공자와 『지구에 온 너에게』

　「『論語』「子路」편의 '和而不同' 구절에 담긴 先秦儒家의 정치·사회적 調和의 세계관 연구」 장재진, 성균관대학교일반대학원, 2021

19. 학교는 아이들에게 어떤 경험을 제공해야 할까? : 로크와 『아피야의 하얀 원피스』

　『로크가 들려주는 타불라라사 이야기』 서정욱 지음, 자음과모음

　『존 로크의 인간 오성론 읽기』 안병웅 지음, 울력

2부. 행복한 교사로 살아가다_교직과 교육 현장에 관해

1. 아이들의 마음을 얻으려면? : 홉스와 『넬슨 선생님이 사라졌다!』

　『소크라테스 익스프레스』 에릭 와이너 지음, 김하현 옮김, 어크로스

　『철학 vs 철학』 강신주 지음, 오월의봄

3. 진정한 용서란 무엇일까? : 데리다와 『사자가 작아졌어!』

　『인간의 조건』 한나 아렌트 지음, 이진우 옮김, 한길사

　『예루살렘의 아이히만』 한나 아렌트 지음, 김선욱 옮김, 한길사

　『용서하다』 자크 데리다 지음, 배지선 옮김, 이숲,

　『조금 불편한 용서』 스베냐 플라스푈러 지음, 장혜경 옮김, 나무생각

4. 누가 더 정직한 아이일까? : 칸트와 『지각대장 존』

　　『철학 콘서트』 황광우 지음, 웅진지식하우스

　　『윤리와 사상 2』 문종길 지음, 책과나무

　　『고등학교 윤리와 사상』 변순용 외 지음, 천재교과서

5. 아이들과의 소통 문제로 힘들다면? : 비트겐슈타인과 『낱말 공장 나라』

　　『초역 비트겐슈타인의 말』 루트비히 비트겐슈타인 지음, 박재현 옮김, 인벤션

6. 아이들에게 용기를 심어 주고 싶다면? : 틸리히와 『소풍』

　　『존재의 용기』 폴 틸리히 지음, 차성구 옮김, 예영커뮤니케이션

7. 자율과 책임을 알려 주고 싶다면? : 루소와 『행복을 주는 요리사』

　　『나는 루소를 읽는다』 김의기 지음, 다른세상

　　『21세기 웅진학습백과사전2-종교·철학』 웅진씽크빅

8. 행복한 교사로 사는 길이 있을까? : 사르트르와 『노를 든 신부』

　　『도덕을 위한 철학 통조림2-달콤한 맛』 김용규 지음, 주니어김영사

　　『청소년을 위한 서양철학사』 서용순 지음, 두리미디어

　　『한입 매일 철학』 황진규 지음, 지식너머

　　『클라시커 50 철학가』 에드문트 야코비 지음, 안성찬 옮김, 해냄

9. 반복되는 수업, 매너리즘에 빠지지 않으려면? : 니체와 『문 앞에서』

　　『니체의 마지막 선물』 오카모토 유이치로 지음, 김윤경 옮김, 클레이하우스

　　『차라투스트라는 이렇게 말했다』 프리드리히 니체 지음, 정동호 옮김, 책세상

10. 교사로서 자신감이 떨어질 때면? : 맹자와 『뛰어라 메뚜기』

　　『맹자집주』 성백효 지음, 한국인문고전연구소

11. 교사와의 갈등에는 어떻게 대처할까? : 하버마스와 『핑퐁 클럽』

『하버마스 입문』제임스 고든 핀레이슨 지음, 서요련 옮김, 필로소픽

『담론윤리의 해명』위르겐 하버마스 지음, 이진우 옮김, 문예출판사

「하버마스의 담화개념」김삼룡, 한국정책학회보, 2003

12. 다른 교사와 비교하지 않고 나의 길을 갈 수 있을까? : 장자와 『아무도 가지 않은 길』

『장자 & 노자 : 道에 딴지걸기』강신주 지음, 김영사

13. 다른 직종의 친구들과 비교하며 마음이 힘들 때면? : 맹자와 『마음여행』

『맹자, 마음의 정치학 3』배병삼 지음, 사계절

『맹자집주』성백효 지음, 전통문화연구회

『맹자2 나를 팔아 명성을 사지 않는다』윤재근 지음, 나들목

14. 교사의 삶과 개인의 삶 사이 균형을 잃었다면? : 아리스토텔레스와 『균형』

『고등학교 윤리와 사상』류지한 외 지음, 비상교육교과서

『철학의 에스프레소』빌헬름 바이셰델 지음, 안인희 옮김, 아이콘C

「니코마코스 윤리학」아리스토텔레스 지음, 홍원표 옮김, 타임기획

15. 물질적인 욕심이 나를 힘들게 할 때면? : 에피쿠로스와 『최고의 차』

『처음 읽는 서양철학사』안광복 지음, 어크로스

16. 충분한 숙고 없이 교육 활동을 하고 있다면? : 아렌트와 『아무도 지나가지 마!』

『위대한 철학 고전 30권을 1권으로 읽는 책』이준형 지음, 빅피시

『한나 아렌트의 「예루살렘의 아이히만」 읽기』윤은주 지음, 세창출판사

17. 부장 교사에게 필요한 리더십은? : 노자와 『곰이 강을 따라갔을 때』

『강의』신영복 지음, 돌베개

18. 미래에 교사는 인공 지능으로 대체될까? : 레비나스와 『나 진짜 궁금해!』

『타인의 얼굴—레비나스의 철학』강영안 지음, 문학과지성사

『이것이 인공지능이다』 김명락 지음, 슬로디미디어

3부. 기본으로 돌아가다_교사가 알아야 할 철학적 개념들

1. 안다는 건 무엇일까?― '앎' 에 관해 : 플라톤과 『이게 정말 사과일까?』, 게티어와 『근데 그 얘기 들었어?』, 공자와 『달빛을 따라 집으로』

   『틸리 서양철학사』 프랭크 틸리 지음, 김기찬 옮김, 현대지성

   『청소년을 위한 친절한 서양철학사』 박해용·심옥숙 지음, 문예춘추사

   『플라톤 전집 5』 플라톤 지음, 천병희 옮김, 도서출판숲

   『다시 만난 옛벗, 공자의 논어』 황희경 지음, 삼성출판사

   『공자가어』 공자 지음, 이민수 옮김, 을유문화사

2. 이게 정말 나일까?― '자아' 에 관해 : 데카르트와 『'생각' 으로 무엇을 할 수 있을까?』, 흄과 『이게 정말 나일까?』, 칸트와 『착해야 하나요?』

   『틸리 서양철학사』 프랭크 틸리 지음, 김기찬 옮김, 현대지성

   『러셀 서양철학사』 버트런드 러셀 지음, 서상복 옮김, 을유문화사

   『청소년을 위한 친절한 서양철학사』 박해용·심옥숙 지음, 문예춘추사

   『의심하고 질문하며 진리를 발견해요』 김익현 지음, 자음과모음

   『칸트가 우리에게 던지는 227가지 질문』 살로모 프리드랜더 지음, 박중목 옮김, 세창출판사

   『칸트, 근세 철학을 완성하다』 강성률 지음, 글라이더

3. 자유분방하다는 건 무슨 뜻일까?― '자유' 에 관해 : 스토아학파와 『바본가』, 밀과 『가고 싶은 대로』, 벌린과 『완벽해』

   『틸리 서양철학사』 프랭크 틸리 지음, 김기찬 옮김, 현대지성

   『러셀 서양철학사』 버트런드 러셀 지음, 서상복 옮김, 을유문화사

   『서양철학사』 군나르 시르베크·닐스 길리에 지음, 윤형식 옮김, 이학사

   『서영철학사 상·하』 요한네스 휠쉬베르거 지음, 강성위 옮김, 이문출판사

4. 진정한 아름다움이란 뭘까?- '아름다움'에 관해 : 플라톤과 『진정한 아름다움』, 벤야민과
   『슈만의 특별한 구두』, 듀이와 『여섯 번째 바이올린』

   『러셀 서양철학사』 버트런드 러셀 지음, 서상복 옮김, 을유문화사

   『서영철학사 상·하』 요한네스 휠쉬베르거 지음, 강성위 옮김, 이문출판사

   『미학의 역사』 미학대계간행회 지음, 서울대학교출판부

   『발터 벤야민이 들려주는 복제 이야기』 김용수 지음, 자음과모음

   『벤야민 & 아도르노 : 대중문화의 기만 혹은 해방』 신혜경 지음, 김영사

   『존 듀이의 경험주의 미학과 예술교육』 허정임 지음, 교육과학사

   『듀이가 들려두는 실용주의 이야기』 강영계 지음, 자음과모음

5. 행복은 어디에 있을까?- '행복'에 관해 : 스미스와 『고라니 텃밭』, 쇼펜하우어와 『난 네가
   부러워』, 석가모니와 『너도 갖고 싶니?』

   『틸리 서양철학사』 프랭트 틸리 지음, 김기찬 옮김, 현대지성

   『러셀 서양철학사』 버트런드 러셀 지음, 서상복 옮김, 을유문화사

   『청소년을 위한 행복 철학』 조정옥 지음, 사람의무늬

   『쇼펜하우어와 철학의 격동시대』 뤼디거 자프란스키 지음, 정상원 옮김, 이화북스

   『애덤 스미스, 더불어 잘 사는 세상을 꿈꾸다』 김세연 지음, 글라이더

   『지금 애덤 스미스를 다시 읽는다』 도메 다쿠오 지음, 우경봉 옮김, 동아시아

6. 삶과 죽음은 별개일까?- '죽음'에 관해 : 장자와 『바람이 멈출 때』, 불교와 『철사 코끼리』, 하
   이데거와 『내가 함께 있을게』

   『클라시커 50 철학가』 에드문트 야코비 지음, 안성찬 옮김, 해냄

   『철학 콘서트』 황광우 지음, 웅진지식하우스

   『고등학교 윤리와 사상』 변순용 외 지음, 천재교과서

나는 교사다 그러므로 생각한다